Markus Pfuhl

Case-Based Reasoning auf der Grundlage Relationaler Datenbanken

WIRTSCHAFTSINFORMATIK

Markus Pfuhl

Case-Based Reasoning auf der Grundlage Relationaler Datenbanken

Eine Anwendung zur strukturierten Suche in Wirtschaftsnachrichten

Mit einem Geleitwort von Prof. Dr. Paul Alpar

Deutscher Universitäts-Verlag

Bibliografische Information Der Deutschen Bibliothek
Die Deutsche Bibliothek verzeichnet diese Publikation in der Deutschen Nationalbibliografie; detaillierte bibliografische Daten sind im Internet über <http://dnb.ddb.de> abrufbar.

Dissertation Universität Marburg, 2003

1. Auflage Juni 2003

Lektorat: Ute Wrasmann / Britta Göhrisch-Radmacher

Der Deutsche Universitäts-Verlag ist ein Unternehmen der Fachverlagsgruppe BertelsmannSpringer.
www.duv.de

Umschlaggestaltung: Regine Zimmer, Dipl.-Designerin, Frankfurt/Main

Gedruckt auf säurefreiem und chlorfrei gebleichtem Papier

ISBN-13:978-3-8244-2167-1 e-ISBN-13:978-3-322-81226-1
DOI: 10.1007/978-3-322-81226-1

Geleitwort

Fallbasiertes Schließen, englisch Case-Based Reasoning (CBR), wurde in den 80er Jahren als ein Ansatz der Künstlichen Intelligenz entwickelt. Heute stellt es eine etablierte, wenn auch noch nicht so weit verbreitete Technik dar, um Wissen vieler Domänen über Fälle zu repräsentieren und zur Verfügung zu stellen. Der einfache Grundgedanke des CBR besteht darin, dass Lösungen auftretender Probleme am einfachsten und schnellsten durch Übernahme und eventuell Adaption der Lösungen ähnlicher Probleme, die in der Vergangenheit gelöst wurden, gefunden werden können.

Die frühen Anwendungen des CBR können als Alternativen zu regelbasierten Expertensystemen charakterisiert werden. Den letzteren gegenüber weisen sie den Vorteil der leichteren Wissensakquisition und Systemwartung auf. Die Fälle werden durch vorgegebene Attribute beschrieben, denen Werte zugeordnet werden. Die Attribute stehen oft in hierarchischer Beziehung zueinander. Dieser Ansatz wird heute genauer als Strukturelles CBR bezeichnet. Da ein erheblicher Teil des expliziten Wissens in Texten vorliegt, wurde in den letzten Jahren, insbesondere mit dem gewachsenen Interesse an einem aktiven Wissensmanagement in Organisationen, CBR auch auf unstrukturierte Fälle, in Form von Texten, angewendet. Dabei steht das Wiederauffinden von Texten im Vordergrund des Interesses, während die Adaption der vorgeschlagenen Lösung hier keine Rolle mehr spielt. Man spricht in diesem Fall von Textbasiertem CBR, und es kommen auch Methoden aus der Informationswiedergewinnung, englisch Information Retrieval, zum Einsatz.

Im vorliegenden Buch entwickelt der Autor einen Ansatz, der als eine Mischung aus Strukturellem und Textbasiertem CBR beschrieben werden kann. Die „Fälle" liegen in Form von Texten vor. Die Beziehungen unter ihnen werden jedoch nicht etwa durch automatisches Indizieren implizit hergestellt, sondern die Texte werden einer vom Autor entwickelten Taxonomie zugeordnet. Die Taxonomie bildet einen Teil des Wissens einer Domäne ab. Diese Taxonomie besteht aus mehreren Begriffshierarchien, je einer pro Attribut. Die in einem Text vorkommenden Attributwerte werden mit Hilfe gängiger automatischer Verfahren der Verarbeitung natürlicher Sprachen ermittelt. Die Texte selbst werden in der so geschaffenen Fallbasis nicht abgespeichert, sondern nur ihre Zuordnungen zu den Begriffshierarchien. Die Abspeicherung erfolgt in einem relationalen Datenbankmodell, das einen Großteil der Semantik der Taxonomie abbildet. Im Gegensatz zu manchen früheren Vorschlägen erlaubt der hier entwickelte Ansatz auch eine mehrfache Zuordnung eines Textes zu einem Attribut bzw. zu einer Begriffshierarchie.

Der Vorteil einer taxonomiebasierten Suche gegenüber einer nur stichwortbasierten Suche liegt darin, dass Texte gefunden werden können, die Ober- oder Unterbegriffe der gesuchten Stichworte enthalten, wobei sich je nach Wunsch diese Generalisierung bzw. Spezialisierung über mehrere Ebenen erstrecken kann. Die in der Taxonomie abgespeicherten Ähnlichkeiten der Begriffe auf der gleichen oder auf verschiedenen Ebenen stellen einen Teil des Domänenwissens dar. Die Begriffshierarchien können auch sehr gut für die Ausweitung (Relaxation) von Anfragen genutzt werden, die zu keinen oder zu wenigen Treffern führen, wie es der Autor zeigt.

Der theoretisch entwickelte Ansatz wurde auch implementiert und zur Demonstration auf Wirtschaftsmeldungen angewandt. Die Überlegenheit des Ansatzes gegenüber einer nur stichwortbasierten Suche wird an diesem Beispiel eindrucksvoll vorgeführt.

Paul Alpar

Vorwort

Seit der ersten Begegnung mit dem Thema Case-Based Reasoning (CBR) vor einigen Jahren hat mich dessen Grundgedanke fasziniert: Das Lösen von Problemen aufgrund von früher gemachten Erfahrungen - also die Nachbildung einer Vorgehensweise im Computer, der auch der Mensch in vielen Situationen folgt. Zusammen mit Prof. Dr. Paul Alpar sammelte ich am Institut für Wirtschaftsinformatik der Philipps-Universität Marburg in mehreren Projekten praktische Erfahrungen mit verschiedenen CBR-Systemen und begann, deren Funktionsweise zu hinterfragen. Während dieser Tätigkeit entstand der Wunsch, ein eigenes System zu entwickeln, um einige Restriktionen bestehender Systeme zu überwinden und insbesondere um die Integration eines CBR-Systems in vorhandene Informationsinfrastrukturen zu erleichtern. Als Ziel der Anwendung wählte ich die Suche in Wirtschaftsnachrichten aus. Dieser Bereich ist von besonderem Interesse, da täglich eine große Zahl von neuen Dokumenten in eine Suchmaschine aufgenommen werden muss und zugleich verschiedene Bereiche integriert betrachtet werden: Die Künstliche Intelligenz als zentrale Thematik des Case-Based Reasoning, Teilbereiche des Wissensmanagements im Rahmen der strukturierten Wissensrepräsentation unter Zuhilfenahme von Ontologien und schließlich die praktische Umsetzung in Form einer internetfähigen Suchmaschine für Wirtschaftsnachrichten als Verbindung verschiedener Aufgabenbereiche der Wirtschaftsinformatik.

Die vorliegende Arbeit wurde im Dezember 2002 vom Fachbereich Wirtschaftswissenschaften der Philipps-Universität Marburg als Dissertation angenommen.

Mein Dank gilt an erster Stelle meinem Doktorvater Herrn Prof. Dr. Paul Alpar für die erfolgreiche Zusammenarbeit bei zahlreichen wissenschaftlich interessanten Projekten, die hilfreichen Anregungen und die Unterstützung bei offenen Fragen im Verlauf der Arbeit sowie für die Möglichkeiten zur praktischen Umsetzung meiner Gedanken. Herrn

Prof. Dr. Karlheinz Fleischer danke ich für die Übernahme des Zweitgutachtens und seine weiterführenden konstruktiven Hinweise.

Besonderer Dank gebührt auch den Vereinigten Wirtschaftsdiensten in Eschborn für die Bereitstellung einer großen Menge von Wirtschaftsnachrichten, die zur praktischen Umsetzung der Arbeit nötig waren.

Dipl.-Volkswirt Sebastian Pickerodt und Dr. Dr. Marcus Porembski danke ich für die zahlreichen wertvollen Diskussionen und Anregungen und nicht zuletzt danke ich allen meinen Kollegen vom Institut für Wirtschaftsinformatik, insbesondere Dipl.-Informationswissenschaftler Dipl.-Betriebswirt Dirk Kalmring und Dipl.-Kaufmann Bernd Stemmann, für die freundschaftliche Arbeitsatmosphäre.

Ganz herzlich danke ich meinen Eltern für ihre Unterstützung während meiner Studien sowie Eva Stahl, die an der Entstehung dieser Arbeit großen Anteil hatte.

Markus Pfuhl

Inhaltsverzeichnis

Einleitung 1

1 Case-Based Reasoning 3

1.1 Allgemeine Betrachtung von Case-Based Reasoning 3

1.1.1 Grundlagen des Case-Based Reasoning 3

1.1.2 Ursprünge des Case-Based Reasoning 6

1.2 CBR-Zyklen 11

1.2.1 Der klassische CBR-Zyklus 12

1.2.2 Aufteilung in Anwendungs- und Wartungszyklus 15

1.2.3 Erweiterung durch Review- und Reflect-Phasen 16

1.2.4 Erweiterung durch Review- und Restore-Phasen 17

1.3 CBR-Ansätze 18

1.3.1 Strukturelles CBR 19

1.3.2 Textbasiertes CBR 20

1.3.3 Conversational CBR 21

1.3.4 Strukturiertes Textbasiertes CBR 22

1.4 Aktuelle CBR-Anwendungen 23

2 Repräsentation in Relationalen Datenbanken 27

2.1 Klassische Methoden der Fall-Repräsentation 27

2.1.1 Fallrepräsentation in CYRUS 28

2.1.2 Fallrepräsentation in PROTOS 30

2.1.3 Case Retrieval Nets 32

2.1.4 Weitere Ansätze 34

2.1.5 Computational Approach vs. Representational Approach 34

2.2 Speicherung von Fällen in Relationalen Datenbanken 35
2.2.1 Relationale Datenbanken 36
2.2.2 Bekannte Ansätze zur Speicherung von Fällen in Relationalen Datenbanken 42
2.2.3 Entwicklung einer Fallrepräsentation in normalisierten Relationalen Datenbanken 44

3 Ähnlichkeit, Retrieval und Query-Relaxation 53
3.1 Ähnlichkeitsmaße und deren Berechnung 53
3.1.1 Allgemeine Einführung von Distanz- und Ähnlichkeitsmaßen . . 53
3.1.2 Ähnlichkeitsmaße in Taxonomien 60
3.2 Verfahren zum Retrieval von Fällen 64
3.2.1 Das k-Nearest-Neighbour-Verfahren 64
3.2.2 Induktionsverfahren 65
3.2.3 Weitere Verfahren 66
3.3 Retrieval auf Relationalen Datenbanken 67
3.3.1 Besonderheiten des Retrieval von Fällen aus Relationalen Datenbanken 67
3.3.2 Relaxation von Anfragen 67
3.4 Entwicklung eines Verfahrens zur Relaxation von Anfragen 73
3.4.1 Bayessche Entscheidungstheorie 74
3.4.2 Query-Relaxation für Taxonomien 76
3.4.3 Anwendung des Verfahrens auf andere Ähnlichkeitsmaße 80

4 Strukturierte Wissensrepräsentation 83
4.1 Gründe für eine strukturierte Wissensrepräsentation 83
4.1.1 Wissensmanagement 84
4.1.2 Electronic Commerce 86
4.1.3 Künstliche Intelligenz 90
4.2 Ontologie 93
4.2.1 Philosophische Grundlagen der Ontologie 93
4.2.2 Moderne Auffassung des Ontologiebegriffs 96
4.2.3 Konstruktion von Ontologien 98

4.3 Anwendungen von Ontologien 99
4.3.1 Ontologien im Wissensmanagement 99
4.3.2 Enterprise Modelling 100
4.3.3 Ontologien im Electronic Commerce 101
4.3.4 Semantic Web 105
4.4 Suche in unstrukturierten Informationsquellen 108
4.4.1 Data Retrieval 108
4.4.2 Information Retrieval 109
4.4.3 Verfahren zur Suche in Texten 110
4.4.4 Information Extraction 114
4.4.5 Kritische Betrachtung der Verfahren zur Suche in unstrukturierten Informationsquellen 115
4.5 Vorstrukturierung zur Unterstützung der Suche in Texten 117
4.5.1 Semantik 118
4.5.2 Semantik eines betriebswirtschaftlichen Textes 120
4.5.3 Anreicherung von Dokumenten mit Semantik 122
4.5.4 Modellierung von Wissensdomänen durch attributive Beschreibung mithilfe von Taxonomien 123
4.5.5 Rahmenbedingungen und Einordnung der fallbasierten Vorgehensweise 125

5 Suche in Wirtschaftsnachrichten 129
5.1 Wirtschaftsnachrichten als Objekt einer Suchmaschine 129
5.1.1 Wirtschaftsnachrichten 129
5.1.2 Vereinigte Wirtschaftsdienste 132
5.1.3 Format und Struktur der Dokumente 133
5.2 Vorverarbeitung der Textdokumente 134
5.2.1 TreeTagger 136
5.2.2 Vorgehensweise bei der Datenvorverarbeitung 138
5.2.3 Ergebnis der Datenvorverarbeitung 139
5.3 Wissensmodell und Taxonomieerstellung 140
5.3.1 Vokabular 141

5.3.2 Ähnlichkeitsmaße 143
5.3.3 Fallbasis 144
5.4 Technische Umsetzung 145
5.4.1 Datenbankstruktur 145
5.4.2 Indizierung der Textdokumente 147
5.4.3 Ähnlichkeitsbasierte Suche 151
5.4.4 Benutzerschnittstelle und Anbindung an einen Internetserver . . 155

6 Bewertung und Ausblick **157**

6.1 Test und Gütekriterien 157
6.1.1 Relevanz 157
6.1.2 Precision und Recall 158
6.1.3 Bewertung der Suchmaschine 159
6.1.4 Vergleich mit der Suchmaschine der DGAP 166
6.2 Zusammenfassung 168
6.3 Ausblick 169
6.3.1 Anwendungsfelder der strukturierten Suche in Texten 170
6.3.2 Grenzen der strukturierten Suche in Texten 171
6.3.3 Weitere Anwendungsfelder des vorgestellten CBR-Ansatzes . . . 172

A Effektivitätsmessung **175**

A.1 Anfragen zur Bestimmung von Precision und Recall 175
A.2 Vergleich mit der Suchmaschine der DGAP 188

B Übersicht über die VWD-Selektoren **193**

C Beschreibung der Software **195**

C.1 Datenvorverarbeitung 195
C.2 Indizierung der Dokumente 196
C.3 Einlesen der Taxonomien 197
C.4 Suchvorgang 197

Literaturverzeichnis **199**

Abbildungsverzeichnis

1.1 Semantic Memory 7
1.2 CBR-Zyklus nach Aamodt und Plaza 13
1.3 CBR-Zyklus nach Goeker und Roth-Berghofer 16
1.4 CBR-Zyklus nach Roth-Berghofer und Iglezakis 18

2.1 E-MOP 29
2.2 Struktur einer Kategorie 31
2.3 Case-Retrieval Net 33
2.4 Darstellung von Relationship-Typen 39
2.5 Entity-Relationship-Diagramm der Fallbasis 51

3.1 Nächste-Nachbarn-Suche im zweidimensionalen Fall 65
3.2 Neighbour Value Sets 70
3.3 Durch eine SQL-Anfrage aufgespanntes Rechteck 71
3.4 Retrieval-Ringe zur Relaxation einer SQL-Anfrage 72
3.5 Erweiterung des Suchintervalls 81

4.1 Bausteine des Wissensmanagements 85
4.2 Architektur des Semantic Web 105

5.1 Ablauf der einzelnen Schritte der Indizierung 150

6.1 Precision und Recall für zwei Anfragen 161

C.1 Suche in der Datenbank (Übersichtsdarstellung) 198

Tabellenverzeichnis

2.1 Eine Kundentabelle als Beispiel für eine Relation 38

2.2 Eine Relation, die nicht in Normalform vorliegt 40

2.3 Relationen in der ersten Normalform 41

2.4 Beispiel einer Indizierungsmatrix 49

2.5 Beispiel einer Indizierungsmatrix in erster Normalform 50

2.6 Beispiel einer Indizierungsmatrix ohne überflüssige Informationen . . . 50

4.1 Unterschiede zwischen Data Retrieval und Information Retrieval 109

4.2 Term-Dokument-Matrix 112

4.3 Term-Dokument-Matrix in LSI 113

4.4 Einordnung der Fallbasierten Vorgehensweise 128

5.1 Flexionsanalyse für den Term Flüssen 135

5.2 Pluralbildung verschiedener Substantive 137

5.3 Häufigkeiten der am meisten genannten Substantive 140

5.4 Taxonomie zur Erfassung verschiedener Aktienindizes 143

6.1 Ausgangsmengen zur Bestimmung von Precision und Recall 158

6.2 Anfrage: EZB-Rates und Geldmenge 160

6.3 Anfrage: Bundeskanzler und Einstufung und Außenhandel 160

6.4 Precision und Recall bei vollständiger Ergebnisbetrachtung 164

6.5 Precision und Recall bei eingeschränkter Ergebnisbetrachtung 165

6.6 Vergleich mit der Suchmaschine der DGAP 168

B.1 Wichtige VWD-Selektoren und ihre Bedeutung 193

Einleitung

Wirtschaftsnachrichten sind eine wichtige Informationsquelle zur unternehmerischen Entscheidungsfindung und zum Fällen von Investitionsentscheidungen privater Anleger. Allerdings wächst die Zahl der für eine Entscheidung relevanten Nachrichten stetig an. Allein die Anzahl der Veröffentlichungen, zu denen börsennotierte Unternehmungen aufgrund § 15 des Wertpapierhandelsgesetzes verpflichtet sind (so genannte Ad-Hoc-Meldungen), stieg von 233 im Mai/Juni 1997 auf 1.447 im gleichen Zeitraum des Jahres 2002.[1] Rechnet man dazu noch weitere Nachrichten, wie Analystenberichte oder solche, die volkswirtschaftliche Rahmenbedingungen betreffen, so wird schnell eine Zahl von mehreren tausend neuen Dokumenten pro Monat erreicht. Um aus dieser großen Masse von Informationen die zur Befriedigung eines Informationsbedürfnisses geeigneten Nachrichten zu finden, können Suchmaschinen eingesetzt werden. Bestehende Suchmaschinen bringen aber häufig Probleme mit sich: Wird eine Suchanfrage zu vage formuliert, erhält man eine unüberschaubar große Anzahl von Dokumenten, die der Anfrage entsprechen - wird eine Anfrage hingegen zu detailliert formuliert, findet die Suchmaschine häufig gar keine passenden Dokumente. Des Weiteren nutzen die wenigsten Systeme Hintergrundwissen, um eine Suche zu verbessern. Aber gerade im beschriebenen Anwendungsfall, also der Suche in Wirtschaftsnachrichten, ist das betrachtete Wissensgebiet gut abgrenzbar und legt daher die Verwendung von Hintergrundwissen in Form einer strukturierten Modellierung des Wissensgebiets nahe.

Auf der Suche nach einem Verfahren, das einerseits die beschriebenen Schwierigkeiten der Anfrageformulierung umgeht und andererseits in der Lage ist, Hintergrundwissen zur Suche einzusetzen, stößt man auf das Case-Based Reasoning. Kommerzielle und

[1]Quelle: Eigene Erhebung in der Datenbank der Deutschen Gesellschaft für Ad Hoc-Publizität unter http://www.dgap.de.

auch forschungsnahe Anwendungen dieser Art bringen aber noch Nachteile mit sich. Neben Schwierigkeiten bei der Anwendung des Verfahrens auf Texte greifen bestehende Systeme bei der Speicherung des Wissensmodells und der Dokumente (der so genannten Fallbasis) auf Techniken zurück, die nicht oder nur schwer in die Informationsinfrastruktur von Unternehmungen integriert werden können. Daraus lassen sich drei Aufgaben ableiten, die in der vorliegenden Arbeit gelöst werden sollen: Zunächst muss aus dem Verfahren des Case-Based Reasoning ein Ansatz entwickelt werden, der die Suche in großen Dokumentenmengen mithilfe eines strukturierten Wissensmodells ermöglicht. Auf Grundlage dieses Ansatzes muss die theoretische und praktische Konstruktion eines Verfahrens erfolgen, das auf weit verbreitete Standards der Datenbanktechnologie zur Speicherung des Wissensmodells und der Dokumente zurückgreift und mit dem eine Suchmaschine für Wirtschaftsnachrichten realisiert werden kann. Diese Umsetzung muss durch eine theoretische Fundierung der strukturierten Repräsentation von Wissensgebieten ergänzt werden.

In Kapitel 1 werden daher zunächst die Grundlagen des Case-Based Reasoning behandelt und bestehende Ansätze erläutert, um aus diesen heraus eine neue Methodik zur strukturierten Suche in Texten abzuleiten. In Kapitel 2 wird ein Verfahren zur Speicherung eines Wissensmodells und insbesondere einer Fallbasis in Relationalen Datenbanken entwickelt. Aus dieser speziellen Art und Weise der Speicherung der Fallbasis ergeben sich Anforderungen an den Suchvorgang, für die in Kapitel 3 eine Lösung vorgestellt wird. In Kapitel 4 werden die theoretische Fundierung der strukturierten Wissensrepräsentation untersucht und Rahmenbedingungen für eine Anwendung des in Kapitel 1 bis 3 vorgestellten Verfahrens abgeleitet. Kapitel 5 schließlich zeigt die Umsetzung des Verfahrens in einer Suchmaschine, deren Leistungsfähigkeit in Kapitel 6 bewertet wird.

Kapitel 1

Case-Based Reasoning

1.1 Allgemeine Betrachtung von Case-Based Reasoning

1.1.1 Grundlagen des Case-Based Reasoning

Ludwig Wittgenstein behandelt in seinen Philosophischen Untersuchungen (1953) das Problem der Polymorphie und der Beschreibung von Begriffen[1]. Er kommt zu dem Schluss, dass Begriffe oder Konzepte nicht vollständig beschrieben und untereinander abgegrenzt, sondern stattdessen nur Exemplare dieser Begriffe betrachtet werden können. Zwischen allen Exemplaren eines Konzepts bestehen Ähnlichkeiten, die es zu untersuchen gilt: "Denn wenn du sie anschaust, wirst du zwar nicht etwas sehen, was allen gemeinsam wäre, aber du wirst Ähnlichkeiten, Verwandtschaften sehen, und zwar eine ganze Reihe."[2] Anhand dieser Ähnlichkeiten können die einzelnen Konzepte voneinander unterschieden werden. Werden an Stelle von Konzepten bestimmte Situationen oder Entscheidungsprobleme betrachtet und die einzelnen Exemplare als Fälle bezeichnet, so erhält man schon zwei Grundbegriffe des Fallbasierten Schließens (Case-Based Reasoning, CBR): Fälle und die Ähnlichkeiten zwischen Fällen.

Der Prozess des Schließens aus Erfahrungen, der einen weiteren Grundbegriff von CBR darstellt, wird am deutlichsten anhand eines Beispiels[3]: "A father taking his two-year-

[1] Im englischen Original wird das Wort "concepts" verwendet.

[2] vgl. Wittgenstein (1953), § 66, Seite 277

[3] vgl. Leake (1996), Seite 3

old son on a walk reaches an intersection and asks where they should turn. The child picks a direction, the direction they turned at that intersection the day before to go to the supermarket. The child explains: 'I have a memory: Buy donut.' " Das im Beispiel beschriebene Kind entscheidet nicht anhand komplexer Regeln oder vorgegebener Verhaltensmuster, wie sie andere Theorien des Schließens nahelegen, sondern anhand der Erfahrung, die es am Tag vorher gemacht hat. Die durch Wittgenstein angeregte Betrachtung von Fällen in Verbindung mit der alltäglichen Vorgehensweise beim Entscheiden führt zu einer allgemeinen Definition eines Case-Based Reasoners, wie sie Riesbeck und Schank gegeben haben: "A case-based reasoner solves new problems by adapting solutions that were used to solve old problems."[4] Eine pragmatischere Definition liefern Main et al. (2000, Seite 1), indem sie CBR als Methodologie zum Lösen von Problemen durch Nutzung von Erfahrungen bezeichnen.

In der Psychologie versucht man, Modelle zur Erklärung des Kognitionsprozesses zu entwicklen. Auch die Methodologie des CBR kann als Erklärungsansatz dafür dienen, wenn man von den nachfolgend aufgeführten psychologischen Voraussetzungen[5] ausgeht:

1. Das Gedächtnis ist hauptsächlich episodenhaft, und der größte Bestandteil sind die gesammelten Erfahrungen.

2. Das Gedächtnis ist sehr stark indiziert, d. h. zwischen den einzelnen Erfahrungen bestehen viele Verbindungen.

3. Das Gedächtnis ist dynamisch - die Organisation und die Struktur ändern sich im Laufe der Zeit.

4. Die Erfahrungen steuern das Schlussfolgern. Man interpretiert und versteht neue Situationen aufgrund früherer Erfahrungen.

5. Fehler lösen einen neuen Lernprozess aus: Wenn eine Erwartung, die auf einem früheren Fall beruht, nicht erfüllt wird, wird der neue Fall in das Gedächtnis aufgenommen.

[4] vgl. Riesbeck und Schank (1989), Seite 25

[5] vgl. Slade (1991), Seite 47

In neuerer Zeit geht man nicht mehr davon aus, dass CBR den gesamten Prozess des menschlichen Entscheidens abbildet, sondern nur einen guten Erklärungsansatz für einen großen Teil des Prozesses liefert. Trotzdem erhält man mit CBR ein Vorgehensmodell, das auf vielfältige Problemgebiete angewendet werden kann. Beim Versuch, den beschriebenen Kognitionsprozess für spezielle Aufgaben zu übernehmen, muss man aber zwei Anforderungen[6] an das betrachtete Problemgebiet stellen, welche die grundsätzliche Vorgehensweise rechtfertigen. Um alte Lösungen auf neue Problemstellungen anwenden zu können, muss aus der Ähnlichkeit von Problemen auch die Ähnlichkeit der Lösungen folgen. Aus demselben Grund muss die Struktur der alten und neuen Problemstellung ähnlich sein, denn nur dann ist eine Anpassung oder gar eine Übernahme einer früheren Lösung zu rechtfertigen.

Die von Wittgenstein angeregte Untersuchung der Exemplare von Objekten erfordert eine Definition des Begriffs Fall (Case). Eine allgemein anerkannte Definition dazu stammt von Kolodner: "A case is a contextualized piece of knowledge representing an experience that teaches a lesson fundamental to achieving the goals of the reasoner."[7]

Die Menge aller Fälle eines Case-Based Reasoners nennt man Fallbasis oder Case-Base. Unter Berücksichtigung der Definition von Kolodner erhält man drei Bereiche, die bei der Erstellung einer Fallbasis beachtet werden müssen[8]:

- Die Struktur eines Falls und dessen Repräsentation in der Fallbasis.
- Das Speichermodell zur Organisation der Fallbasis.
- Die Art der Indizierung der einzelnen Fälle, um sie in der Datenbank wiederzufinden.

Die verschiedenen Bereiche werden in Kapitel 2 ausführlich behandelt. An dieser Stelle wird nur auf die grundlegende Struktur eines Falls eingegangen. Nach Kolodner (1993, Seite 147) besteht ein Fall aus einer Problembeschreibung, die den Zustand zum Zeitpunkt des Auftretens des Falls darstellt (problem), der Beschreibung der Lösung

[6] vgl. Leake (1996), Seite 3
[7] vgl. Kolodner (1993), Seite 13
[8] vgl. Main et al. (2000), Seite 4 und Aamodt und Plaza (1994), Seite 47

zu diesem Problem (solution) und aus einer Beschreibung des Zustands nach der Lösung des Problems (outcome). Üblicherweise verzichtet man auf die Erfassung der Zustandsbeschreibung nach der Problemlösung, so dass sich folgende Darstellung anbietet: bezeichnet man mit $\mathcal{P}$ den Problemraum und mit $\mathcal{S}$ den Lösungsraum, dann kann ein Fall als geordnetes Paar $(problem, solution) \in \mathcal{P} \times \mathcal{S}$ dargestellt werden[9]. Ein Fall speichert ein Ereignis (oder eine Erfahrung) aus der Vergangenheit, insbesondere eine Entscheidung bzw. Problemlösung, die zu einem zufriedenstellenden Ergebnis geführt hat. Zusätzlich zu diesen klassischen Fällen werden aber auch generalisierte oder abstrakte Fälle gespeichert (vgl. dazu Bergmann und Vollrath (1999)), d. h. konstruierte Fälle, welche die Leistung des Systems verbessern sollen.

Wenn man aber nur bekannte Lösungen benutzt, um neue Probleme zu lösen, können in einigen Anwendungsgebieten Schwierigkeiten auftreten. Diese entstehen dadurch, dass nur eine veränderte und an das neue Problem angepaßte Lösung ein zufriedenstellendes Resultat liefern kann. Den Prozess der Anpassung nennt man Adaption einer Lösung. Durch die Adaptionsmechanismen wird auch die von Kolodner und Leake (1996, Seite 38) geforderte Fähigkeit eines Systems zum Verallgemeinern erfüllt. Die Anwendung von Adaptionsmechanismen ist nicht unumstritten, und einige Autoren gehen sogar so weit, Adaption komplett abzulehnen[10]. Auch bei dem in dieser Arbeit beschriebenen System wird auf die Anwendung von Adaptionsverfahren verzichtet, da deren Notwendigkeit bei der vorliegenden Problemstellung nicht gegeben ist.

Nachdem nun die Grundbegriffe des CBR eingeführt wurden, soll im nächsten Abschnitt ein Überblick über die Ursprünge des CBR und dessen Entwicklung bis zum heutigen Zeitpunkt gegeben werden.

1.1.2 Ursprünge des Case-Based Reasoning

Gedächtnistheorie

Neben den Einflüssen Wittgensteins, die als philosophische Grundlage des CBR angesehen werden[11], kamen entscheidende Entwicklungen aus der Gedächtnistheorie (Theory

[9] vgl. Richter (1998), Seite 6

[10] vgl. Watson (1997), Seite 35

[11] vgl. z.B. Aamodt und Plaza (1994), Seite 41

of Memory)[12]. Die Frage, wie das menschliche Gehirn Wissen speichert, wurde im Bereich der Psychologie aber auch von Forschern der Künstlichen Intelligenz diskutiert und führte schließlich zu verschiedenen Überlegungen über die Repräsentation von Wissen in Computern. Einen ersten Ansatz liefert die von Quillian (Quillian (1967) und Quillian (1969)) entwickelte Darstellung des semantischen Gedächtnisses (Semantic Memory). In diesem Modell wird jeder Begriff zusammen mit Zeigern auf andere Begriffe, die mit diesem im Zusammenhang stehen, im Gedächtnis gespeichert. Als Ergänzung werden zu einzelnen Begriffen noch Eigenschaften vermerkt. Dadurch entsteht eine semantische Struktur, wie sie in Abbildung 1.1 dargestellt ist. Dieses Modell stellt keine objektorientierte Betrachtung im heutigen Sinn dar, denn die Regeln der Vererbung von Eigenschaften werden nicht strikt eingehalten, wie man am Beispiel des Strauß (Ostrich) erkennen kann.

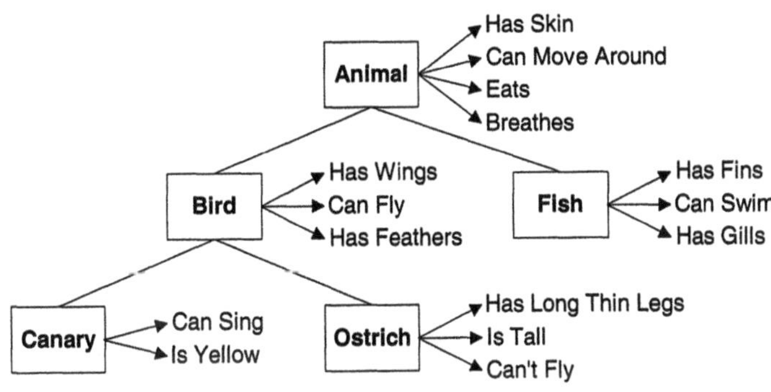

Abbildung 1.1: Darstellung einer hypothetischen Gedächtnisstruktur mittels Semantic Memory (nach Collins und Quillian (1969), Seite 241)

Collins und Quillian (1969) versuchen diese Theorie zu untermauern, indem sie die spezielle Struktur eines solchen Modells zu psychologischen Tests verwenden. Die Autoren gehen davon aus, dass, durch die verschiedenen Ebenen der Darstellung, Unterschiede darin bestehen, wie lange ein Proband benötigt, sich an bestimmte Sachverhalte zu erinnern. An einem einfachen Beispiel erläutert, würde dies Folgendes bedeuten: Versucht man die Frage zu beantworten, ob ein Kanarienvogel eine Haut hat (Has Skin),

[12]vgl. z.B. Slade (1991), Seite 43

so dauert dies länger, als die Frage zu beantworten, ob er singen kann (Can Sing). Die Ursache dafür soll in der Struktur liegen, in der das Wissen im Gedächtnis gespeichert wird. Der in der Struktur zurückzulegende Weg um die Zuordnung "ein Kanarienvogel - ist ein Vogel - ist ein Tier - hat Haut" durchzuführen ist länger als derjenige um die Zuordnung "ein Kanarienvogel - kann singen" durchzuführen (vgl. Abbildung 1.1).

Rumelhart et al. (1972) beschreiben dieses Modell in einer formalen Weise mithilfe von Knoten und Relationen und entwickeln auf Basis der Semantischen Netze eine Struktur für das Langzeitgedächtnis. Dabei wird auch die erste Unterscheidung der verschiedenen Klassen von Informationen getroffen, die im Gedächtnis gespeichert werden: Konzepte, Ereignisse und Episoden[13]. Kintsch (1972) nutzt zusätzlich die einfache Struktur von Sätzen in der englischen Sprache und überträgt die Ansätze auf lexikalisches Wissen.

Die Theorie des Semantic Memory wurde aber als nicht ausreichend für die Erklärung des menschlichen Gedächtnisses angesehen. Tulving (1972, Seite 386) bezeichnet diese als Erklärungsansatz für den Teil des Gedächtnisses, der notwendig für die Benutzung der Sprache ist und sieht im Semantic Memory eine Art geistigen Thesaurus. Als Gegenstück zum semantischen Modell führt er das episodische Gedächtnis (Episodic Memory) ein, das Informationen über Episoden oder Ereignisse sowie die Beziehungen zwischen diesen speichert[14]. Anhand von Beispielen diskutiert Tulving die Unterschiede der beiden Theorien. Ein typisches Beispiel für ein episodisches Gedächtnis ist demnach: "I remember seeing a flash of light a short while ago, followed by a loud sound a few seconds later." Es geht also um autobiografische Ereignisse, die anhand ihrer wahrnehmbaren Dimensionen und Attribute und der untereinander bestehenden Beziehungen beschrieben werden können.[15]

Die von Tulving eingeführte Unterscheidung zwischen semantischem und episodischem Gedächtnis wird von Schank (1975, Seite 263) verworfen. Stattdessen schlägt er eine, auf der Conceptual Dependency Theory (CD, vgl. Schank (1972)) beruhende, Darstellung vor, welche die episodische und semantische Darstellung vereint. Die CD Theorie

[13]vgl. Rumelhart et al. (1972), Seite 203
[14]vgl. Tulving (1972), Seite 385
[15]vgl. Tulving (1972), Seite 387

besagt, dass für alle natürlichen Sprachen eine konzeptionelle Grundlage existiert, auf der die linguistischen Strukturen während des Prozesses des Verstehens erzeugt werden.[16] Das grundlegende Axiom der Theorie legt fest, dass für zwei Sätze, welche dieselbe Bedeutung haben, unabhängig von der Sprache, genau eine Repräsentation existiert.[17] Das darauf aufbauende Gedächtnismodell, das sogenannte konzeptuelle Gedächtnis (Conceptual Memory), speichert semantische Informationen in Form von Episoden ab. Lediglich für rein lexikalisches Wissen, das nicht auf Erfahrungen beruht, wird die Darstellung als Semantisches Netz mit Oberklassen (vgl. Abbildung 1.1) zugelassen.

Skripte

Die Conceptual Dependency Theory diente Schank und Abelson (1977) als Grundlage, um verschiedene Strukturen zur Darstellung von Wissen zu entwickeln. Das wichtigste Ergebnis der Arbeit war die Definition von Skripten zur Repräsentation von spezifischem episodischen Wissen[18]. Ein Skript ist eine Struktur, die geeignete Abläufe von Ereignissen in einem speziellen Zusammenhang beschreibt. Skripte behandeln alltägliche Situationen und bestehen aus vorherbestimmten, stereotypen Handlungen.[19] Am Beispiel eines Restaurantbesuchs erläutern die Autoren die Funktionsweise eines solchen Skripts: Das Restaurant-Skript[20] besteht aus verschiedenen Elementen (z. B. Tische, Menus, Geld) und verschiedenen Personen (z. B. Gast, Bedienung, Koch). Es gibt bestimmte Eintrittsbedingungen (der Gast ist hungrig und hat genug Geld) und Ergebnisse (der Gast hat weniger Geld, ist nicht mehr hungrig, etc.). Einzelne Szenen bestimmen jetzt, vergleichbar einem Drehbuch, den weiteren Ablauf im Restaurant. Einen ähnlichen Ansatz lieferte Minsky (1975) mit der Definition von Frames, die ebenfalls eine Datenstruktur zur Repräsentation von stereotypen Situationen darstellen.[21]

[16] vgl. Schank (1972), Seite 554
[17] vgl. Schank und Abelson (1977), Seite 11
[18] Die Autoren unterscheiden generelles und spezifisches Wissen. Letzteres entsteht durch wiederholtes Erleben von bestimmten Situationen (vgl. Schank und Abelson (1977), Seite 37).
[19] vgl. Schank und Abelson (1977), Seite 41
[20] vgl. Schank und Abelson (1977), Seite 43
[21] vgl. Minsky (1975), Seite 212

Memory Organization Packets

Bower et al. (1979) führten eine Reihe von psychologischen Experimenten durch, um die Einsatzmöglichkeiten der Skript-Theorie zu überprüfen. Ein zentraler Kritikpunkt ist das Problem der Vermischung von Skripten. Häufig kann man eine Situation nicht einem einzigen Skript zuordnen, sondern bestenfalls einer Hierarchie von verschiedenen Skripten. Als Beispiel diene der Besuch bei einem Kardiologen und die Frage, ob dies das Skript für einen Facharztbesuch, einen normalen Arztbesuch oder einfach nur das Zusammentreffen mit einer Person X an einem Ort Y ist.[22]

Als Reaktion auf diese Kritik entwickelte Schank (1982) die Theorie des Dynamic Memory. Die verwendete Struktur zur Speicherung von Wissen ist ein Memory Organization Packet (MOP). Ein MOP besteht aus einer Menge von Szenen, die auf die Erreichung eines Ziels ausgerichtet sind. Es hat immer eine Hauptszene, deren Ziel der Zweck des Ereignisses ist, das durch das MOP organisiert wird.[23] Auf das Beispiel bezogen würde dies bedeuten, dass ein MOP existiert, das für Besuche in Büros und Praxen ausgelegt ist (Professional Office Visit MOP) und je nach Situation die entsprechende Sequenz von Szenen bereitstellt.[24] Zusätzlich zu diesen Betrachtungen schlägt Schank auch das Erinnern an frühere Situationen als Grundlage des Lernens vor[25] und legt damit den entscheidenden Grundstein für die Entwicklung des CBR.

Einflüsse des Analogical Reasoning

Neben den Entwicklungen im Bereich der Gedächtnistheorie leisteten auch die Ansätze des Analogical Reasoning ihren Beitrag zur Entwicklung des CBR. Gentner (1983, Seite 156) entwickelte eine Sicht auf Wissensdomänen, die aus Objekten, Objekt-Attributen und Beziehungen zwischen den Objekten besteht. Der Vorgang des Schließens fand jedoch auf einer übergeordneten Ebene statt - d. h. die Schlussfolgerungen erfolgten zwischen verschiedenen Domänen. Als Beispiel einer Analogie, wie sie Gentner verwendet, sei der Vergleich des Aufbaus eines Atoms mit dem Aufbau des Sonnensystems

[22] vgl. Bower et al. (1979), Seite 216
[23] vgl. Schank (1982), Seite 97
[24] vgl. Schank (1982), Seite 84
[25] vgl. Schank (1982), Seite 36

genannt[26].

Die ersten CBR-Systeme

Die Arbeiten von Schank im Bereich des Dynamic Memory wurden von Kolodner (1983) im CYRUS-System verwendet, das Informationen über Ereignisse im Leben von Politikern speichert und zur Verfügung stellt. Das verwendete Speichermodell war in der Lage, neue Fakten über die Politiker in die bestehende Speicherstruktur aufzunehmen.[27] CYRUS gilt als erstes CBR-System, auch wenn das Prozessmodell noch nicht der heute üblichen Struktur entspricht. Die in CYRUS verwendete Struktur zum Speichern der Informationen wurde in vielen weiteren Systemen und in verschiedenen Anwendungsdomänen verwendet, die z. B. in Watson und Marir (1994) vorgestellt werden.

Großen Einfluss auf die spätere Entwicklung des CBR nahm auch das PROTOS-System von Bareiss (1989), das zur Lösung von Klassifikationsaufgaben entwickelt wurde. Der auf Interaktion mit einem Menschen gestützte Lernprozess speichert die (häufig polymorphen) natürlichen Konzepte mithilfe von Kategorien ab. Jede Kategorie wird durch mehrere Beispiele (sogenannte Exemplars) repräsentiert, die mit den Fällen aus anderen CBR-Systemen gleichzusetzen sind.[28] Neben dem Speichermodell von Kolodner gilt das in Protos verwendete und von Porter et al. (1990) weiterentwickelte Speichermodell des PROTOS-Systems als eines der grundlegenden Konzepte des CBR. Daher werden diese beiden Ansätze zu Beginn von Kapitel 2 noch einmal ausführlich behandelt.

1.2 CBR-Zyklen

Eine häufig verwendete Darstellungsform für das Prozessmodell des CBR ist der sogenannte CBR-Zyklus. In diesem werden die verschiedenen Einzelprozesse auf einem relativ hohen Abstraktionsniveau dargestellt und in Beziehung zueinander gesetzt. Neben dem grundlegenden Zyklus von Aamodt und Plaza (1994) gibt es Bestrebungen, ande-

[26] vgl. Gentner (1983), Seite 160
[27] vgl. Kolodner (1983), Seite 244
[28] vgl. Bareiss (1989), Seite 4

re Teilprozesse zu ergänzen, um den Anforderungen, denen produktive CBR-Systeme genügen müssen, gerecht zu werden. Im Folgenden sollen diese Ansätze kurz erläutert werden, wobei sich der zuletzt dargestellte Ansatz in Bezug auf die Speicherung des Wissens von der reinen prozessorientierten Sichtweise löst.

1.2.1 Der klassische CBR-Zyklus

Der Mittelpunkt des von Aamodt und Plaza (1994) entwickelten CBR-Zyklus ist eine Fallbasis und ein Wissensmodell in einer nicht näher beschriebenen Form. Die vier Teilprozesse des Zyklus, auch die vier REs genannt, sind: Retrieve, Reuse, Revise und Retain. Beginnend mit einer neuen Problemstellung führt die Abfolge dieser Prozesse zu einer Problemlösung und zur Erweiterung der Fallbasis um einen neuen Fall. Ergänzend zu dieser generellen Sicht liefern die Autoren auch eine aufgabenorientierte Aufgliederung der Teilprozesse[29], welche die Funktionsweise der einzelnen Schritte verdeutlicht und in die folgenden Beschreibungen einfließt. Abbildung 1.2 zeigt das Zusammenspiel der Teilprozesse und verdeutlicht die Interaktion mit der Fallbasis und dem generellen Wissensmodell.

Retrieve

Eine fundamentale Funktion jeder Datenbank ist das Retrieval von Datensätzen. Dabei werden diejenigen Datensätze vom System zurückgegeben, die den in der Anfrage gestellten Anforderungen genügen. Beim CBR geht es darum, die zur Problemstellung ähnlichsten Fälle aus der Fallbasis zu extrahieren. Das Retrieval von Fällen beginnt mit der Identifizierung des Problems.[30] Dies kann bedeuten, direkt die Eigenschaften des Problems zu erfassen, die auch die Fälle der Fallbasis besitzen. Einige Systeme gehen weiter und erfragen in einem Dialog mit dem Nutzer die nötigen Informationen oder versuchen, das Problem mithilfe anderer Verfahren aufzubereiten. Die eigentliche Suche ist abhängig von der Art und Weise der Fallrepräsentation in der Fallbasis (vgl. Kapitel 2) sowie den eingesetzten Verfahren zur Bestimmung der Ähnlichkeit zwischen Fällen und der Problemstellung (vgl. Kapitel 3). Als letzter Schritt kann aus der

[29] vgl. Aamodt und Plaza (1994), Seite 46
[30] vgl. Aamodt und Plaza (1994), Seite 50

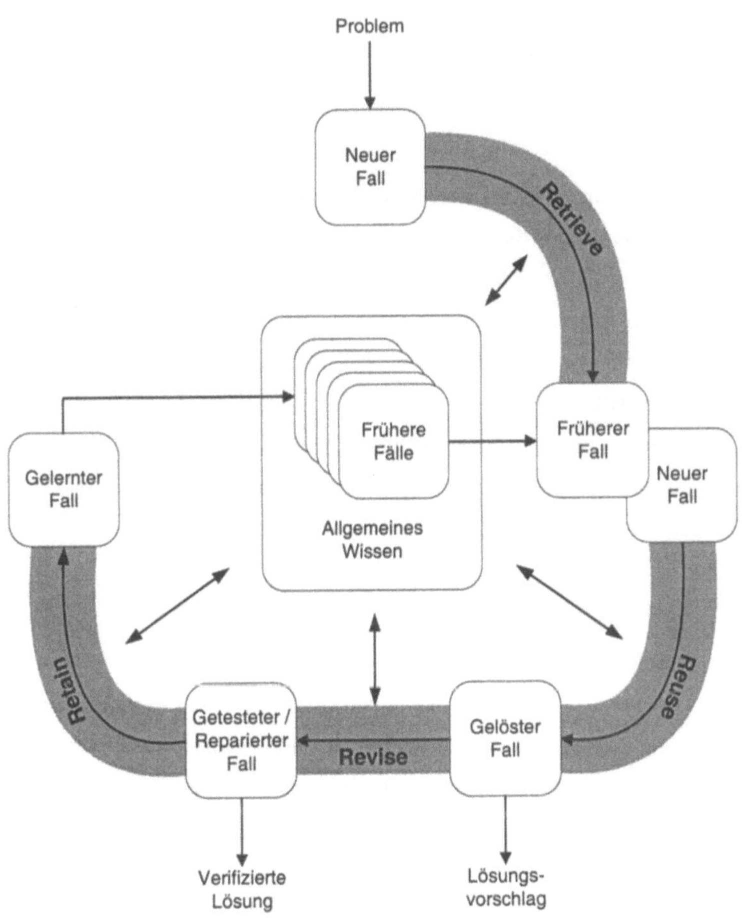

Abbildung 1.2: Der CBR-Zyklus nach Aamodt und Plaza (1994, Seite 45)

Menge der zurückgegebenen Fälle derjenige ausgewählt werden, welcher der Problemstellung am ehesten entspricht.[31] In einer Reihe von Anwendungen verzichtet man auf diesen letzten Schritt, denn bei diesen ist es durchaus gewollt, eine größere Menge von ähnlichen Fällen als Ergebnis zu übergeben.

Reuse

In der Reuse-Phase werden die Unterschiede zwischen dem gefundenen früheren Fall und dem neuen Fall betrachtet und überprüft, welche Teile der Lösung des früheren Falls als Lösung für das neue Problem benutzt werden können.[32] Im einfachsten Fall erfolgt ein einfaches Kopieren der Lösung (auch Null-Adaption genannt), da viele CBR-Systeme als reine Retrieval- oder Reuse-Systeme arbeiten.[33] Soll eine Anpassung der Lösung vorgenommen werden, können verschiedene Adaptionstechniken zum Einsatz kommen. Diese Verfahren werden je nach Vorgehensweise in verschiedene Gruppen unterteilt. Eine gute Übersicht liefern Wilke und Bergmann (1998), die zwischen transformierenden, generativen und einigen weiteren Techniken unterscheiden. Auf eine genauere Betrachtung der einzelnen Verfahren wird verzichtet, da die später beschriebene Anwendung keine Adaptionsmechanismen verwendet.

Revise

Der vorliegende Lösungsvorschlag muss, bevor er an den nächsten Teilprozess weitergegeben wird, evaluiert und eventuell repariert werden. Die Evaluation kann entweder durch Anwendung auf die Problemstellung, durch Befragung von Experten oder durch Simulationen vorgenommen werden. Die bei diesen Tests festgestellten Fehler müssen repariert werden. Dies geschieht entweder durch manuelle Korrekturen oder durch Verfahren, welche die Ergebnisse der Evaluation direkt auf die zu korrigierende Lösung anwenden.[34]

[31] vgl. Aamodt und Plaza (1994), Seite 51
[32] vgl. Aamodt und Plaza (1994), Seite 51
[33] vgl. Watson (1997), Seite 16
[34] vgl. Aamodt und Plaza (1994), Seite 52

Retain

Die letzte Phase dieses CBR-Zyklus ist die Retain- oder Lern-Phase. In ihr soll versucht werden, aus der aktuellen Problemlösung einen Wissensgewinn für die Fallbasis zu ziehen. Aamodt und Plaza (1994, Seite 53) geht es nicht nur darum, die neue Lösung zu beschreiben und in die Fallbasis zu übernehmen, sondern auch die in den vorhergehenden Phasen vorgenommenen Veränderungen der ursprünglich vom System vorgeschlagenen Lösung zu dokumentieren und dabei gemachte Fehler festzuhalten.

1.2.2 Aufteilung in Anwendungs- und Wartungszyklus

Im Rahmen der Entwicklung von kommerziellen CBR-Systemen im Bereich Help-Desk-Support stellten Göker und Roth-Berghofer (1999) fest, dass verschiedene externe Effekte zu Problemen mit dem klassischen CBR-Prozessmodell führen können:[35]

- Einflüsse durch mehrere Nutzer: Arbeiten mehrere Nutzer mit einem CBR-System, so fällt es schwer, die Qualität der Fallbasis in Bezug auf Richtigkeit der eingegebenen Fälle, Abdeckung des Problemgebiets und minimale Größe sicherzustellen. Dadurch kann die Effektivität und die Effizienz des CBR-Systems eingeschränkt werden.
- Zeitliche Einflüsse: Gerade im Bereich Help-Desk-Support ist die Wissensdomäne häufigen Änderungen unterworfen, die durch das alleinige Lernen von neuen Fällen nicht abgefangen werden können.
- Organisatorische Einflüsse: Im produktiven Einsatz muss das CBR-System an die operativen Systeme angebunden werden. Dadurch, und durch Veränderung anderer Rahmenbedingungen, kann es zu Anpassungsbedarf kommen, der durch den in Abbildung 1.2 dargestellten Prozess nicht geleistet werden kann.

Als Reaktion auf diese Erfahrungen schlagen die Autoren die in Abbildung 1.3 dargestellte Kopplung eines Anwendungs- und eines Wartungszyklus vor.[36] Im alltäglichen Betrieb ist nur der Anwendungszyklus aktiv, d. h. die Nutzer lösen die anfallenden

[35] vgl. Göker und Roth-Berghofer (1999), Seite 133
[36] vgl. Göker und Roth-Berghofer (1999), Seite 143

Probleme mithilfe der Fallbasis. Bei der Eingabe einer neuen Problemlösung in die Fallbasis wird diese während der Recycle-Phase in einem Zwischenspeicher abgelegt. Bei Durchführung des Wartungszyklus werden die Fälle des Zwischenspeichers von autorisierten Nutzern in der Retain-Phase überprüft. Alle anderen notwendigen Anpassungen werden in der Refine-Phase vorgenommen.

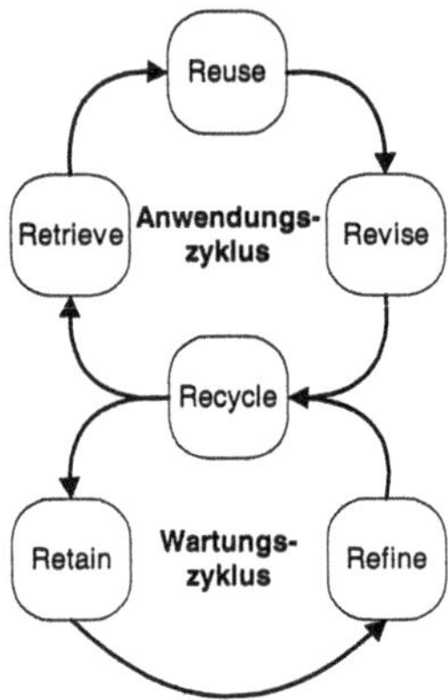

Abbildung 1.3: Der CBR-Zyklus nach Göker und Roth-Berghofer (1999, Seite 143)

1.2.3 Erweiterung durch Review- und Reflect-Phasen

Ein weiterer Vorschlag zur Ausweitung des CBR-Zyklus auf sechs Phasen ergab sich in den Diskussionen anlässlich des CBR-Workshops während der 16. International Joint Conference on Artificial Intelligence (IJCAI-99).[37] Dabei wird zwischen der Revise- und der Retain-Phase eine Review-Phase eingeführt, in der die Qualität des neuen Falls vor der Aufnahme in die Fallbasis noch einmal überprüft wird. Zusätzlich wird eine Reflect-Phase eingeführt. Diese ist nach der Retain-Phase angesiedelt, soll aber Aufgaben erfüllen, die parallel zum übrigen Zyklus ablaufen. In ihr sollen die Gewichtungen, Ähnlichkeitsfunktionen etc. den sich ändernden Gegebenheiten angepasst werden.

[37] vgl. Watson (1999)

1.2.4 Erweiterung durch Review- und Restore-Phasen

Aufgrund ihrer Untersuchungen über Maße zur Bestimmung der Qualität von Fallbasen schlagen Reinartz et al. (2000) zwei andere Phasen als Ergänzung des klassischen CBR-Zyklus vor. Die Aufteilung in einen Anwendungs- und einen Wartungszyklus behalten sie bei, fügen jedoch den vier ursprünglichen Phasen (Retrieve, Reuse, Revise und Retain) eine Review- und eine Restore-Phase hinzu.[38] Diesen Ansatz verknüpfen Roth-Berghofer und Iglezakis (2001) mit der Theorie der Knowledge- bzw. Wissens-Container von Richter (1995). Wissenscontainer stellen eine prozessunabhängige Sicht auf ein CBR-System dar und strukturieren das im System vorhandene Wissen.[39] In einem CBR-System existieren die vier nachfolgend beschriebenen Wissenscontainer:[40]

- Vokabular: Das Vokabular beinhaltet alle Informationen über Bezeichnungen, Definitionen und die Struktur (z. B. die verwendeten Attribute) des CBR-Systems.[41]
- Ähnlichkeitsmaße: In Abhängigkeit von der gewählten Retrieval-Strategie werden in diesem Wissenscontainer die lokalen und globalen Ähnlichkeitsmaße vorgehalten (vgl. Kapitel 3).
- Fallbasis: Wie im klassischen CBR-Zyklus, existiert auch in dieser Darstellung eine Fallbasis, in der alle bisherigen Fälle gespeichert werden (vgl. Kapitel 2).
- Lösungstransformation: Dieser Container liefert Informationen über die Vorgehensweise bei der Adaption einer vom CBR-System aus der Fallbasis extrahierten Lösung. Er kommt also hauptsächlich in der Reuse-Phase zum Einsatz.

Wie aus Abbildung 1.4 ersichtlich wird, steht in der Mitte der Zyklen nicht mehr nur die Fallbasis, sondern stattdessen gibt es Interdependenzen der einzelnen Container mit jeder Phase des CBR-Zyklus.

Die neu hinzugefügten Teilphasen befinden sich im als Wartungsphase bezeichneten Teil des CBR-Zyklus. Sie treten, wie auch im vorherigen Ansatz, nicht im täglichen

[38] vgl. Reinartz et al. (2000), Seite 249
[39] vgl. Richter (1998), Seite 10
[40] vgl. Richter (1995), Seite 1
[41] vgl. Igelzakis und Roth-Berghofer (2000), Seite 2

Betrieb in Aktion. In der Review-Phase wird die Qualität des CBR-Systems überprüft. Diese Aufgabe unterteilt sich in die Kontrolle der Fallbasis mit den Qualitätsmaßen von Reinartz et al. (2000) (sogenannte syntaktische Maße) und in die Überprüfung von sogenannten semantischen Maßen, welche die Qualität des Domänenwissens bestimmen.[42] In der anschließenden Restore-Phase werden verschiedene Maßnahmen zur Verbesserung der Qualität entwickelt (entweder vom System oder von einem Nutzer) und umgesetzt.[43]

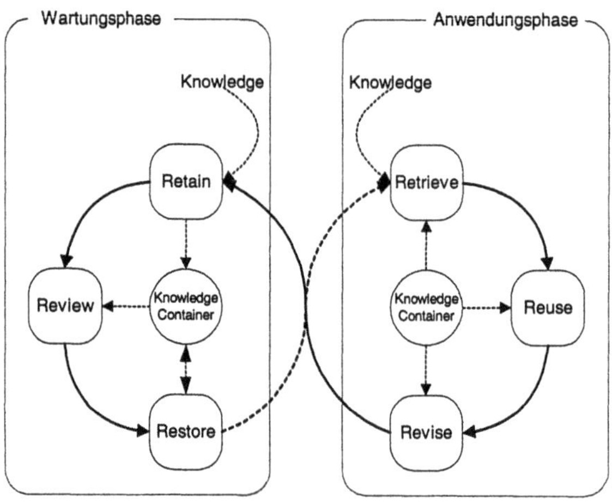

Abbildung 1.4: Der CBR-Zyklus nach Roth-Berghofer und Iglezakis (2001, Seite 202)

Dieser Ansatz liefert, insbesondere durch seine Erweiterung auf alle Wissenscontainer, das zur Zeit umfassendste Vorgehensmodell für den Betrieb und die Wartung eines CBR-Systems. In welchem Umfang die einzelnen Phasen zum Einsatz kommen, ist natürlich stark vom Aufgabengebiet abhängig.

1.3 CBR-Ansätze

Aufgrund der Anforderungen der verschiedenen Anwendungsfelder und der unterschiedlichen Herangehensweise einzelner Forschergruppen, haben sich drei verschiedene CBR-

[42] vgl. Roth-Berghofer und Iglezakis (2001), Seite 204

[43] vgl. Roth-Berghofer und Iglezakis (2001), Seite 205

Ansätze herauskristallisiert, die im Folgenden kurz erläutert werden. Im Anschluss daran, wird der in dieser Arbeit benutzte Ansatz vorgestellt und dessen hybride Herangehensweise verdeutlicht.

1.3.1 Strukturelles CBR

Der wohl bekannteste und am häufigsten verwendete CBR-Ansatz ist der des Strukturellen CBR, dessen Grundlage die Darstellung von Attribut-Wert-Beziehungen (attribute-value bzw. feature-value) ist. Das betrachtete Problemfeld, die sogenannte Wissensdomäne, wird mithilfe mehrerer Attribute, denen Werte zugewiesen werden können, modelliert. Ein Attribut besteht aus:[44]

- einer Bezeichnung A und
- einer endlichen Menge $DOM(A)$, der sogenannte Wertebereich (oder die Domäne) des Attributs A, d h. die Menge der Werte, die das Attribut A annehmen kann.

Je nach Anwendungsfall gehören die einzelnen Attribute, mit denen ein Problemfeld beschrieben wird, zu verschiedenen Datentypen, die weitestgehend den verschiedenen Skalenniveaus (Nominal-Skala, Ordinal-Skala, Intervall-Skala und Ratio-Skala) entsprechen. Ein Fall kann im Strukturellen-CBR-Ansatz folglich als Attribut-Wert-Vektor $(a^1, \ldots, a^n)$ derart dargestellt werden, dass $a^i \in DOM(A_i)$, $i = 1, \ldots, n$. Mit dieser Darstellung lässt sich z. B. die Wissensdomäne "Computerhardware" beschreiben.[45] Die Attribute wären in diesem Fall die einzelnen Elemente eines PC, wie "Größe des Arbeitsspeichers", "Festplatte" und "Graphikkarte". Das Attribut "Größe des Arbeitsspeichers" würde auf einem numerischen Datentyp basieren. Wird ein neuer Fall in die Fallbasis eingegeben, so wird jedem Attribut, das der neue Fall mit dem Wissensmodell gemeinsam hat, der entsprechende Wert zugewiesen. Den Attributen, die nicht auf den neuen Fall zutreffen, wird kein Wert zugewiesen. Ein wichtiger Aspekt dabei ist, dass jedem Attribut maximal ein Wert zugewiesen werden darf.

[44] vgl. Richter (1998), Seite 2
[45] vgl. Bergmann et al. (1999), Seite 25

Ein Praxisbeispiel für die Anwendung des strukturellen Ansatzes ist das CBR-System HOMER der DaimlerChrysler AG zur Unterstützung des Help-Desk im CAD/CAM-Support.[46] Die Anfragen an ein Helpdesk bestehen üblicherweise aus Symptombeschreibungen von aufgetretenen Fehlern. Die Wissensdomäne des HOMER-Systems besteht aus einer Vielzahl von Attributen, die den größten Teil der CAD/CAM-Soft- und Hardware abbilden. Mithilfe von Attribut-Wert-Paaren erfasst der Help-Desk-Mitarbeiter die neuen Anfragen und sucht nach ähnlichen, früheren Problemen in der Fallbasis.[47]

Ein Vorteil dieses Ansatzes besteht darin, dass nach der Erstellung des Wissensmodells der Aufwand zum Betrieb des CBR-Systems sehr gering ist. Die Fälle können häufig aus bestehenden Datenbanken übernommen werden, indem deren Felder den Attributen des Wissensmodells zugeordnet und die Datensätze in die Fallbasis übernommen werden.[48]

1.3.2 Textbasiertes CBR

In vielen Anwendungsfeldern liegen frühere Fälle nicht als Datensätze in Datenbanken vor. Stattdessen findet man Sammlungen von unstrukturierten Texten, wie z. B. bei den häufig anzutreffenden Frequently Asked Questions (FAQ). Aufgrund dieser Tatsache wurde der Ansatz des Textbasierten CBR (Textual Case-Based Reasoning, TCBR) entwickelt. TCBR versucht die Ideen des Information Retrieval (IR) mit denen des klassischen CBR zu verbinden (vgl. z. B. Brown et al. (1998)). Ein Fall besteht bei dieser Betrachtungsweise aus freiem Text; eine Strukturierung der Fälle erfolgt bestenfalls über die Verwendung von Zusatzinformationen, wie sie häufig in sogenannten Headern gespeichert sind.[49] Mithilfe verschiedener IR-Techniken werden die Dokumente vorverarbeitet, um sie als Fälle in speziellen Strukturen, wie z. B. den in Kapitel 2 beschriebenen Case-Retrieval-Nets, repräsentieren zu können.[50] Auf Basis dieser Fallrepräsentation werden schließlich entsprechende Verfahren zum Retrieval eingesetzt. Eine Anwendung dieses Ansatzes findet sich im SIMATIC Knowledge Manager der Siemens AG (vgl. Lenz et al. (1999)). Dieser dient dazu, die über mehrere Jahre ge-

[46] vgl. Göker et al. (1998), Seite 346
[47] vgl. Göker et al. (1998), Seite 351
[48] vgl. Bergmann et al. (1999), Seite 29
[49] vgl. Bergmann et al. (1999), Seite 29
[50] vgl. Lenz, Hübner und Kunze (1998), Seite 125

sammelten FAQs zu den SIMATIC-Systemen mithilfe der genannten Vorgehensweise intelligent zu durchsuchen.

Neben dem offensichtlichen Vorteil der leichten Fallakquisition führen Bergmann et al. (1999, Seite 21) jedoch zwei Beschränkungen dieser Vorgehensweise an: Die Anzahl der im System vorhandenen Fälle soll einige hundert nicht überschreiten und jedem Fall sollte eine kurze Beschreibung des Inhalts vorangehen. Ist dies nicht der Fall, sehen sie die Qualität in Bezug auf die Antworten des CBR-Systems als nicht gewährleistet an, da viele irrelevante Fälle von der Retrieval-Phase zurückgegeben werden können.

1.3.3 Conversational CBR

Im Gegensatz zu den bisherigen Ansätzen geht es beim Conversational Case-Based Reasoning (CCBR) nicht hauptsächlich um das Bewältigen mehr oder weniger umfangreicher Fallbasen. Stattdessen wird der ursprüngliche Gedanke des Lösens von neuen Problemen mithilfe alter Fragestellungen in den Mittelpunkt gerückt. Beim CCBR wird versucht, mit einer vordefinierten Menge von Fragen ein Ausgangsproblem zu lösen.[51] Diese Vorgehensweise ist häufig im Bereich der Fehlersuche von technischen Geräten zu finden. Dem Nutzer werden verschiedene Fragen zur Auswahl gestellt, und er entscheidet, welche er von diesen beantworten möchte. Das System tritt also mit dem Nutzer in eine Konversation, die durch die ausgewählten Fragen und die darauf erhaltenen Antworten bestimmt wird.[52] Die Fälle in der Fallbasis werden von Experten künstlich erzeugt und weisen die folgende Struktur auf:[53] Ein Problem (Fall) C_p setzt sich zusammen aus einer Beschreibung C_d des Problems und einer Spezifikation C_{qa}. C_d ist ein frei wählbarer Text, der das Problem C_p beschreibt. Die Spezifikation C_{qa} ist eine Menge von Frage-Antwort-Paaren, mit der sich die Ähnlichkeit von C_p zum vom Nutzer eingegebenen Problem berechnen lässt. Zu jedem Fall wird eine Lösung C_s gespeichert, die Handlungsempfehlungen zur Lösung von C_p beinhaltet. In einem mehrstufigen Prozess stellt man dem Nutzer Fragen aus den Spezifikationen der einzelnen Fälle zur Verfügung, aus denen er einige auswählt, um sie zu beantworten. Nach mehreren beantworteten Fragen stabilisiert sich die Rangreihung der Fälle, die

[51] vgl. Aha und Breslow (1997), Seite 1
[52] vgl. Aha und Breslow (1997), Seite 2
[53] vgl. Aha et al. (2000), Seite 3

als Problemlösung in Frage kommen. Ein Fall wird im CCBR also durch eine Liste von Fragen repräsentiert. Den Fällen selbst wiederum liegt keine standardisierte Struktur und auch kein Domänenmodell zu Grunde.[54]

Auch wenn die Unterscheidungen der verschiedenen CBR-Ansätze erst in jüngerer Zeit gemacht wurden, kann man doch die ersten kommerziellen CBR-Anwendungen, wie z. B. SMART von Acorn und Walden (1992), dem Bereich des CCBR zuordnen. Der Grund dafür liegt in der Spezialisierung der Inference Corp., dem ersten Anbieter von kommerziellen CBR-Tools, auf den Bereich Kundenunterstützung und der Umsetzung des CBR-Ansatzes mithilfe von Frage-Antwort-Paaren.[55]

1.3.4 Strukturiertes Textbasiertes CBR

Das in dieser Arbeit vorgestellte CBR-System vermischt die Ideen des Strukturellen mit denen des Textbasierten CBR-Ansatzes. Als Datengrundlage dient, wie beim TC-BR, eine Sammlung von Textdokumenten. Die einzelnen Dokumente sind, abgesehen von wenigen Metadaten, unstrukturiert. Mit Techniken der Natürlichen Sprachverarbeitung (Natural Language Processing, NLP) werden die Dokumente aufbereitet und einem Indizierungsprozess unterzogen. Im Gegensatz zum TCBR, werden die Ergebnisse der Indizierung aber nicht in ein speziell dafür vorgesehenes Speichermodell geschrieben. Stattdessen wird im Vorhinein, wie beim strukturellen Ansatz, eine Wissensdomäne mit verschiedenen Attributen modelliert. Während der Indizierung wird jedes Dokument als Attribut-Wert-Vektor in der Fallbasis abgelegt. Damit umgeht man auch Schwierigkeiten des TCBR bei der Verwendung großer Textsammlungen. Das vollständige Textdokument kann ausserhalb der Fallbasis gespeichert werden, so dass jeder Fall nur auf sein zugehöriges Ursprungsdokument verweisen muss.

Bei der Betrachtung von n Attributen haben im strukturellen Modell alle Attribut-Wert-Vektoren die Dimension n. Dadurch können aber keine Fälle gespeichert werden, die in einem Attribut mehrere Ausprägungen aufweisen. Gerade bei Textdokumenten kann dieses Problem häufig auftreten. Als Beispiel sei der Begriff "Vorstand" angeführt. In einem Text können Verallgemeinerungen (hier: "Unternehmensführung") oder auch

[54] vgl. Bergmann et al. (1999), Seite 23
[55] vgl. Aha et al. (2000), Seite 2

Spezialisierungen (hier: "Vorstandsvorsitzender") des ursprünglichen Begriffs auftreten, so dass ein Attribut mehrfach belegt werden muss. Deshalb muss ein Speichermodell entwickelt werden, das Attribut-Wert-Vektoren mit dynamischer Länge verwalten kann.

Ergänzend zu den modellierten Attributen können in den Dokumenten enthaltene Metadaten genutzt werden, um die Modellierung der Wissensdomäne zu unterstützen. Diese Metadaten können entweder durch eigene Attribute im Wissensmodell repräsentiert werden oder sie können als Ausschlusskriterien bei der Suche dienen (z. B. eine Einschränkung auf eine bestimmte Textkategorie).

Im weiteren Verlauf der Arbeit werden Lösungsansätze für die Speicherung von Attribut-Wert-Vektoren dynamischer Länge und Verfahren für deren Retrieval aus Fallbasen entwickelt. Weiterhin wird beispielhaft für einen speziellen Anwendungsfall eine Wissensdomäne modelliert und ein Indizierungsprozess entwickelt, der mithilfe von NLP-Techniken die Textdokumente in das festgelegte Wissensmodell abbildet. Aufbauend auf diesem Wissensmodell wird eine Suchmaschine konstruiert, die eine strukturierte Suche in den Textdokumenten erlaubt.

1.4 Aktuelle CBR-Anwendungen

Zum Abschluss des Kapitels soll noch ein Ausblick auf aktuelle Verwendungen des Fallbasierten Schließens zur Lösung realer Aufgabenstellungen vorgenommen werden. Wurde im vorherigen Abschnitt, im Rahmen der Beschreibung der unterschiedlichen Vorgehensweisen des CBR, eher eine theoretische Sicht auf CBR-Systeme eingenommen, so soll in diesem Abschnitt die Unterscheidung aus einer Anwendungssicht heraus erfolgen. Als Grundlage der Betrachtung dienen Veröffentlichungen der letzten drei Jahre, die auf wichtigen Konferenzen (ICCBR 1999[56] und 2001[57]) oder Workshops (EWCBR 2000[58] und GWCBR 2001[59]) vorgestellt wurden.

Bei der Durchsicht von ca. 50 aktuellen Veröffentlichungen, die sich mit der Beschreibung von anwendungsorientierten CBR-Systemen befassen, wurde deutlich, dass fast

[56] vgl. Althoff et al. (1999)
[57] vgl. Aha und Watson (2001)
[58] vgl. Blanzieri und Portinale (2000)
[59] vgl. Schnurr et al. (2001)

alle Anwendungen einer der drei nachfolgenden Kategorien zugeordnet werden können. Dabei fällt auf, dass die Anzahl von Anwendungen, die zur ersten Kategorie gehören, weitaus größer ist, als die Anzahl der Anwendungen, die den anderen beiden Kategorien zugeordnet werden kann.

1. Aufgabenstellungen, die im weitesten Sinne denen von klassischen Expertensystemen gleichen: Trotz der Weiterentwicklungen des Fallbasierten Schließens unterscheidet sich der größte Teil moderner CBR-Anwendungen im Hinblick auf ihre Aufgabenstellung kaum von den ersten kommerziellen Systemen vor 10 Jahren, deren Aufgabe der eines klassischen Expertensystems entsprach. Viele von diesen Systemen entstammen medizinischen Fragestellungen. Sie liefern z. B. Dosierungsempfehlungen für Medikamente (vgl. Schmidt und Gierl (2000)), machen Therapieempfehlungen (vgl. Bellazzi et al. (1999)) oder überwachen und prognostizieren den Verlauf einer Krankheit (vgl. Marling und Whitehouse (2001)). Auch die meisten industriellen Anwendungen sind dem Aufgabenfeld von Expertensystemen zuzuordnen. Ein Teilbereich von diesen befasst sich mit Aufgaben der Fehlerdiagnose, wie z. B. Varma (1999) oder Mount und Liao (2001). Andere wiederum erfüllen Aufgaben im Qualitätsmanagement (z. B. Taki et al. (1999) oder Morgan et al. (2001)) oder werden zur Produktionssteuerung (z. B. Chang et al. (2001)) herangezogen.

2. Aufgabenstellungen aus dem Wissensmanagement: Nicht zuletzt durch die Weiterentwicklungen des Textbasierten CBR traten in jüngerer Zeit Anwendungen des Wissensmanagements[60] in das Blickfeld der Entwickler von CBR-Systemen. Beispielhaft seien Systeme genannt, die Aufgaben der Wiederverwertung (vgl. Weber et al. (2001)) oder der Extraktion von Wissen aus Textdokumenten (vgl. Kusui und Shimazu (2001)) übernehmen können.

3. Aufgabenstellungen, die sich aus der Verbindung von CBR-Systemen mit dem Internet ergeben: Die zunehmende Verbreitung des Internet war der Auslöser, auch CBR-Systeme online nutzbar zu machen. Dies führte, neben variableren Zugriffsmöglichkeiten auf CBR-basierte Expertensysteme und Wissensmanage-

[60] Eine ausführliche Betrachtung des Wissensmanagements erfolgt in Abschnitt 4.1.1.

mentlösungen, auch zu Anwendungen zur Produktkonfiguration. Mit diesen können Besucher einer Internetsite einer Unternehmung die für sie interessanten Produkte im Angebot identifizieren und konfigurieren. Aktuelle Anwendungen aus diesem Bereich stellen z. B. Schmitt et al. (2000) oder Hurley und Wilson (2001) vor.

Offensichtlich ist der Bedarf an Expertensystemen und die Eignung des Fallbasierten Schließens zur Lösung derartiger Problemstellungen so groß, dass sich viele Forschergruppen und Entwickler mit solchen Projekten befassen. Dazu werden meist aus dem universitären Umfeld bekannte oder auch kommerzielle Systeme modifiziert und angewandt, deren Reifegrad zum heutigen Zeitpunkt schon recht hoch ist. Auch bei der Internetanbindung von CBR-Systemen kann auf ein breites Spektrum von Erfahrungen zurückgegriffen werden, so dass auch hier wenig Raum für Neuerungen bleibt. Bzgl. der Verarbeitung von Texten, wie sie insbesondere für das Management von Wissen notwendig ist, bietet sich allerdings noch einiger Spielraum, neben einem neuen Anwendungsfeld auch ein neues Verfahren zu entwickeln. Die bisherigen Systeme beruhen auf den Techniken des Textbasierten CBR und erfordern spezielle Formen der Fallrepräsentation abseits von normalen Datenbanken. Mit dem in dieser Arbeit entwickelten Verfahren des Strukturierten Textbasierten CBR bietet sich die Möglichkeit, derartige Anwendungen auf Basis Relationaler Datenbanken, also einer im Anwendungsumfeld weit verbreiteten Technik, zu realisieren.

Kapitel 2

Repräsentation in Relationalen Datenbanken

Dieses Kapitel beschäftigt sich mit der Repräsentation von Fällen in der Fallbasis. Der Begriff der Fall-Repräsentation wird allerdings unterschiedlich aufgefasst. Einige Autoren (vgl. z. B. Watson (1997, Seite 19), Main et al. (2000, Seite 7)) betrachten die Fall-Repräsentation als eigenständigen Schritt im CBR, der sich mit der Frage beschäftigt, welche Informationen in einem Fall gespeichert werden sollen. Bei der Erstellung der Fallbasis muss aber zusätzlich über deren Indizierung, das zur Indizierung verwendete Vokabular und letztendlich die Organisation derselben nachgedacht werden. Versucht man diese einzelnen Aufgaben getrennt voneinander zu betrachten, wird deutlich, dass jeder Teilbereich die anderen stark beeinflusst, so dass es zu Abgrenzungsschwierigkeiten kommt. Daher werden im weiteren Verlauf, wie auch von Aamodt und Plaza (1994, Seite 47) vorgeschlagen, diese Teilaufgaben unter dem Begriff Fall-Repräsentation subsumiert und gemeinsam behandelt.

2.1 Klassische Methoden der Fall-Repräsentation

Seit den Anfängen des CBR spielt die Frage der Verwaltung und Speicherung von Fällen in der Fallbasis eine wichtige Rolle. Die Modelle von Schank und Kolodner sowie von Porter und Bareiss können als die ersten vollständigen Ansätze bezeichnet werden und sollen deshalb ausführlich beschrieben werden. Zusätzlich soll mit den Case-Retrieval Nets ein Ansatz dargestellt werden, der hauptsächlich im TCBR Verwendung findet.

Ergänzend werden noch neuere Ansätze sowie eine objektorientierte Betrachtungsweise erläutert.

2.1.1 Fallrepräsentation in CYRUS

Im Computerized Yale Retrieval and Update System (CYRUS) werden Ereignisse im Leben des Politikers Cyrus Vance gespeichert und zum Retrieval vorgehalten. Die dazu verwendete Speicherstruktur basiert auf dem von Schank (1982) entwickelten Dynamic Memory und den darin verwendeten Memory Organization Packets (MOPs). Die von CYRUS verwendete Struktur wird Episodic Memory Organization Packets (E-MOPs) genannt. E-MOPs ordnen ähnliche Episoden nach deren Unterschieden und speichern deren Gemeinsamkeiten.[1] Ein E-MOP ist ein Netz, in dem jeder Knoten wieder ein E-MOP ist, wobei jedes einzelne E-MOP aus zwei Teilbereichen besteht:[2]

- Allgemeine Informationen (auch Norms oder Content Frame genannt) beschreiben den Inhalt des E-MOP und charakterisieren die gespeicherten Episoden. Darin enthalten sind bestimmte festgelegte Eigenschaften der Ereignisse, wie z. B. die Teilnehmer, der Ort oder auch das gemeinsame Thema der Episoden. Zusätzlich können Informationen über die Beziehungen zu anderen E-MOPs gespeichert werden.

- Eine baumartige Struktur indiziert die einzelnen Episoden bzgl. ihrer Unterschiede. Jeder dieser Indizes kann wieder auf ein anderes E-MOP verweisen, so dass eine Hierarchie aus mehreren E-MOPs entsteht. In Abbildung 2.1 enthält MOP1 allgemeine Informationen über Treffen von Diplomaten (Events 2,3 und 4), und es verweist auf spezielle Treffen mit Begin (Event 3).

Die Indizes in einem E-MOP arbeiten wie Tore, die durchschritten werden dürfen, wenn ihr Wert spezifiziert wurde.[3] Wird z. B. nach einem Treffen gesucht, an dem Gromyko teilgenommen hat (participants = Gromyko), so gelangt man zum Event 2. Bei der Festlegung der Indizes wird so vorgegangen, dass die Abweichung von der

[1] vgl. Schank (1982), Seite 207
[2] vgl. Kolodner (1983), Seite 249
[3] vgl. Kolodner (1993), Seite 124

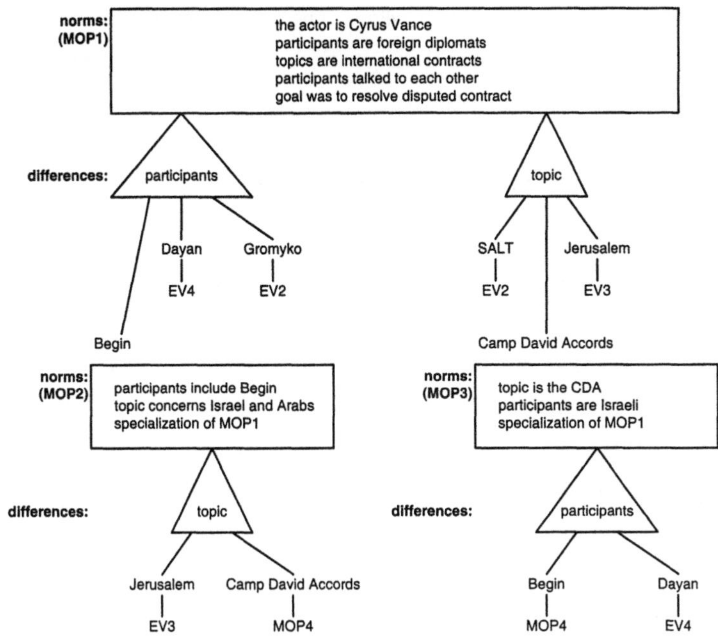

Abbildung 2.1: Ausschnitt aus dem E-MOP "Diplomatic Meetings"
(vgl. Kolodner (1983), Seite 248)

Norm, d. h. der im Kopf des E-MOP beschriebenen allgemeinen Information, dokumentiert wird. Dies kann eine Verletzung, eine Variation, eine Spezialisierung oder eine Generalisierung der Norm beinhalten.[4]

Die Suche in der vorgestellten Speicherstruktur läuft nach einem einfachen Algorithmus[5] ab, der anhand der Abbildung erläutert werden soll: Die Suche soll alle Treffen zwischen Cyrus Vance und Menachem Begin in New York finden, bei denen über Jerusalem gesprochen wurde. In MOP1 wird nach den Teilnehmern und dem Thema unterschieden. Die Suche nach dem Teilnehmer Begin führt zu einem weiteren MOP (2), während das Thema Jerusalem direkt zu einem Ereignis (EV3) führt. Die Suche wird nun in MOP2 fortgeführt, in dem ein weiteres Ereignis (wieder EV3) gefunden wird. Dieser Vorgang würde solange in der gesamten Struktur fortgeführt, bis keine

[4]vgl. Kolodner (1983), Seite 252

[5]vgl. Kolodner (1993), Seite 305

weiteren MOPs mehr zu bearbeiten wären. Die gefundenen Ereignisse werden dann aufgrund ihrer Ähnlichkeit (Anzahl der gemeinsamen Eigenschaften zur Ausgangsfragestellung) in eine Rangfolge gebracht.

2.1.2 Fallrepräsentation in PROTOS

PROTOS ist ein Programm, das in der Lage ist, verschiedene Kategorien (Konzepte) zu lernen und neue Fälle entsprechend dieser Kategorien zu klassifizieren. Porter und Bareiss verzichten in ihrem Speichermodell auf die Verwendung von festgeschriebenen Normen zur Beschreibung eines Konzepts. Stattdessen definieren sie ein solches, z. B. einen Stuhl, implizit durch dessen Instanzen, womit sie sich den in Kapitel 1 vorgestellten Überlegungen von Wittgenstein (1953) annähern. Die zentralen Begriffe bei dieser Vorgehensweise sind Kategorien (Category) und Beispiele (Exemplars), daher wird das Modell auch als Category-Exemplar-Model bezeichnet. Eine Kategorie wird durch ihre Beispiele repräsentiert, wobei diese Beispiele vom System derart ausgewählt werden, dass sie möglichst die gesamte Bandbreite der möglichen Ausprägungen der Kategorie abdecken.[6] Um auf diese Struktur zugreifen zu können, werden vier Arten von Indizes definiert:[7]

- Remindings assoziieren Eigenschaften (Features) mit Kategorien oder Beispielen. Ein Index zwischen einer Eigenschaft und einer Kategorie bedeutet, dass diese Eigenschaft beispielhaft für die gesamte Kategorie ist. Wird eine Eigenschaft mit einem Beispiel derart verbunden, so bezieht sich die Eigenschaft nur auf dieses Beispiel (vgl. Chair 1 - Pedestal in Abbildung 2.2)

- Censors sind negative Remindings, d. h. Eigenschaften, die gerade nicht zu der betrachteten Kategorie oder deren Beispielen passen.

- Prototypicall Ratings ordnen die Menge der Beispiele nach deren Eignung als Prototyp für die gesamte Kategorie. Diese Anordnung wird u. a. von der Eignung der Beispiele zur Lösung früherer Fragestellungen beeinflusst.

[6] vgl. Bareiss (1989), Seite 10

[7] vgl. Porter et al. (1990), Seite 244

- Exemplar Differences indizieren die Beispiele einer Kategorie nach ihren Unterschieden. In Abbildung 2.2 hat Chair 1 die Eigenschaft Armrests während Chair 2 diese Eigenschaft fehlt. Dieser Sachverhalt würde bei der Indizierung berücksichtigt.

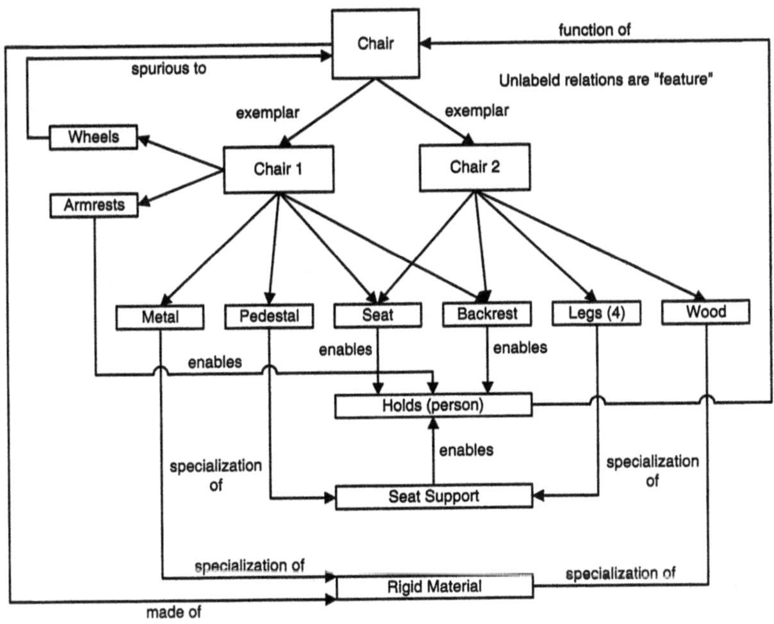

Abbildung 2.2: Beispielhafte Struktur für die Kategorie Stuhl
(vgl. Porter et al. (1990), Seite 239)

Abbildung 2.2 zeigt eine beispielhafte Struktur für die Kategorie "Stuhl" mit zwei Beispielen. In dieser Struktur sind weitere Verbindungen zwischen Eigenschaften, Beispielen und der Kategorie eingezeichnet. Diese dienen einerseits dazu, vorhandenes Domänenwissen abzubilden und andererseits zur Bereitstellung einer Erklärungskomponente.

Ein Fall wird in diesem Modell folglich als Beispiel gespeichert. Zu jedem Fall gehört eine genaue Bezeichnung (Chair 1), eine Klassifikation (Chair 1 ist Beispiel von Chair) und eine Menge von Eigenschaften (Wheels, Armrests, Metal, etc.).[8] Bei der Klassifikation von neuen Fällen geht es darum, einen früheren Fall in der Fallbasis zu finden, der dem neuen Fall möglichst gut entspricht. Dieses wird in PROTOS mit Hilfe eines zweistufigen Prozesses gelöst:[9] Zuerst werden die dem neuen Fall assoziierten Remindings und Censors verwendet, um die Menge der möglichen Kategorien zu bestimmen. Daran anschließend werden die Beispiele der einzelnen Kategorien untersucht, um das Beispiel zu finden (sofern vorhanden), das auf den neuen Fall am besten zutrifft.

Bareiss (1989, Seite 27) vergleicht die Struktur von PROTOS mit einem Semantischen Netz, dessen Knoten aus Kategorien, Beispielen und Eigenschaften bestehen und die unterschiedlich miteinander verbunden sind. Eine Kategorie kann im einfachsten Fall ein einzelner Knoten sein oder sie kann mit einer Vielzahl von Fällen verbunden sein. Die Verbindungen repräsentieren entweder einen der beschriebenen Indizes, allgemeines Domänen- oder auch Erklärungswissen.

2.1.3 Case Retrieval Nets

In den Case Retrieval Nets (CRNs) von Lenz und Burkhard wird ebenfalls eine Netzstruktur als Grundlage der Fallbasis verwendet. Die Knoten dieser Struktur sind sogenannte Information Entities (IEs), die jeweils einen atomistischen Teil des verwendeten Wissens repräsentieren.[10] Zusätzlich wird jeder Fall durch einen speziellen Knoten in der Netzstruktur repräsentiert. Die Kanten des Netzes werden in Relevance-Arcs und Similarity-Arcs unterschieden:[11] Die Relevance-Arcs stellen eine gewichtete Zuordnung von IEs zu einzelnen Fällen her und die Similarity-Arcs repräsentieren die Ähnlichkeiten zwischen den IEs. Jeder Fall wird also durch die ihm mittels Relevance-Arcs zugeordneten IEs beschrieben. Abbildung 2.3 verdeutlicht diese Struktur.

Das Retrieval in CRNs erfolgt in drei Stufen:[12]

1. Alle IEs, die in der Anfrage auftreten, werden aktiviert.

---

[8] vgl. Bareiss (1989), Seite 28

[9] vgl. Bareiss (1989), Seite 36

[10] vgl. Lenz und Burkhard (1996*a*), Seite 6

[11] vgl. Lenz und Burkhard (1996*a*), Seite 9

[12] vgl. Lenz und Burkhard (1996*b*), Seite 2

2. In Abhängigkeit von der durch die Similarity-Arcs festgelegten Ähnlichkeiten zwischen den IEs werden auch alle benachbarten IEs aktiviert.

3. Die durch Relevance-Arcs mit aktivierten IEs verbundenen Fälle sind das Retrieval-Ergebnis.

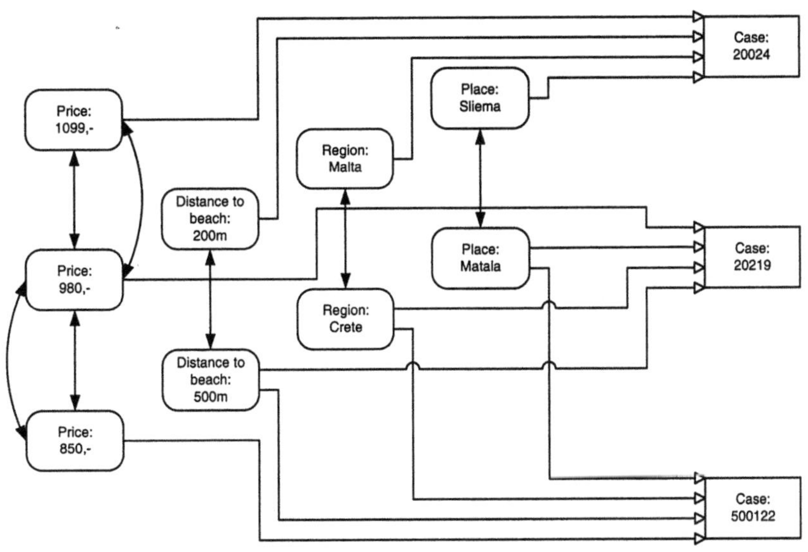

Abbildung 2.3: Ausschnitt aus einem CRN zur Repräsentation von Reisezielen (vgl. Lenz und Burkhard (1996*a*), Seite 10)

Wird z. B. eine Urlaubsreise nach Malta gesucht, wobei das Hotel nicht weiter als 500 m vom Strand entfernt liegen soll (vgl. Abbildung 2.3), so würden zuerst diese beiden IEs ("Region: Malta" und "Distance to beach: 500 m") aktiviert. Aufgrund der Similarity-Arcs käme es zur Aktivierung der benachbarten IEs (hier: "Region: Crete" und "Distance to beach: 200 m"). Das Ergebnis der Anfrage wären aufgrund der Relevance-Arcs die Fälle 20024, 20219 und 500122. Die Rangfolge der Ähnlichkeit zwischen den Fällen wird von der Gewichtung der Relevance-Arcs und von den Ähnlichkeitsbeziehungen zwischen den IEs bestimmt, so dass in diesem Beispiel als einzig sinnvolles Ergebnis der Fall 20024 zurückgegeben worden wäre.

Die CRNs sind in mehreren kommerziellen Projekten eingesetzt worden. Als Beispiel sei die in Abschnitt 1.3.2 beschriebene Anwendung der CRNs auf eine Aufgabenstellung im Bereich des TCBR bei der Siemens AG von Lenz, Hübner und Kunze (1998) genannt.

2.1.4 Weitere Ansätze

Neben den beschriebenen Modellen, welche die Bandbreite der Herangehensweise an die Problemstellung der Fall-Repräsentation verdeutlichen, gibt es noch eine Vielzahl weiterer Ansätze, von denen einige exemplarisch erwähnt werden sollen. Die größte Ähnlichkeit zu den beschriebenen CRNs hat das von Brown (1994) entwickelte Modell, das ebenfalls auf der Aktivierung von Knoten in einer Netzstruktur beruht. Auch andere Ansätze benutzen ein mehr oder weniger stark abgewandeltes Semantisches Netz, um die Fälle zu repräsentieren und für das Retrieval vorzuhalten. Beim "Fish and Shrink"-Ansatz von Schaaf (1996) kann die Fallrepräsentation als Netz aus verschiedenen Polyedern aufgefasst werden. Jeder Polyeder repräsentiert einen Fall, und die Seiten der einzelnen Polyeder stehen für je eine Eigenschaft bzw. ein Attribut. Die Seiten wiederum sind untereinander verbunden, um Ähnlichkeiten zwischen den Ausprägungen gemeinsamer Attribute abzubilden. Zuletzt seien die k-d-Bäume von Wess et al. (1993) erwähnt.[13] Ähnlich wie ein Entscheidungsbaum diskriminiert ein k-d-Baum die Fälle der Fallbasis aufgrund der ihnen zugehörigen Eigenschaften. Folglich steht die Wurzel des Baums für die gesamte Fallbasis, und jeder Knoten repräsentiert eine Teilmenge der Fallbasis, deren Fälle bestimmte Eigenschaften gemeinsam haben.

2.1.5 Computational Approach vs. Representational Approach

Zur Einordnung der beschriebenen Ansätze hat sich die Unterscheidung in den Computational und den Representational Approach herausgebildet.[14] Beim Computational Approach werden die Fälle unstrukturiert in der Fallbasis gespeichert. Die Bestimmung der Ähnlichkeit zwischen Fällen erfolgt über die Berechnung von Ähnlichkeiten zwischen den Eigenschaften der Fälle. Als Beispiel seien die Case-Based-Learning-Algorithmen von Aha (1991) genannt. Im Gegensatz dazu werden bei den beschriebenen Ansätzen von Schank und Kolodner sowie von Porter und Bareiss die Struk-

[13] vgl. zu den k-d-Bäumen auch Wess (1996)

[14] vgl. Börner (1998), Seite 208

turen innerhalb des Speichermodells genutzt, um ähnliche Fälle aus der Fallbasis zu extrahieren. Bei dieser Vorgehensweise werden die ansatzweise beschriebenen und von der jeweiligen Struktur abhängigen Retrievalverfahren eingesetzt. Die Modelle des Computational Approach arbeiten mit den in Kapitel 3 vorgestellten Verfahren zur Ähnlichkeitsbestimmung. Zwischen diesen beiden Extremen finden sich die hybriden Ansätze, wie z. B. die CRNs, deren Fallbasis einer speziellen Struktur unterliegt, die aber gleichzeitig mit Hilfe dieser Struktur explizit die Ähnlichkeit zwischen zwei Fällen bestimmen können. Der im nächsten Abschnitt vorgestellte Ansatz zur Repräsentation von Fällen in Relationalen Datenbanken geht ebenfalls diesen hybriden Weg. Es wird ein Domänenmodell vorgegeben, das zur Indizierung der Fälle und zur Bestimmung der Ähnlichkeit zwischen den Fällen eingesetzt wird.

2.2 Speicherung von Fällen in Relationalen Datenbanken

Die beschriebenen Modelle zur Repräsentation von Fällen in einer Fallbasis besitzen einen gemeinsamen Nachteil: Keiner dieser Ansätze kann die Fälle in einer Relationalen Datenbank ablegen. Stattdessen bringen solche CBR-Systeme eine eigene physische Fallbasiskomponente mit sich. Gerade in kommerziellen Anwendungsfeldern kann dies aber zu Schwierigkeiten mit der vorhandenen Informationsinfrastruktur führen. Eine systeminterne Fallbasis verlangt spezielle Backup- und Wartungskonzepte, die nicht mit gängigem Datenbankwissen der Mitarbeiter bewältigt werden können. Zusätzlich ist eine Trennung von Retrieval-Engine und Fallbasis auf unterschiedlichen Servern kaum zu realisieren. Dies kann insbesondere bei internetbasierten Anwendungen zu Sicherheitsproblemen führen. Alle Daten, die für das Retrieval benötigt werden, müssen jenseits einer Firewall vorgehalten werden, so dass sie nur schwach vor unerwünschten externen Zugriffen geschützt werden können. Als weiteres Problem kommt die Performanz bei Zugriffen auf die Fallbasis hinzu. Moderne Datenbankmanagementsysteme bieten selbst bei großen Datenmengen und vielen gleichzeitigen Zugriffen noch gute Leistungen, die von proprietären Fallbasen kaum zu erreichen sind.

Neben den wartungs- und sicherheitsrelevanten Schwierigkeiten spricht auch der Aspekt der Weiterverwendung vorhandener Daten für eine Nutzung einer externen Datenbank. Häufig fallen in CBR-Systemen Daten an, die auch für andere Anwendungen und Anwender von Interesse sind. Aus einer externen Datenbank lassen sich diese automatisiert übernehmen und zur weiteren Verwendung zur Verfügung stellen. In diesem Abschnitt sollen zuerst die Grundlagen der Relationalen Datenbanken erläutert werden. Im Anschluss sollen die bisherigen Versuche zur Speicherung von Fällen in Datenbanken geschildert werden, um danach ein eigenes Modell vorzustellen, mit dem Domänenwissen abgebildet und Fälle in einer Datenbank gespeichert werden können.

2.2.1 Relationale Datenbanken

Datenbanken

Bei der konventionellen Datenhaltung werden Daten in Form von Datensätzen innerhalb von Dateisystemen gespeichert. Dabei können eine Vielzahl von Nachteilen, wie z. B. Datenabhängigkeit, Redundanz der Daten oder ein aufwändiger Zugriffsschutz, auftreten.[15] Mit der Entwicklung der Datenbanksysteme wurde eine Möglichkeit geschaffen, diese Probleme zu lösen. Ein Datenbanksystem besteht aus einer Datenbank und einem Datenbankmanagementsystem (DBMS). Dabei bezeichnet der Begriff Datenbank eine Menge von logisch zusammengehörenden Daten, die zur Deckung des Informationsbedarfs einer Organisation dient; ein DBMS ist ein Softwaresystem, das zur Verwaltung dieser Datenbank genutzt wird.[16] Die durch den Datenbank-Ansatz gegenüber der konventionellen Datenhaltung entstehenden Vorteile lassen sich wie folgt zusammenfassen:[17]

- Reduzieren von Redundanz.
- Vermeiden von Inkonsistenzen und Sicherstellen der Datenintegrität.
- Gemeinsame Nutzung von Daten.
- Durchsetzen von Standards und Sicherheitsrichtlinien.

[15] vgl. Alpar et al. (2000), Seite 319
[16] vgl. McFadden et al. (1999), Seite 26
[17] vgl. Date (1995), Seite 14

Im Rahmen der Entwicklung der Datenbanksysteme haben sich verschiedene Datenbankmodelle herausgebildet, von denen bis zum heutigen Zeitpunkt das Relationale Modell die weiteste Verbreitung gefunden hat. Da die im weiteren Verlauf geschilderte Darstellung zur Speicherung von Fällen auf dem Relationalen Datenbankmodell beruht, soll auf dieses genauer eingegangen werden.

Das Relationale Modell

Das den Relationalen Datenbanken zugrundeliegende Modell beruht auf der mathematischen Theorie der Relationen. Eine Relation beschreibt die Beziehungen zwischen den Elementen einer oder verschiedener Mengen.[18] Eine n-stellige Relation R zwischen den Mengen $A_1, \ldots, A_n$ ist eine Teilmenge des kartesischen Produkts dieser Mengen, d. h. $R \subseteq A_1 \times \ldots \times A_n$. Dabei werden $A_1, \ldots, A_n$ als die Domänen von R bezeichnet. Als einfaches Beispiel sei A_1 eine Menge aus Zahlen, welche die Kundennummern eines Unternehmens enthält. A_2 und A_3 seien Mengen aus Zeichenketten, die die Namen und Vornamen der Kunden enthalten. Dann besteht eine Relation R aus einer Menge von Tupeln der Form ('KNr', 'Name', 'Vorname'). In der Theorie der Datenbanken wird eine Relation üblicherweise in Form einer Tabelle dargestellt, die folgenden Bedingungen unterliegt:[19]

1. Jede Zeile repräsentiert ein n-Tupel der Relation R.
2. Die Reihenfolge der Zeilen ist unerheblich.
3. Alle Zeilen unterscheiden sich voneinander.
4. Die Anordnung der Spalten stimmt mit der Anordnung der Domänen $A_1, \ldots, A_n$, auf denen R definiert ist, überein. Die Spalten werden auch als Attribute bezeichnet.
5. Jede Spalte wird mit dem Namen der ihr zugehörigen Relation bezeichnet.

Bezogen auf das Beispiel ergibt sich die in Tabelle 2.1 dargestellte Struktur:

[18] vgl. Bronstein et al. (1995), Seite 260
[19] vgl. Codd (1970), Seite 379

KNr	Name	Vorname
815	Aamodt	Agnar
4711	Aha	David
5632	Kolodner	Janet

Tabelle 2.1: Eine Kundentabelle als Beispiel für eine Relation

Um Daten aus einer Tabelle zu lesen oder um Daten der Tabelle hinzuzufügen wird ein sogenannter Schlüssel (Key) benötigt, mit dem man jede Zeile der Tabelle und damit jedes Tupel der Relation identifizieren kann. Zur weiteren Betrachtung wird die folgende Definition benötigt:

Definition 2.1 *Seien $X, Y \subseteq \{A_1, \ldots, A_n\}$. Y wird genau dann als* ***funktional abhängig*** *von X bezeichnet, wenn die Werte der Attribute von X eindeutig die Werte der Attribute von Y bestimmen; man schreibt $X \rightarrow Y$. Gilt $X \rightarrow Y$ und für alle $Z \subset X$ gilt nicht $Z \rightarrow Y$, so bezeichnet man Y als* ***voll funktional abhängig*** *von X; man schreibt $X \rightarrowtail Y$.*[20]

Mathematisch betrachtet entspricht damit die Bestimmung eines Schlüssels der Suche nach einer Teilmenge $X \subseteq \{A_1, \ldots, A_n\}$, zu der $\{A_1, \ldots, A_n\}$ funktional abhängig ist. Offensichtlich erfüllt die Menge $\{A_1, \ldots, A_n\}$ diese Bedingung sofort. Man ist allerdings bestrebt, einen minimalen Schlüssel zu wählen, der so wenige Attribute wie möglich, idealerweise nur eines, verwendet, um möglichst effizient arbeiten zu können. Ein Schlüssel, der jedes Tupel der Relation eindeutig bestimmt und zu dem zusätzlich $\{A_1, \ldots, A_n\}$ voll funktional abhängig ist, bezeichnet man als Primärschlüssel (Primary Key).[21] Neben dem Primärschlüssel gibt es noch weitere Schlüssel, die zur Identifizierung und zur Darstellung von Beziehungen zwischen Relationen eingesetzt werden.

Das Entity-Relationship-Modell

Zur Darstellung des konzeptionellen Aufbaus einer Datenbank hat sich das von Chen (1976) entwickelte Entity-Relationship-Modell (ERM) als sehr nützlich erwiesen, das an späterer Stelle (vgl. Abbildung 2.5) zur Darstellung der Fallbasis verwendet wird. Ein

[20] vgl. Kleinschmidt und Rank (2002), Seite 8

[21] vgl. Codd (1970), Seite 380

ERM ist eine detaillierte, logische Darstellung der Daten einer Organisation oder eines Unternehmens.[22] Es besteht aus Entitäten und Beziehungen (Relationships). Eine Entität ist ein Objekt, das trennscharf identifiziert werden kann, z. B. eine Person oder eine Firma, und eine Beziehung ist eine Verbindung zwischen zwei Entitäten, z. B. die Beziehung "Vater-Sohn".[23]

Bezeichnet man mit E_1 und E_2 Entitäts-Typen (d. h. Kollektionen von Entitäten mit gleichen Merkmalen) und mit $R \subseteq E_1 \times E_2$ eine Beziehung zwischen E_1 und E_2, so wird die Komplexität der Beziehung wie folgt bestimmt:[24]

- 1:1-Beziehung: Jeder Entität in E_1 wird durch R höchstens eine Entität in E_2 zugeordnet und umgekehrt.
- 1:n-Beziehung: Jeder Entität in E_2 wird durch R höchstens eine Entität in E_1 zugeordnet, wobei die andere Richtung keiner Beschränkung unterliegt.
- n:1-Beziehung: Jeder Entität in E_1 wird durch R höchstens eine Entität in E_2 zugeordnet, wobei die andere Richtung keiner Beschränkung unterliegt.
- m:n-Beziehung: Es ist eine beliebige Zuordnung von Entitäten in E_1 zu Entitäten in E_2 möglich.

Die Darstellung eines ERM erfolgt mit Hilfe eines Entity-Relationship-Diagramms, dessen Elemente in Abbildung 2.4 dargestellt sind.

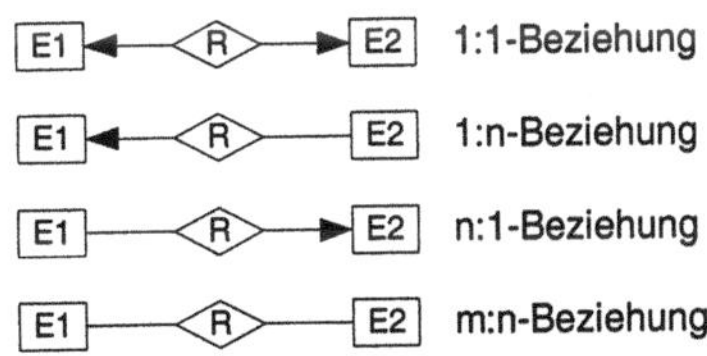

Abbildung 2.4: Darstellung von Relationship-Typen in Entity-Relationship-Diagrammen (vgl. Kleinschmidt und Rank (2002), Seite 10)

[22] vgl. McFadden et al. (1999), Seite 87
[23] vgl. Chen (1976), Seite 10
[24] vgl. Kleinschmidt und Rank (2002), Seite 10

Normalisierung

Um redundate Daten aus der Datenbank zu eliminieren schlägt Codd (1970, Seite 381) das Verfahren der Normalisierung vor. Bei der Normalisierung wird eine bestehende Relation in mehrere Teilrelationen aufgeteilt, damit sie bestimmten Regeln genügt und in einer sogenannten Normalform dargestellt werden kann. Im Laufe der Entwicklung haben sich verschiedene Normalformen herausgebildet, wobei an dieser Stelle nur auf die erste, zweite und dritte Normalform kurz eingegangen werden soll.

In der ersten Normalform hat eine Relation nur solche Attribute, deren Werte nicht aus mehreren Werten zusammengesetzt sind (sogenannte atomare oder skalare Werte).[25] Um diese Normalform zu erreichen, werden alle Attribute, die sich aus mehreren Werten zusammensetzen, in Teilrelationen gespeichert. Tabelle 2.2 zeigt eine Relation R, die nicht in Normalform vorliegt, da das Attribut für die Rechnungsnummer 'RNr' mehrere Werte annimmt.

KNr	**Name**	**Vorname**	**RNr**
815	Aamodt	Agnar	(123, 141, 156)
4711	Aha	David	(111, 512)
5632	Kolodner	Janet	(32, 85, 96)

Tabelle 2.2: Eine Relation, die nicht in Normalform vorliegt

Man identifiziert nun einen Schlüssel in R, z. B. 'KNr', und erzeugt eine neue Relation R_1, die alle atomaren Attribute von R enthält. Das verbleibende Attribut 'RNr' wird derart in einer Relation R_2 gespeichert, dass, zusammen mit dem Schlüssel aus R, für jeden Wert des Attributs ein eigenes Tupel in der neuen Relation R_2 erzeugt wird. Tabelle 2.3 zeigt das Ergebnis der Normalisierung.

[25] vgl. Date (1995), Seite 296

KNr	Name	Vorname
815	Aamodt	Agnar
4711	Aha	David
5632	Kolodner	Janet

KNr	RNr
815	123
815	141
815	156
4711	111
4711	512
5632	32
5632	85
5632	96

Tabelle 2.3: Relationen in der ersten Normalform

Bei der Beschreibung der zweiten Normalform wird der in Definition 2.1 eingeführte Begriff der funktionalen Abhängigkeit benötigt. Eine Relation ist in der zweiten Normalform, wenn sie bereits in der ersten Normalform vorliegt und zusätzlich jedes Attribut, das selbst kein Schlüssel ist, voll funktional abhängig vom Primärschlüssel ist.[26] Die in Tabelle 2.3 vorliegenden Relationen befinden sich also schon in der zweiten Normalform.

Bei der Erstellung der dritten Normalform geht es schließlich um die Beseitigung von transitiven Abhängigkeiten. Eine transitive Abhängigkeit ist eine funktionale Abhängigkeit zwischen zwei oder mehr Attributen, die selbst keine Schlüssel sind.[27] Am Beispiel der Kundentabelle betrachtet, ist die Relation

$$R\{KNr, Name, Vorname, PLZ, Ort\}$$

nicht in der dritten Normalform. Grund dafür ist die transitive Abhängigkeit von 'PLZ' und 'Ort'. Zur Auflösung dieser Abhängigkeit teilt man R in

$$R_1\{KNr, Name, Vorname, PLZ\} \text{ und } R_2\{PLZ, Ort\}$$

auf. Eine Relation ist folglich in der dritten Normalform, wenn sie in der zweiten Normalform vorliegt und zusätzlich keine transitiven Abhängigkeiten zwischen Nichtschlüssel-Attributen existieren.

[26] vgl. McFadden et al. (1999), Seite 237

[27] vgl. McFadden et al. (1999), Seite 238

Structured Query Language

Um unabhängig von der technischen Umsetzung auf die Daten einer Relationalen Datenbank zugreifen zu können, entwickelte eine Arbeitsgruppe um Chamberlin bei IBM die Structured English Query Language (SEQUEL), die einige Zeit später in Structured Query Language (SQL) umbenannt wurde.[28] SQL ist eine nichtprozedurale Sprache, die, basierend auf englischen Schlüsselwörtern, den Nutzer bei der Interaktion mit Datenbanken unterstützt.[29] Mit Hilfe einfacher Konstrukte wie z. B. "SELECT Name, Vorname FROM Kundentabelle" können die verschiedensten Operationen auf Datenbanken ausgeführt werden. Inzwischen hat sich SQL als Sprache bei allen Relationalen Datenbanksystemen durchgesetzt, und verschiedene ANSI- und ISO-Normen definieren einen gemeinsamen Sprachstandard. Die automatische Formulierung von SQL-Anfragen wird eine Hauptaufgabe des im Kapitel 3 hergeleiteten und in Kapitel 5 umgesetzten Retrievalverfahrens sein.

2.2.2 Bekannte Ansätze zur Speicherung von Fällen in Relationalen Datenbanken

Trotz der weiten Verbreitung der Relationalen Datenbanken finden sich sehr wenige Ansätze aus dem Bereich des Case-Based Reasoning, bei denen diese zur Speicherung von Fällen genutzt werden. Im Case Retrieval Tool (CARET) von Shimazu et al. (1993), dem ersten CBR-Ansatz, der Relationale Datenbanken verwendet, wird jeder Fall durch einen Datensatz einer Relation repräsentiert. Dabei wird auf eine gesonderte Indizierung der Fälle verzichtet, da den Autoren die Möglichkeiten von Relationalen Datenbanken als nicht ausreichend erscheinen, um eine komplexe Indexstruktur umzusetzen.[30] Stattdessen werden die Fälle erst in der Retrieval-Phase miteinander in Beziehung gesetzt und mit Hilfe eines Wissensmodells die Ähnlichkeiten bestimmt.

Weitere Ansätze basieren auf der Darstellung von Fällen mit Hilfe verschiedener Attribute, wie sie bei den Verfahren des strukturellen CBR (vgl. Kapitel 1.3.1) Verwendung finden. Jedes Attribut einer Wissensdomäne wird als Spalte einer Tabelle (bzw. als

[28] vgl. Chamberlin (1998), Seite 25
[29] Astrahan und Chamberlin (1975), Seite 580
[30] vgl. Shimazu et al. (1993), Seite 910

Domäne einer Relation) in der Datenbank dargestellt.[31] Alle Fälle sind somit wie in CARET Datensätze einer einzigen Tabelle. Dieser Aufbau ermöglicht eine relativ leichte Form des Retrievalschritts durch einfache SQL-Abfragen. Mit der Abfrage "SELECT case FROM casebase WHERE Attribut_1=Bedingung_1 AND ... AND Attribut_n=Bedingung_n" erhält man alle Fälle der Fallbasis, die den Bedingungen 1 bis n genügen. Wie in Kapitel 3 gezeigt wird, erfordert diese Form des Retrievals ein Verfahren zur Ausweitung und Steuerung der SQL-Anfrage, um auch benachbarte Fälle in der Fallbasis identifizieren zu können. Die genannten Ansätze bringen solche Verfahren mit sich.

Allerdings unterliegt man bei dieser Darstellungsform zwei Einschränkungen. So können nur solche Attribute ausgewählt werden, die maximal eine Ausprägung pro Fall aufweisen.[32] In Wissensdomänen, die nur Attribute der Form "Farbe $\in$ {rot, grün, gelb}" besitzen, ist diese Einschränkung ohne Folgen. Benötigt man allerdings ein Attribut der Form "Branchenkenntnisse $\in$ {Banken, Versicherungen, Industrie,...}", bei dem ein Fall bei dieser Eigenschaft mehrere Ausprägungen annehmen kann, ist eine Darstellung in der genannten Form nicht mehr möglich. Die zweite Einschränkung resultiert aus der Forderung, dass allen Attributen Datentypen zugrunde liegen, die numerischer Art sind oder wenigstens einer vollständigen Ordnung unterliegen, da die verwendeten Verfahren zur Ausweitung und Steuerung der Anfrage nur derartige Attribute verarbeiten können.[33] Von einer vollständigen Ordnung spricht man, wenn auf der Menge der möglichen Ausprägungen des Attributs eine vollständige Ordnungsrelation existiert, d. h. alle Ausprägungen lassen sich mit einer Relation der Art "$\leq$" anordnen. Damit wird die Auswahl der möglichen Datentypen als Ausprägungsraum der Attribute erheblich eingeschränkt. Insbesondere Bäume zur Darstellung von abgestuften Ähnlichkeiten innerhalb eines Attributs lassen sich nicht mehr verwenden. Der Grund für die geforderten Einschränkungen ist die dadurch ermöglichte Darstellung der Fälle in einem n-dimensionalen Vektorraum (bei n Attributen). Da alle Verfahren keine Indizierung durchführen, kann durch die Suche der nächsten Nachbarn innerhalb

[31] vgl. Coenen und Watson (1999), Schumacher und Bergmann (2000*a*) und Schumacher und Bergmann (2000*b*)

[32] vgl. Coenen und Watson (1999), Seite 2

[33] vgl. Schumacher und Bergmann (2000*b*), Seite 3

des Vektorraums die Retrievalphase durchgeführt werden.

Wie anhand der Beispiele zu den Restriktionen der Ansätze zu sehen ist, stößt man bei deren Verwendung schnell an Grenzen. Durch die Notwendigkeit der automatischen Erweiterung einer SQL-Anfrage[34] ist es, insbesondere bei der Verwendung von Texten als Grundlage für Fälle, kaum möglich, eines der genannten Modelle zu nutzen. Aus diesem Grund wird im nachfolgenden Abschnitt eine vom Autor entwickelte Form der Fallrepräsentation hergeleitet, die es ermöglicht, mit einem Indizierungsmechanismus Wissensdomänen in einer Relationalen Datenbank darzustellen und die genannten Einschränkungen zu umgehen.

2.2.3 Entwicklung einer Fallrepräsentation in normalisierten Relationalen Datenbanken

In Anlehnung an Richter (1998, Seite 2) wird im weiteren Verlauf ein Fall als Attribute-Wert-Paar dargestellt. Wie in Abschnitt 1.3.1 erläutert, wird die Domäne des Attributs A mit $DOM\,(A)$ bezeichnet. Bei n Attributen kann damit jeder Fall durch $(a^1, \ldots, a^n)$, mit $a^i \in DOM\,(A_i)$, $i = 1, \ldots, n$, dargestellt werden. Jeder Domäne liegt eine Wertemenge zugrunde, in der alle möglichen Ausprägungen der Eigenschaft A enthalten sind. Im einfachsten Fall besteht die Wertemenge aus numerischen oder vollständig geordneten Elementen. In vielen Anwendungsfeldern bestehen die den Attributen zugehörigen Wertemengen aber aus symbolischen Werten, denen keine vollständige Ordnungsrelation zugrunde liegt. Da zwischen den verschiedenen Ausprägungen eines Attributs aber trotzdem Ähnlichkeiten existieren können, die in einem Wissensmodell abgebildet werden müssen, benötigt man eine Technik, um symbolische Werte ihrer Ähnlichkeit gemäß anzuordnen und zu speichern. Ein dazu geeignetes Verfahren ist der Einsatz von Taxonomien zur Darstellung und Strukturierung der Domänen der Attribute. An dieser Stelle soll auf die theoretische Bedeutung von Taxonomien und der strukturierten Wissensrepräsentation nicht weiter eingegangen werden, da dies ausführlich in Kapitel 4 geschieht. Stattdessen soll bei den folgenden Betrachtungen die formale Definition einer Taxonomie verwendet werden:

[34] Die Problemstellung der Anfrageerweiterung auf Relationalen Datenbanken wird ausführlich in Kapitel 3 beschrieben.

Definition 2.2 *Eine **Taxonomie** t ist ein mehrstufiger Baum, dessen Knoten die Elemente einer Domäne* $DOM(A)$ *repräsentieren.* t *besteht aus* l_t *Knoten, die mit* $node_k^t$, $k = 1, \ldots, l_t$, *bezeichnet werden. Jeder Knoten* $node_k^t$ *repräsentiert eineindeutig ein Element aus der Domäne von* A. *Als Bezeichnung für diese eineindeutige Zuordnung wählt man* $a \rightleftharpoons node_k^t$, $a \in DOM(A)$.

Die aus der Graphentheorie bekannten Baumstrukturen bieten die Möglichkeit, durch Vater-Sohn- und Geschwister-Beziehungen die Ausprägungen eines Attributs zu modellieren. Um die Elemente einer Taxonomie genauer bezeichnen zu können wird Definition 2.3 benötigt.

Definition 2.3 *Ein Knoten* $node_{k''}^t$ *einer Taxonomie t heißt **Nachfolger**[35] des Knoten* $node_{k'}^t$, $k' \neq k''$, *wenn der Weg von* $node_{k''}^t$ *zur Wurzel des Baums über* $node_{k'}^t$ *führt, man schreibt* $node_{k'}^t \gg node_{k''}^t$. $node_{k''}^t$ *heißt **direkter Nachfolger** von* $node_{k'}^t$, *wenn zwischen* $node_{k'}^t$ *und* $node_{k''}^t$ *keine weiteren Nachfolger von* $node_{k'}^t$ *liegen, man schreibt* $node_{k'}^t > node_{k''}^t$.

Notation 2.4 *Die Menge aller Nachfolger des Knotens* $node_k^t$ *wird mit* $suc(node_k^t)$ *bezeichnet.*

Die Anordnung der Knoten innerhalb einer Taxonomie erfolgt aufgrund des sachlichen Zusammenhangs der durch sie repräsentierten Ausprägungen des Attributs A und wird bei der Modellierung der Domänen vorgenommen. Ist eine Ausprägung a'' eine Spezialisierung einer Ausprägung a', wobei a' und a'' aus $DOM(A)$ stammen, so wird a'' als Nachfolger von a' in der Taxonomie gespeichert. Als Beispiel diene ein Attribut, das die verschiedenen Organe eines Unternehmens abbildet. Bezeichnet man mit a' den Vorstand des Unternehmens und mit a'' den Vorstandsvorsitzenden, dann muss a'', aufgrund der Tatsache, dass der Vorstandsvorsitzende Mitglied des Vorstands ist und somit a'' eine Spezialisierung von a' bezeichnet, als Nachfolger von a' in der Taxonomie dargestellt werden.

Neben diesen sachlichen Zusammenhängen ist es notwendig, Ähnlichkeiten zwischen den Ausprägungen zu erfassen. Diese werden benötigt, um während und nach dem

[35] vgl. auch Bergmann (1998), Seite 4

Retrieval-Schritt die extrahierten Fälle nach ihrer Ähnlichkeit anordnen zu können. Deshalb wird zu jedem Knoten einer Taxonomie, der Nachfolger hat, ein Ähnlichkeitswert gespeichert. Dieser Wert repräsentiert die minimale Ähnlichkeit der Ausprägungen, die den Nachfolgern des betrachteten Knotens zugeordnet sind. Bemerkung 2.5 gibt eine Beschreibung des Ähnlichkeitswerts.

Bemerkung 2.5 *Betrachte einen Knoten* $node_k^t$ *einer Taxonomie* t *mit* $a \rightleftharpoons node_k^t$, $a \in DOM(A)$. *Dann gibt der Ähnlichkeitswert* $s_k^t \in [0,1]$ *des Knotens* $node_k^t$ *eine untere Schranke für die Ähnlichkeit zwischen zwei beliebigen* a' *und* a'' *an, für die gilt, dass* $a' \rightleftharpoons node_{k'}^t$ *und* $a'' \rightleftharpoons node_{k''}^t$ *mit* $node_{k'}^t, node_{k''}^t \in suc(node_k^t)$ *und* $a', a'' \in DOM(A)$.

Bewegt man sich in einer Taxonomie von der Wurzel kommend in einem Ast nach unten, so wird der Ähnlichkeitswert immer größer. Da die Nachfolger eines Knotens jeweils Spezialisierungen der Eigenschaften eines Attributs bedeuten, entspricht dieses Verhalten auch den tatsächlichen Gegebenheiten in der untersuchten Domäne. In den weiteren Betrachtungen werden nur solche Wissensdomänen betrachtet, die mit Hilfe von Taxonomien modelliert werden können. Diese Einschränkung hat keine Folgen auf die Allgemeinheit der Betrachtung. Werden Attribute benötigt, deren Grundlage eine beliebige, ungeordnete Menge von Symbolen ist, dann kann diese leicht auf die Darstellung mit Taxonomien zurückgeführt werden. Man stellt die zugrundliegende Menge als einstufige Taxonomie dar und kann so der vorgegebenen Argumentation folgen. Lediglich der Fall, dass ein Attribut auf numerischen Elementen (insbesondere wenn beliebige Werte aus $\mathbb{R}$ verwendet werden sollen) oder auf einer vollständig geordneten Menge basiert, kann nicht (oder nur mit Einschränkungen), in eine taxonomische Darstellung überführt werden. Im Anschluss an die Betrachtungen wird aber erläutert, wie man diesen Fall in die Überlegungen zur Indizierung integrieren kann.

Indizierung der Fallbasis

Das nun vorgestellte Modell zur Speicherung und Indizierung von Fällen ist die Grundlage einer Suchmaschine für Textdokumente. Daher stellt jedes Textdokument d einen Fall dar, der in einer Fallbasis repräsentiert werden muss. Neben den Dokumenten existiert ein Wissensmodell, das sich aus der Menge der Attribute, der ihnen zugehörigen Domänen und einem Ähnlichkeitsmodell zusammensetzt. Da die Indizierung allerdings nicht auf das Ähnlichkeitsmodell zurückgreift, kann auf dessen Betrachtung vorerst verzichtet werden. Die folgenden Notationen werden in der weiteren Betrachtung von Bedeutung sein:

Notation 2.6 *Ein Dokument einer CBR-Anwendung wird mit d bezeichnet, die Menge aller Dokumente ist $\mathcal{D}$. Enthält ein Dokument d ein Element einer Domäne eines Attributs A, so schreibt man $a \in d$, mit $a \in DOM(A)$.*

Auch die in Definition 2.2 eingeführten Taxonomien werden zu einer Menge zusammengefasst:

Notation 2.7 *Die Menge aller Taxonomien der Anwendung wird mit $\mathcal{T} = \{t_1, \ldots t_n\}$ bezeichnet.*

Der Vorgang der Indizierung der Dokumente dient dazu, diese so in der Fallbasis zu speichern, dass sie in der Retrieval-Phase extrahiert werden können. Zu diesem Zweck müssen sie mit dem Wissensmodell verbunden werden, das durch die einzelnen Attribute vorgegeben und durch die zugehörigen Taxonomien abgebildet wird. Deshalb werden die einzelnen Dokumente mit den Knoten der Taxonomien verglichen und alle Übereinstimmungen in der zugrundeliegenden Datenbank abgelegt. Die dadurch entstehende Fallbasis beinhaltet also nicht die vollständigen Textdokumente, sondern nur deren Projektion in das von den Taxonomien aufgespannte Wissensmodell. Zum genaueren Verständnis soll diese Vorgehensweise nun formal betrachtet werden, bevor sie auf Datenbankebene erläutert wird. Zunächst liefert Definition 2.8 den Begriff der "Zuordnung" eines Dokuments zu einer Taxonomie.

Definition 2.8 *Ein Dokument $d \in \mathcal{D}$ ist dem Knoten k einer Taxonomie $t \in \mathcal{T}$* ***zugeordnet****, wenn der Wert bzw. das Symbol, den bzw. das $node_k^t$ repräsentiert, mindestens einmal im Dokument d enthalten ist; man schreibt $d \rightarrow node_k^t$.*
Soll festgelegt werden, welches Element der Domäne A zur Zuordnung geführt hat, so schreibt man $d \rightarrow_a node_k^t$, $a \in DOM(A)$.

Häufig treten in Dokumenten Begriffe mehrfach auf, die aber nicht mehrfach indiziert werden sollen, da dies bei dem später vorgestellten Indizierungsverfahren keine zusätzlichen Informationen zur Einordnung des Dokumentes liefern würde. Aus der Formulierung von Definition 2.8 resultiert daher die Bemerkung:

Bemerkung 2.9 *Ist ein Element $a \in DOM(A)$ mehrfach in einem Dokument enthalten, so erfolgt trotzdem nur eine einmalige Zuordnung.*

Die tatsächliche Indizierung kann in zwei Fälle unterschieden werden, die als eindimensionaler und mehrdimensionaler Fall bezeichnet werden. Bei der eindimensionalen Indizierung wird jedes Dokument höchstens einem Knoten einer Taxonomie zugeordnet, d. h. zu jedem Dokument $d \in \mathcal{D}$ und für jedes $t \in T$ existiert maximal ein Knoten mit $d \to node_k^t$. Diese Einschränkung ermöglicht die Darstellung eines jeden Dokuments d als n-dimensionalen Vektor $d = \left(d^1, \ldots, d^n\right)$, mit

$$d^j = \begin{cases} 0, \text{ wenn } d \nrightarrow node_{k_j}^j \\ 1, \text{ wenn } d \to node_{k_j}^j \end{cases} .$$

Da diese Einschränkung aber einer der Kritikpunkte an den bestehenden Modellen zur Fallrepräsentation in Relationalen Datenbanken ist, kann im mehrdimensionalen Fall ein Dokument auch mehreren Knoten einer Taxonomie zugeordnet werden. Dadurch kann das Dokument aber nicht mehr als Vektor dargestellt werden. Stattdessen erhält man eine Matrix mit o Zeilen und n Spalten, wobei

$$o = \max_{t=1,\ldots,n} l_t .$$

o ist also gerade der Wert des größten Indizes aller Taxonomien. Ein Spaltenvektor der $o \times n$-Indizierungsmatrix hat dann die Form

$$d^j = \begin{pmatrix} \begin{cases} 0, \text{ wenn } d \nrightarrow node_1^j \\ 1, \text{ wenn } d \to node_1^j \end{cases} \\ \vdots \\ \begin{cases} 0, \text{ wenn } d \nrightarrow node_{l_j}^j \\ 1, \text{ wenn } d \to node_{l_j}^j \end{cases} \end{pmatrix} .$$

Zur Vereinfachung in der weiteren Betrachtung wird jedes Element der Indizierungsmatrix mit $d^{h,j}$ bezeichnet, wobei h die h-te Zeile und j die j-te Spalte bezeichnet. Um den Übergang zur Datenmodellierung herzustellen, betrachte man eine Menge von m Fällen $\mathcal{D} = \{d_1, \ldots, d_m\}$ und stelle die Indizierungsmatrix als Relation R dar:

$$R\left\{i, doc_i, d_i^{1^t}, ..., d_i^{n^t}\right\},$$

wobei $d_i^{j^t}$ die transponierten Spaltenvektoren der Indizierungsmatrix des Dokuments $d_i \in \mathcal{D}$ sind und im Feld doc_i eine Bezeichnung des Dokuments gespeichert wird. Bei zwei Taxonomien mit jeweils drei Knoten ergibt sich beispielsweise die Tabelle:

R:

i	doc_i	$d_i^{1^t}$	$d_i^{2^t}$
1	Dokument 1	(0, 1, 0)	(1, 0, 0)
2	Dokument 2	(1, 0, 0)	(1, 1, 0)
3	Dokument 3	(0, 1,1)	(0, 0, 1)

Tabelle 2.4: Beispiel einer Indizierungsmatrix

Normalisierung der Fallbasis

Offensichtlich liegt die Relation R der Indizierungsmatrix nicht in Normalform vor, da die Werte der dritten bis zur $(n+2)$-ten Spalte nicht atomar sind. Um R in der ersten Normalform darstellen zu können, wird die Relation in R_0 und $R_1, \ldots, R_n$ aufgeteilt. Dazu wird zunächst ein passender Schlüssel ausgewählt. Der Index i eines jeden Dokuments zusammen mit dem Zeilenindex der Spaltenvektoren h, $h = 1, \ldots, o$, erfüllt die notwendigen Eigenschaften und wird deshalb als Primärschlüssel für $R_1, \ldots, R_n$ festgelegt. Für R_0 genügt der bisherige Schlüssel i, so dass man die Darstellung

$$\begin{array}{l} R_0\,\{i, doc_i\} \\ R_1\left\{i, h, d_i^{h,1}\right\} \\ \vdots \\ R_n\left\{i, h, d_i^{h,n}\right\} \end{array}$$

erhält. Führt man das Beispiel aus Tabelle 2.4 fort, ergibt sich Tabelle 2.5.

R_0 :

i	doc_i
1	Dokument 1
2	Dokument 2
3	Dokument 3

R_1 :

i	h	$d_i^{h,1}$
1	1	0
1	2	1
1	3	0
2	1	1
2	2	0
2	3	0
3	1	0
3	2	1
3	3	1

R_2 :

i	h	$d_i^{h,2}$
1	1	1
1	2	0
1	3	0
2	1	1
2	2	1
2	3	0
3	1	0
3	2	0
3	3	1

Tabelle 2.5: Beispiel einer Indizierungsmatrix in erster Normalform

Diese Darstellung enthält noch redundante Informationen, die in der Speicherung von h und $d_i^{h,j}$ begründet sind. Diese Redundanz lässt sich aber leicht entfernen. Dazu werden zunächst für jedes R_j Tupel der Form $\left(i, d_i^j\right)$ gebildet, wobei

$$\left(i, d_i^j\right) = \begin{cases} (i, h), & \text{wenn } d_i^{h,j} = 1 \\ (i, 0), & \text{wenn } d_i^{h,j} = 0 \end{cases} .$$

Weiterhin ist die Information, dass ein Dokument einem Knoten einer Taxonomie nicht zugeordnet ist, nur von geringem Interesse.[36] Deshalb kann auf Speicherung der Tupel $(i, 0)$ verzichtet werden und man erhält, bezogen auf das eingeführte Beispiel, die folgenden Relationen, die keiner weiteren Normalisierung bedürfen:

R_0 :

i	doc_i
1	Dokument 1
2	Dokument 2
3	Dokument 3

R_1 :

i	d_i^1
1	2
2	1
3	2
3	3

R_2 :

i	d_i^2
1	1
2	1
2	2
3	3

Tabelle 2.6: Beispiel einer Indizierungsmatrix in erster Normalform und nach Eliminierung von überflüssigen Infomationen

[36] Aus der "Closed-World Assumption" für Relationale Datenbanken ergibt sich zwangsläufig, dass eine Zuordnung, die nicht gespeichert ist, auch nicht existiert.

Entity-Relationship-Diagramm der Fallbasis

Neben den Relationen zur Speicherung der Dokumentinformation und dem Ergebnis der Indizierung werden zusätzlich Tabellen benötigt, welche die Taxonomien speichern. Bei der Betrachtung der Indizierung genügt dazu eine Relation der Form $R_{Tax_j}\{knoten\_id, knoten\_wert\}$. Die verschiedenen Erweiterungen dieser Relation, die notwendig sind, um ein effizientes Retrieval durchführen zu können, werden an gegebener Stelle in Kapitel 5 behandelt. Abbildung 2.5 zeigt den Aufbau der Datenbank zur Fallrepräsentation anhand eines Entity-Relationship-Diagramms.

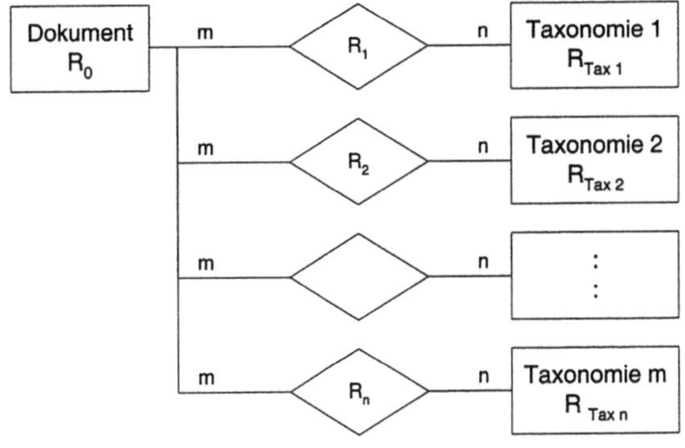

Abbildung 2.5: Entity-Relationship-Diagramm der Fallbasis

Übertragung auf Domänen mit Elementen numerischer oder vollständig geordneter Art

Um Attribute zu verwenden, deren Domänen auf numerischen oder vollständig geordneten Mengen beruhen, greift man im eindimensionalen Fall auf die bekannten Verfahren zurück. Dazu wird die Relation R_0 um die entsprechenden Spalten erweitert. Existiert z. B. ein Attribut "Datum", dann nimmt die Relation die Form $R_0\{i, doc_i, datum\}$ an. Sollen diese betrachteten Attribute ebenfalls mehrdimensional verwendet werden, so wird, wie bei den Taxonomien, für jedes Attribut zusätzlich eine Relation $R_*\{i, ausprägung\}$ erzeugt, deren Tupel die Ausprägungen der Dokumente darstellen.

Abschließend kann also festgestellt werden, dass in dem vorgestellten Modell zur Repräsentation in Relationalen Datenbanken Fälle jeglicher Art, unabhängig von den ihnen zugrunde liegenden Attributen und Wertemengen, gespeichert werden können. Damit kann dieses Modell als Grundlage der in Kapitel 3 vorgenommenen Betrachtungen zur Generierung von SQL-Anfragen in CBR-Anwendungen dienen und schließlich in einer realen CBR-Anwendung zum Einsatz kommen.

Kapitel 3

Ähnlichkeit, Retrieval und Query-Relaxation

3.1 Ähnlichkeitsmaße und deren Berechnung

3.1.1 Allgemeine Einführung von Distanz- und Ähnlichkeitsmaßen

Die Kernaufgabe des CBR-Prozesses ist es, aus einer Menge von Fällen diejenigen herauszufinden, die einem gegebenen Problem am ehesten entsprechen. Dabei spielen die Begriffe Ähnlichkeit und Distanz von Objekten eine entscheidende Rolle. Da deren Untersuchung aber nicht nur in der Retrieval-Phase des CBR von Bedeutung ist, sondern z. B. auch in anderen Bereichen des Data Mining, gibt es vielfältige Herangehensweisen und Unterscheidungen. Um die verschiedenen Ähnlichkeits- und Distanzmaße untereinander abgrenzen zu können, werden die Skalenniveaus der zu untersuchenden Objekte herangezogen (vgl. Kaufmann und Pape (1996)). Alternativ kann man sie anhand der Darstellung der Ergebnisse einer Ähnlichkeitsbetrachtung (boolesch, numerisch oder symbolisch) unterscheiden (vgl. Osborne und Bridge (1996) sowie Osborne und Bridge (1997)) oder man untersucht die Ähnlichkeit aus mengentheoretischer Sicht (vgl. Tversky (1977)).

Geometrische Darstellung von Ähnlichkeit und Distanz

Zum besseren Verständnis der nachfolgenden Betrachtungen wird zunächst eine geometrische Interpretation der Begriffe Ähnlichkeit und Distanz, einschließlich einer Abgrenzung der Begriffe selbst, vorgenommen.[1] Unter einer geometrischen Betrachtung versteht man die Darstellung der zu untersuchenden Objekte in einem mehrdimensionalen Raum, dessen Dimensionen durch die zugrundeliegenden Eigenschaften der Objekte festgelegt werden. Bei dieser Herangehensweise gelangt man zu einer sehr einfachen Definition eines Ähnlichkeitsmaßes: Ein Ähnlichkeitsmaß ist eine mathematische Funktion, deren Wert zunimmt, wenn die Ähnlichkeit der untersuchten Objekte[2] zunimmt. Formal ausgedrückt erhält man damit die in Definition 3.1 gestellten Anforderungen an ein Ähnlichkeitsmaß:

Definition 3.1 *Sei $O = \{o_1, \ldots, o_n\}$ eine Menge von n Objekten.*
Die Funktion $\text{sim} : O \times O \to \mathbb{R}$ *heißt **Ähnlichkeitsmaß** bzw. **Ähnlichkeitsfunktion**, wenn*

$$\left.\begin{array}{ll} \text{sim}(o_i, o_j) = \text{sim}(o_j, o_i) & \textit{(Symmetrie)} \\ \text{sim}(o_i, o_j) \leq \text{sim}(o_i, o_i) & \textit{(Monotonie)} \end{array}\right\}, \textit{ für alle } i, j = 1, \ldots, n.$$

Möchte man zusätzlich sicherstellen, dass das Ähnlichkeitsmaß nur Werte aus dem Intervall $[0, 1]$ als Ergebnis liefert, d. h. $\text{sim} : O \times O \to [0, 1]$, dann werden diese Eigenschaften durch die Forderung nach Nichtnegativität und Normierung[3] ergänzt:

$$\begin{array}{rcl} \text{sim}(o_i, o_j) & \geq & 0 \text{ (Nichtnegativität)} \\ \text{sim}(o_i, o_i) & = & 1 \text{ (Normierung)} \end{array}$$

Bei der Definition eines Distanzmaßes geht man den umgekehrten Weg, denn es beschreibt nicht die Ähnlichkeit zwischen zwei Objekten, sondern deren Abstand, wie in Definition 3.2 festgelegt wird.

[1] vgl. Kaufmann und Pape (1996), Seite 440

[2] Anstelle von Objekten könnte auch der Begriff der Entität verwandt werden. Um eine Verwechslung mit dem ER-Modell aus Kapitel 2 zu vermeiden, soll aber von Objekten gesprochen werden.

[3] Einige Autoren bezeichnen diese Eigenschaft auch als Reflexivität.

Definition 3.2 *Sei $O = \{o_1, ..., o_n\}$ eine Menge von n Objekten.*
*Die Funktion $d : O \times O \to \mathbb{R}$ heißt **Distanzmaß** bzw. **Distanzfunktion**, wenn*

$$\left.\begin{array}{l} d(o_i, o_i) = 0 \text{ (Normierung)} \\ d(o_i, o_j) \geq 0 \text{ (Nichtnegativität)} \\ d(o_i, o_j) = d(o_j, o_i) \text{ (Symmetrie)} \end{array}\right. , \text{ für alle } i, j = 1, ..., n.$$

Möchte man aus dem Wissen über die Distanz zweier Objekte auf die Distanz zu einem dritten Objekt schließen, so muss zusätzlich die Gültigkeit der Dreiecksungleichung gefordert werden. Diese Einschränkung führt direkt zur Definition eines metrischen Raumes:

Definition 3.3 *Sei $O = \{o_1, \ldots, o_n\}$ eine Menge von n Objekten und d ein Distanzmaß auf O. Gilt für d die Dreiecksungleichung*

$$d(o_i, o_k) \leq d(o_i, o_j) + d(o_j, o_k),$$

*für alle $i, j, k = 1, ..., n$, dann heißt d **metrisches Distanzmaß**. Das Paar (O, d) heißt **metrischer Raum**.*[4]

In einigen Fällen besteht die Notwendigkeit, ein Ähnlichkeits- in ein Distanzmaß zu überführen (oder umgekehrt), um die Ergebnisse einer Berechnung vergleichen zu können. Um eine Aussage zu treffen, unter welchen Bedingungen eine solche Transformation möglich ist, wird der Begriff der Korrespondenz von Maßen benötigt:

Definition 3.4 *Sei $O = \{o_1, \ldots, o_n\}$ eine Menge von n Objekten. Seien weiterhin d ein Distanzmaß und* sim *ein Ähnlichkeitsmaß auf O. Man sagt d und* sim ***korrespondieren** genau dann, wenn eine Abbildung $g : D(d) \longrightarrow D(\mathrm{sim})$ existiert, derart, dass $g(0) = 1$ und $\mathrm{sim}(o_i, o_j) = g(d(o_i, o_j))$, $i, j \in \{1, \ldots n\}$, wobei $D(\cdot)$ der Wertebereich von d bzw.* sim *ist.*[5]

Die Definition der Korrespondenz liefert ein Mittel, mit dem zu einem Ähnlichkeitsmaß ein korrespondierendes Distanzmaß gefunden werden kann. Betrachtet man ein

[4] vgl. Bronstein et al. (1995), Seite 489
[5] vgl. Richter und Wess (1991), Seite 2

beliebiges Ähnlichkeitsmaß im Wertebereich $[0,1]$, d. h. $0 \leq \text{sim}(o_i, o_j) \leq 1$, so erhält man mit der Transformationsfunktion

$$d(o_i, o_j) = 1 - \text{sim}(o_i, o_j)$$

ein korrespondierendes Distanzmaß.

Für den Fall $-1 \leq \text{sim}(o_i, o_j) \leq 1$ und $\text{sim}(o_1, o_1) = \ldots = \text{sim}(o_n, o_n) = 1$ kann die Transformation

$$d(o_i, o_j) = \sqrt{2(1 - \text{sim}(o_i, o_j))}$$

genutzt werden, um ein korrespondierendes Distanzmaß zu erhalten.[6]

Die Betrachtungen zur Überführbarkeit von Maßen ermöglichen es, im weiteren Verlauf flexibel zwischen Distanz und Ähnlichkeit zu wechseln. Eine strenge Unterscheidung ist aber bei Verwendung metrischer Distanzmaße notwendig, da in diesem Fall auf die Einhaltung der Dreiecksungleichung Rücksicht genommen werden muss.

Ähnlichkeit nach den Axiomen von Tversky

Die vorgestellte geometrische Betrachtung der Ähnlichkeit zwischen Objekten kann in einigen Fällen zu Schwierigkeiten führen, insbesondere dann, wenn man unsymmetrische Ähnlichkeitsmaße verwenden möchte. Ein solches Ähnlichkeitsmaß verzichtet auf die in Definition 3.1 geforderte Symmetriebedingung. Das hat zur Folge, dass aus der Aussage "Objekt a ist ähnlich zu Objekt b" nicht mehr auf die Umkehrung "Objekt b ist ähnlich zu Objekt a" geschlossen werden kann. Da aber die Verwendung von unsymmetrischen Ähnlichkeitsmaßen in CBR-Systemen durchaus üblich ist[7], muss ein Ähnlichkeitsmodell verwendet werden, das diesem Sachverhalt Rechnung trägt.

Tversky (1977, Seite 328) führt dazu an, dass die Ähnlichkeit von zwei Objekten eine Richtung hat. D. h. die Aussage "a ist ähnlich zu b" hat ein Subjekt (a), das sich auf ein Objekt (b) bezieht. Deshalb führt Tversky eine Definition des Ähnlichkeitsbegriffs ein, die auf fünf Axiomen basiert, von denen die ersten drei in die weiteren Betrachtungen einfließen. Zur Erläuterung sei dazu wieder $O = \{o_1, o_2, \ldots\}$ eine Menge von Objekten,

[6] vgl. Kaufmann und Pape (1996), Seite 442

[7] vgl. Burkhard und Richter (2001), Seite 32

wobei jedes Objekt in O durch eine Menge von Eigenschaften[8] repräsentiert wird. Sei O_i die Menge der Eigenschaften, die mit o_i assoziiert sind. Damit $\text{sim}(o_i, o_j)$ als ordinales Maß für die Ähnlichkeit von o_i und o_j benutzt werden kann, müssen die folgenden Axiome gelten[9] ($O_i - O_j$ bezeichnet dabei diejenigen Eigenschaften die nur o_i besitzt und nicht o_j):

Axiom 3.5 (Matching)

$$\text{sim}(o_i, o_j) = F(O_i \cap O_j, O_i - O_j, O_j - O_i)\,, \textit{ für alle } i, j \in \{1, \ldots, n\}$$

wobei F eine reellwertige Funktion mit drei Argumenten ist.

Axiom 3.5 verlangt, dass die zur Messung der Ähnlichkeit verwendete Funktion sowohl die gemeinsamen Eigenschaften ($O_i \cap O_j$) der betrachteten Objekte, als auch die nur einem Objekt assoziierten Eigenschaften ($O_i - O_j$ und $O_j - O_i$) berücksichtigt. Dadurch können Objekte verglichen werden, die sich aus unterschiedlichen Eigenschaftsmengen zusammensetzen.

Axiom 3.6 (Monotonie)

$$\text{sim}(o_i, o_j) \succeq \text{sim}(o_i, o_k)\,,$$

wenn $(O_i \cap O_j) \supset (O_i \cap O_k)$, $(O_i - O_j) \subset (O_i - O_k)$ *und* $(O_j - O_i) \subset (O_k - O_i)$.

Axiom 3.6 ist die allgemeine Formulierung der in Definition 3.1 geforderten Monotoniebedingung. Das Axiom bestimmt, dass sich Objekte um so ähnlicher sind, je mehr gemeinsame Eigenschaften sie besitzen. Zur Formulierung von Axiom 3.10 wird eine Definition des Begriffs der Übereinstimmung von Komponenten benötigt:

Definition 3.7 *Sei Φ die Menge aller Eigenschaften der Objekte in O und X, Y, Z bezeichne Teilmengen von Φ. Der Ausdruck $F(X, Y, Z)$ ist definiert, wenn o_i und o_j in O existieren derart, dass*

$$O_i \cap O_j = X,\ O_i - O_j = Y,\ O_j - O_i = Z,$$

wobei $\text{sim}(o_i, o_j) = F(X, Y, Z)$.

[8]Eigenschaften werden hier noch nicht im Sinne der Attribut-Wert-Betrachtung behandelt.

[9]vgl. Tversky (1977), Seite 351

Definition 3.8 *$V \simeq W$ sei wahr, wenn eine oder mehrere der folgenden Gleichungen für beliebige X, Y, Z gilt:*

$$\begin{aligned} F(V,Y,Z) &= F(W,Y,Z), \\ F(X,V,Z) &= F(X,W,Z), \\ F(X,Y,V) &= F(X,Y,W). \end{aligned}$$

Definition 3.9 *Die Paare (o_i, o_j) und (o_k, o_l)* ***stimmen in einer, zwei oder drei Komponenten überein,*** *wenn eine, zwei oder drei der folgenden Bedingungen erfüllt sind:*

$$\begin{aligned} (O_i \cap O_j) &\simeq (O_k \cap O_l), \\ (O_i - O_j) &\simeq (O_k - O_l), \\ (O_j - O_i) &\simeq (O_l - O_k). \end{aligned}$$

Axiom 3.10 (Unabhängigkeit) *Die Paare (o_i, o_j), (o_k, o_l) und die Paare $\left(o'_i, o'_j\right)$, $\left(o'_k, o'_l\right)$ stimmen in zwei Komponenten überein und die Paare (o_i, o_j), $\left(o'_i, o'_j\right)$ und (o_k, o_l), $\left(o'_k, o'_l\right)$ stimmen in der übrigen (dritten) Komponente überein. Dann gilt*

$$\text{sim}(o_i, o_j) \geq \text{sim}\left(o'_i, o'_j\right) \Longleftrightarrow \text{sim}(o_k, o_l) \geq \text{sim}\left(o'_k, o'_l\right).$$

Das Unabhängigkeitsaxiom 3.10 stellt sicher, dass die Reihenfolge der betrachteten Komponenten keinen Einfluss auf die Bestimmung der Ähnlichkeit nimmt. Hält man eine Komponente fest, so muss der Einfluss der anderen beiden Komponenten auf die Ähnlichkeit unabhängig von der Auswahl der festgehaltenen Komponente sein.

Die weiteren Axiome von Tversky befassen sich mit der Lösbarkeit und der Invarianz von Ähnlichkeitsaussagen. Das Lösbarkeitsaxiom verlangt eine gewisse Reichhaltigkeit der Eigenschaften der betrachteten Objektmenge, damit verschiedene Untersuchungen überhaupt durchgeführt werden können.[10] Das Invarianzaxiom betrachtet die Äquivalenz der einer Ähnlichkeitsuntersuchung zugrundeliegenden Intervalle und fordert, dass aus der Äquivalenz von zwei Intervallen in einer Komponente auch deren Äquivalenz in einer anderen Komponente folgt.

[10]vgl. Tversky (1977), Seite 331

Es ist nicht immer möglich, alle Axiome einzuhalten. Aber die Betrachtungsweise aus mengentheoretischer Sicht und insbesondere die Möglichkeit der Verwendung von unsymmetrischen Ähnlichkeitsmaßen zeigen den Weg in Richtung eines für CBR-Systeme verwendbaren Ähnlichkeitsmodells. Ein wichtiges Ergebnis der Betrachtung von Tversky ist, dass die Art und Weise der Ähnlichkeitsberechnung von der Beschaffenheit der zu untersuchenden Objekte abhängig gemacht werden muss, um Objekte mit unterschiedlichen Eigenschaften miteinander vergleichen zu können. Die in Kapitel 2 eingeführten Taxonomien stellen eine Grundlage zur Entwicklung eines solchen Modells dar. Bevor aber auf die Möglichkeiten zur Bestimmung von Ähnlichkeiten in Taxonomien eingegangen wird, soll das Prinzip der globalen und lokalen Ähnlichkeitsbetrachtung behandelt werden.

Globale und lokale Ähnlichkeit

In Kapitel 2 wurde das Prinzip der Darstellung von Fällen mit Hilfe von Attribut-Wert-Paaren vorgestellt, bei dem jeder Fall bei der Betrachtung von m verschiedenen Attributen in der Form $(a^1, \ldots, a^m)$ beschrieben werden kann. Die Bestimmung von Ähnlichkeiten zwischen Fällen erfolgt bei dieser Vorgehensweise durch die Berechnung der sogenannten lokalen Ähnlichkeiten zwischen den einzelnen Attributen und der anschließenden Zusammenfassung der Einzelähnlichkeiten zu einer sogenannten globalen Ähnlichkeit. Zur Berechnung der lokalen Ähnlichkeiten können beliebige Ähnlichkeitsmaße verwendet werden, die ein numerisches Ergebnis liefern. Idealerweise benutzt man solche, die sowohl reflexiv als auch monoton sind und deren Ergebnis aus dem Intervall $[0, 1]$ stammt. Die Funktion zur Berechnung der globalen Ähnlichkeit ist im einfachsten Fall eine Summationsfunktion, welche die Ergebnisse der lokalen Ähnlichkeitsberechnungen kumuliert.

Betrachtet man zwei Fälle $A = (a^1, ..., a^m)$ und $B = (b^1, ..., b^m)$, dann werden zunächst mit $\text{sim}^i(a^i, b^i)$ alle lokalen Ähnlichkeiten für $i = 1, ..., m$ berechnet, wobei

$$\text{sim}^i : D_i \times D_i \longrightarrow \mathbb{R}$$

ein Ähnlichkeitsmaß ist. Anschließend werden diese mit $\text{SIM}(A, B)$ zu einer globalen Ähnlichkeit zusammengefasst, wobei

$$\text{SIM}(A, B) = f\left(\text{sim}^i(a^1, b^1), ..., \text{sim}^m(a^m, b^m)\right)$$

und $f : \mathbb{R}^m \longrightarrow \mathbb{R}$ so gewählt werden muss, dass $\mathrm{SIM}(A, B)$ Definition 3.1 genügt.[11] Die Berechnung einer globalen Ähnlichkeitsfunktion aus lokalen Ähnlichkeiten stellt eine Beziehung zwischen einer Darstellungsform für Objekte und Maße her, die ein Axiom für die Aufstellung der globalen Ähnlichkeitsfunktion bedingt:[12]

Axiom 3.11 (Globale Monotonie) *Sei* $\mathrm{SIM}(\cdot,\cdot)$ *ein globales Ähnlichkeitsmaß. Mit* $\mathrm{sim}^{\cdot}(\cdot,\cdot)$ *werden die lokalen Ähnlichkeitsmaße der einzelnen Attribute bezeichnet und* $A = (a^1, ..., a^m)$, $B = (b^1, ..., b^m)$ *sowie* $C = (c^1, ..., c^m)$ *seien drei Fälle, dann gilt: Wenn* $\mathrm{SIM}(A, B) > \mathrm{SIM}(A, C)$, *dann existiert mindestens ein* $i \in \{1, \ldots, m\}$ *mit* $\mathrm{sim}^i(a^i, b^i) > \mathrm{sim}^i(a^i, c^i)$.

Auch für dieses Axiom lassen sich Beispiele erzeugen, in denen es nicht aufrecht erhalten werden kann. Im Allgemeinen wird durch diese Einschränkung bei der Auswahl globaler Ähnlichkeitsmaße aber die kontextbezogene Korrektheit und Verständlichkeit von Ähnlichkeitsberechnungen gesteigert.

3.1.2 Ähnlichkeitsmaße in Taxonomien

Das in Kapitel 2 vorgestellte Modell zur Speicherung von Fällen in Relationalen Datenbanken beruht weitestgehend auf dem Einsatz von Taxonomien. Die angeführten Überlegungen über die Bedingungen, die Ähnlichkeits- oder Distanzmaße erfüllen sollten, können auch hierfür angewandt werden. Es wird nun mit Hilfe bekannter Ansätze ein Ähnlichkeitsmaß vorgestellt, das den in Definition 3.1 eingeführten Bedingungen der Monotonie, der Nichtnegativität und der Reflexivität genügt.

Zunächst sollen aber kurz einige alternative Ansätze vorgestellt werden, mit denen ebenfalls Ähnlichkeiten in Taxonomien bestimmt werden können. Dazu betrachtet man zwei Objekte o_i und o_j, wobei jedes Objekt durch einen Knoten in einer Taxonomie t repräsentiert wird. Die einfachste Möglichkeit, die Ähnlichkeit zwischen diesen Objekten zu ermitteln, ist die Messung der Weglänge zwischen den zugehörigen Knoten. Dazu wird die Anzahl der auf dem kürzesten Weg besuchten Knoten gezählt und als Maß für die Ähnlichkeit der Objekte definiert.[13] Diese Vorgehensweise ist leider

[11] vgl. Althoff, Auriol, Barletta und Manago (1995), Seite 7
[12] vgl. Burkhard und Richter (2001), Seite 36
[13] vgl. z. B. Rada und Bicknell (1989), Seite 306

nur dann anwendbar, wenn der Abstand zwischen den Knoten die Ähnlichkeit der zugehörigen Objekte inhaltlich richtig wiedergibt. In vielen praktischen Anwendungen entstehen dadurch aber Probleme. Betrachtet man z. B. die umfangreiche Baumstruktur von WordNet[14], einem Modell zur Abbildung des lexikalischen Wissens der englischen Sprache, so lassen sich sehr leicht Gegenbeispiele finden: In WordNet gibt es einen Bereich, in dem Fahrzeuge abgebildet werden.[15] Bestimmt man die Ähnlichkeit zwischen "Coupe" und "Sedan" sowie zwischen "Wheeled Vehicle" und "Motor Vehicle" mit dem beschriebenen Verfahren, so erhält man das gleiche Ergebnis. Bei einer inhaltlichen Betrachtung gelangt man aber zu dem Schluss, dass die Ähnlichkeiten zwischen den Karosserieformen höher sein sollte als zwischen den Fahrzeugarten.

Ein etwas komplexerer Ansatz, der diese Schwierigkeiten zu umgehen versucht, beruht auf der Informationstheorie. Resnik (1999, Seite 97) versieht dazu die in einer Taxonomie gespeicherten Objekte (O) mit der Wahrscheinlichkeit ihres Auftretens (oder des Auftretens eines der Nachfolgerobjekte). Er benutzt dazu eine Funktion $p : O \longrightarrow [0,1]$, derart, dass $p(o_i) \leq p(o_j)$ ist, wenn o_i IS-A o_j. Die Beziehung o_i IS-A o_j bedeutet dabei nichts anderes, als dass o_i ein Kind oder Nachfolger von o_j ist, d. h. in der in Kapitel 2 eingeführten Schreibweise $o_j \gg o_i$. Der oberste Knoten der Taxonomie, die Wurzel, erhält den Wert 1. Mit den Mitteln der Informationstheorie erhält man damit ein Ähnlichkeitsmaß:

$$\operatorname{sim}(o_i, o_j) = \max_{o \in S(o_i, o_j)} [-\log p(o)],$$

wobei $S(o_i, o_j)$ die Menge der Objekte ist, unterhalb derer sowohl o_i als auch o_j subsummiert werden. Damit ist der erste Schritt in Richtung einer objektorientierten Betrachtung (im engeren Sinne) gemacht. Ein anderer Ansatz, der die Ähnlichkeit in Taxonomien objektorientiert betrachtet, stammt von Bisson (1995) und basiert darauf, die Ähnlichkeitsberechnung aufzuteilen in die Ähnlichkeit von Attributen und die Ähnlichkeit von Relationen zwischen den Objekten.

Die Überlegungen, die in der vorliegenden Arbeit benutzt und weitergeführt werden, stammen aus dem Bereich der objektorientierten Fallbasen im Case-Based Reasoning.

[14] vgl. Miller et al. (1990)

[15] vgl. Richardson et al. (1994), Seite 4

Bergmann (1998) stellt für verschiedene Situationen sieben Ähnlichkeitsmaße vor. Diese sind davon abhängig, ob man die Ähnlichkeit von Blättern (d. h. von Knoten ohne Nachfolger) oder von inneren Knoten (d. h. von Knoten mit Nachfolgern) bestimmt. Zusätzlich wird auf die semantische Bedeutung der inneren Knoten eingegangen. Dabei wird untersucht, in welchem Verhältnis ein Knoten zu seinen Nachfolgern steht und ob die Bestimmung der Ähnlichkeit von Query zu Fall symmetrisch ist oder nicht.

Bevor mit den in Kapitel 2 eingeführten Definitionen ein Ähnlichkeitsmaß für Taxonomien aufgestellt wird, bedarf es der Definition des Begriffs eines kleinsten gemeinsamen Vorgängerknotens (kgV):

Definition 3.12 *Bezeichne $node^t_{k'}$ und $node^t_{k''}$ zwei Knoten einer Taxonomie t. Dann heißt $\left\langle node^t_{k'}, node^t_{k''} \right\rangle$ der* ***kleinste gemeinsame Vorgängerknoten (kgV)*** *von $node^t_{k'}$ und $node^t_{k''}$, wenn*

$$\langle node^t_{k'}, node^t_{k''} \rangle \gg node^t_{k'} \text{ und } \langle node^t_{k'}, node^t_{k''} \rangle \gg node^t_{k''}$$

und kein weiterer Knoten $node^t_{k'''}$ derart existiert, dass

$$\langle node^t_{k'}, node^t_{k''} \rangle \gg node^t_{k'''},$$

wobei $node^t_{k'''} \gg node^t_{k'}$ und $node^t_{k'''} \gg node^t_{k''}$.[16]

Auf die Unterscheidung von inneren Knoten und Blättern einer Taxonomie kann verzichtet werden, da diese nur dann notwendig ist, wenn konkrete Objekte (z. B. Dokumente) nur durch Blätter einer Taxonomie repräsentiert werden dürfen, wie es bei Bergmann (1998, Seite 5) der Fall ist. In der betrachteten Anwendung kann aber jedes Dokument jedem Knoten einer Taxonomie zugeordnet werden. Zusätzlich wurde in Kapitel 2 die Definition einer Taxonomie so gewählt, dass ein nachfolgender Knoten eine Spezialisierung in den repräsentierten Objekten mit sich bringt. Daher ist es nicht nötig, symmetrische Ähnlichkeitsmaße zu betrachten, da diese dem Prinzip der Spezialisierung und Generalisierung widersprächen. Zur Verdeutlichung diene das folgende Beispiel: In einer Anfrage sei ein Knoten $node^t_{k'}$ ausgewählt worden, so dass $node^t_{k'} \gg node^t_{k''}$. Ein unsymmetrisches Ähnlichkeitsmaß würde alle Knoten aus der

[16] in Anlehnung an Bergmann und Stahl (1998), Seite 29

Menge $suc\left(node^t_{k''}\right)$ immer den Ähnlichkeitswert Eins zuordnen, da die Nachfolger von $node^t_{k'}$ Spezialisierungen des repräsentierten Objektes sind. Betrachtet man z. B. die Ähnlichkeit von "Deutschland" zu "Marburg", so würde diese mit dem Wert Eins angegeben.

Diese Einschränkungen führen zu folgendem lokalen Ähnlichkeitsmaß für eine Taxonomie t:[17]

$$\mathrm{sim}\left(node^t_q, node^t_c\right) = \begin{cases} 1, \text{ wenn } node^t_q \gg node^t_c \\ 1, \text{ wenn } node^t_q = node^t_c \\ s^t_{\langle node^t_q, node^t_c\rangle}, \text{ sonst} \end{cases}, \qquad (3.1)$$

wobei $node^t_q$ den in der Query ausgewählten Knoten bezeichnet und $node^t_c$ den Knoten des aktuell betrachteten Falls. $s^t_{\langle node^t_q, node^t_c\rangle}$ steht für den in Bemerkung 2.5 eingeführten Ähnlichkeitswert des kgV von $node^t_q$ und $node^t_c$. Soll z. B. die Ähnlichkeit zwischen der Anfrage $node^t_q$ ="Marburg" und dem Fall $node^t_c$ ="Frankfurt" berechnet werden, dann könnte in einer entsprechenden Taxonomie der kgV der beiden Knoten derjenige Knoten sein, der den Begriff "Hessen" repräsentiert. Damit wäre s^t_{Hessen} der gesuchte Ähnlichkeitswert der beiden Begriffe.

Der Beweis, dass dieses Ähnlichkeitsmaß den Bedingungen der Monotonie, der Nichtnegativität und der Normierung genügt, ist trivial, da der Ähnlichkeitswert $s^t_k \in [0,1]$ und $\mathrm{sim}\left(node^t_q, node^t_c\right) = 1$, wenn $node^t_q = node^t_c$.

[17] in Anlehnung an Bergmann (1998), Seite 8

3.2 Verfahren zum Retrieval von Fällen

In der Retrieval-Phase des CBR-Zyklus werden in der Fallbasis eines oder mehrere Elemente gesucht, die den in der Anfrage gestellten Anforderungen am besten entsprechen. Die dazu verwendeten Verfahren sind üblicherweise die Nearest-Neighbour-Verfahren oder das Retrieval mittels Induktion.[18]

3.2.1 Das k-Nearest-Neighbour-Verfahren

Das k-Nearest-Neighbour-Verfahren (kNN-Verfahren) geht zurück auf ein mathematisches Zuordnungsverfahren, das von Fix und Hodges[19] im Zusammenhang mit der nichtparametrischen Diskriminanzanalyse eingeführt wurde. Auf die weitere Erläuterung der statistischen Grundlagen des Verfahrens soll verzichtet werden. Stattdessen sei auf die Aufsatzsammlung von Dasarathy (1990) verwiesen, in der auch die Arbeiten von Fix und Hodges zu finden sind.

Die Anwendung des kNN-Verfahrens steht in engem Zusammenhang mit der Art und Weise der Fallrepräsentation im speziellen Anwendungsfall. Zur Erläuterung der Vorgehensweise soll auf die Darstellungsform des Strukturellen CBR zurückgegriffen werden, in der jeder Fall als Kombination einzelner Attribute aufgefasst wird. Der Ablauf, der in Algorithmus 3.13 dargestellt wird, entstammt der ersten Anwendung der kNN-Regel im CBR, wie sie bei Kolodner (1993, Seite 355) erwähnt wird:

Algorithmus 3.13

Für jedes Attribut der Anfrage q führe aus:

Finde das entsprechende Attribut des gespeicherten Falls c.

Vergleiche die beiden Werte miteinander.

Berechne den Grad der Übereinstimmung.

Multipliziere das Ergebnis mit einem Koeffizienten (Wichtigkeit des Attributs).

Addiere die Ergebnisse der einzelnen Attribute auf.

Das Ergebnis des Algorithmus ist der Grad der Übereinstimmung eines gespeicherten Falls mit der Anfrage. Dieses Verfahren muß mit mehreren Fällen der Fallbasis durch-

[18] vgl. Watson (1997), Seite 23

[19] vgl. Fix und Hodges (1951) und Fix und Hodges (1952)

geführt werden. Die Anzahl der Fälle, die man dazu benutzen muss, ist abhängig vom Verfahren, mit dem die Fallbasis indiziert wurde, so dass keine generelle Aussage über den Aufwand getroffen werden kann. Überträgt man die Schritte des Algorithmus 3.13 auf das eingeführte Ähnlichkeitsmodell, so bedeutet dies: Suche alle Fälle c in der Fallbasis, welche die Bedingung

$$\mathrm{SIM}\,(q, c) \geq x$$

erfüllen. Die Gewichtungsfunktion f des globalen Ähnlichkeitsmaßes SIM bringt dabei die Wichtigkeit der einzelnen Attribute ein, und die Übereinstimmung innerhalb der Attribute wird durch die lokalen Ähnlichkeitsmaße bestimmt. Der Wert für x (sogenannter similarity threshold) kann entweder konstant gewählt oder dynamisch bestimmt werden, um z. B. die k =10 ähnlichsten Fälle zu erhalten. Diese Vorgehensweise begründet auch die Bezeichnung des Verfahrens, denn man sucht tatsächlich die k nächsten Nachbarn zur Anfrage, wie in Abbildung 3.1 deutlich wird. Im zweidimensionalen Fall und bei Gleichgewichtung der Attribute bezeichnet also x den Radius des Kreises, der um die Repräsentation der Anfrage im durch die Attribute aufgespannten Koordinatensystem gezogen wird.

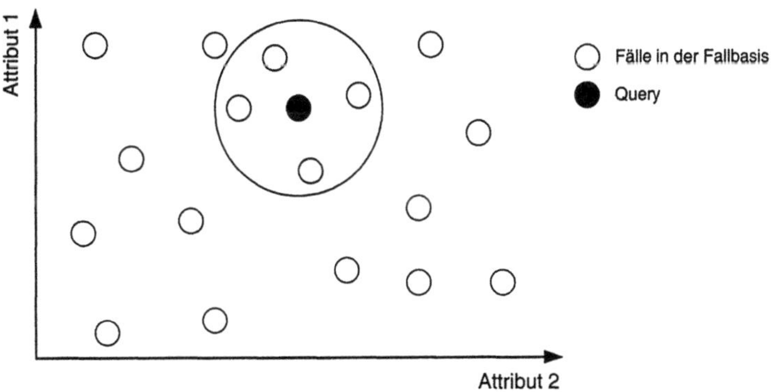

Abbildung 3.1: Darstellung der Nächste-Nachbarn-Suche im zweidimensionalen Fall

3.2.2 Induktionsverfahren

Die zweite Gruppe von Verfahren zum Retrieval von Datensätzen sind die Induktionsverfahren. Im Gegensatz zu den Nearest-Neighbour-Verfahren erfolgen bei diesen keine Berechnungen der Ähnlichkeiten während der Abfrage, sondern das Retrieval von Datensätzen erfolgt mittels Entscheidungsbäumen oder Mengen von Regeln. Die bekanntesten Induktionsverfahren sind CART (Breiman et al. (1984)), ID3 (Quinlan (1986)) und C4.5 (Quinlan (1992)), die auf verschiedenen Wegen Entscheidungsbäume erzeugen. Einen kurzen Überblick über die Konstruktion solcher Bäume, insbesondere für den Einsatz in CBR-Systemen, geben z. B. Lenz, Auriol und Manago (1998). Beim Retrieval vergleicht man die an das System gestellte Anfrage mit den im Entscheidungsbaum auftretenden Knoten und wird so ebenenweise im Baum nach unten geleitet. Je weiter man nach unten gelangt, desto spezifischer wird die verbliebene Menge von Fällen für die Anfrage.

Ein Problem bei der Verwendung von Induktionsverfahren besteht darin, dass nach jedem Hinzufügen von Fällen zur Fallbasis, der Entscheidungsbaum oder die Regelmenge neu erzeugt bzw. angepasst werden muss. Je nach Häufigkeit der Aktualisierung der Fallbasis, führt dies zu einem erheblichen Aufwand. Daher werden Induktionsverfahren häufig nur als Vorstufe zu anderen Retrievalverfahren eingesetzt. Dazu wird aus der bestehenden Fallbasis mit einem Induktionsverfahren ein Entscheidungsbaum kompiliert. Im Anschluss daran kann das Retrieval mit einem Nearest-Neighbour-Verfahren auf einer Teilmenge der Fallbasis fortgesetzt werden und so ein Geschwindigkeitsgewinn erzielt werden (vgl. Althoff et al. (1994)), da nicht mehr mit allen Fällen verglichen werden muss. Diese Vorgehensweise kommt auch bei den häufig verwendeten k-d-Bäumen zum Einsatz (Althoff, Wess und Traphöner (1995)).

Ob man Induktionsverfahren und auch andere Verfahren des Maschinellen Lernens beim Case-Based Reasoning zu den Retrieval-Techniken zählen kann oder nicht, wird demzufolge vielschichtig diskutiert. Morik (1996) formuliert aber treffend die Schwierigkeiten, die entstehen, wenn man versucht, die Verfahren gegeneinander abzugrenzen.

3.2.3 Weitere Verfahren

Watson (1995, Seite 2) beschreibt noch zwei weitere Techniken, die mit den genannten in engem Zusammenhang stehen: Die Wissensbasierte Induktion beruht auf den beschriebenen Induktionsverfahren und erweitert diese durch manuelles Festlegen von

Diskriminanzeigenschaften zum Unterscheiden der Datensätze. Das sogenannte Template Retrieval wird häufig als Vorstufe zu einem anderen Verfahren eingesetzt, um dessen Aufwand zu reduzieren. Mit SQL-ähnlichen Anfragen werden nur die Datensätze herausgefiltert, die bestimmte Eigenschaften besitzen, wobei noch keine Ähnlichkeitsbetrachtungen vorgenommen werden. Stattdessen werden wieder Teilmengen der Fallbasis bestimmt, die zur Beantwortung bestimmter Anfragen benutzt werden können.

3.3 Retrieval auf Relationalen Datenbanken

3.3.1 Besonderheiten des Retrieval von Fällen aus Relationalen Datenbanken

Werden zur Speicherung der Fälle eines CBR-Systems Relationale Datenbanken verwendet, so müssen in der Retrieval-Phase SQL-Anweisungen erzeugt werden, um Datensätze zu extrahieren. Dadurch wird die Flexibilität der Suche in Bezug auf unscharfe oder semantische Suchverfahren erheblich eingeschränkt. Es besteht aber die Möglichkeit, ein Nearest-Neighbour-Verfahren in einem Relationalen Modell zu implementieren, z. B. auf Grundlage der in Kapitel 2 vorgestellten Datenbankstruktur zur Speicherung einer Fallbasis. Doch selbst wenn es gelingt, dieses Verfahren einzusetzen, besteht weiterhin die Schwierigkeit der Steuerung einer solchen Suche. Unter der Steuerung der Suche nach Fällen in einer Datenbank wird das Festlegen der SQL-Anfragen subsumiert, die von der Datenbank verarbeitet werden müssen, um die nächsten Nachbarn zu einer Anfrage q zu finden. Die Retrieval-Phase startet mit einer SQL-Query, die der tatsächlichen Anfrage entspricht, d. h. man sucht alle Fälle c der Fallbasis, für die gilt $\mathrm{SIM}(q, c) = 1$. Werden zu dieser Anfrage zu wenige Fälle zurückgegeben, so muss die SQL-Query erweitert werden, um eine größere Treffermenge in der Datenbank zu erzielen. Dieses Verfahren nennt man Query-Relaxation.

3.3.2 Relaxation von Anfragen

Das Problem der Query-Relaxation wurde in der Vergangenheit in verschiedenen Forschungsbereichen behandelt. Ein Teil der Umsetzungen stammt aus dem Umfeld des

Case-Based Reasoning. Aber auch in anderen Gebieten ist die Relaxation von Datenbankanfragen von Interesse. Insbesondere sind hierbei die Fragestellungen der Anfrageoptimierung aus dem Bereich der Multidatabase-Systeme und des Cooperative Answering von Interesse. Beim Cooperative Answering versucht die Datenbank-Engine, wie ein menschlicher Experte zu agieren. Wird auf eine Datenbankanfrage des Nutzers keine ausreichende Lösungsmenge gefunden, so werden dem Nutzer Fragen gestellt, um die ursprüngliche Anfrage zu erweitern.

Zu diesem Zweck führen Chu et al. (1990) das Verfahren der Typ-Abstraktion ein. Dadurch hat man die Möglichkeit, in einer sogenannten Typ-Abstraktions-Hierarchie (TAH), einer Struktur, die sehr stark einer Taxonomie ähnelt, Datenbankanfragen zu generalisieren bzw. zu spezialisieren. In CoBase[20], einem System zur Beantwortung von unpräzisen Fragen bei der Planung von Lufttransporten, werden die TAHs eingesetzt. Die Steuerung der Relaxation übernimmt dabei ein sogenannter Relaxation Manager, der entweder über Nutzereingaben oder über Systemparameter gesteuert wird. So können z. B. durch den Nutzer Operatoren wie "approximate" oder "near-to" eingegeben werden, um eine Anfrage zu erweitern. Zusätzlich werden Parameter zur Reihenfolge der Relaxation benutzt, die bestimmen, in welcher TAH zuerst relaxiert wird. Bei diesem Verfahren werden in den TAHs keine Variablen, sondern Datentypen gespeichert. In der Darstellung von Chu et al. (1990, Seite 6) ist ein derartiger Datentyp am ehesten vergleichbar mit einem Objekt in einer objektorientierten Betrachtung. Jeder Typ, mit Ausnahme von atomaren Typen, besteht aus einer Menge von Eigenschaften, von denen er einige mit seinem Super-Typ gemeinsam hat. Das bedeutet, dass z. B. der Datentyp "Travel" eine Verallgemeinerung (Super-Typ) des Datentyps "Flight" darstellt. Durch diese Vorgehensweise können aber Probleme entstehen, denn der Typ "Travel" besteht in CoBase aus der Relation (from, to), während "Flight" aus der Relation (flightnumber, from, to, date) besteht. Dadurch können bei einer Query-Relaxation Attribute der ursprünglichen Anfrage verloren gehen.

Aufbauend auf der Theorie der TAH versuchen Gaasterland et al. (1991) einen Relaxationsmechanismus durch Umformulierung von Anfragen mit Hilfe der Prädikatenlogik umzusetzen, der diese Schwierigkeiten umgeht. Die Schreibweise $\langle \leftarrow$ Query.$\rangle$

[20]vgl. Chu et al. (1996)

dient dabei zur Notation der Anfrage und $\Longrightarrow$ zeigt auf die neuformulierte Anfrage. $\langle\leftarrow \text{Vater}\,(X, Jack)\,.\rangle$ bedeutet z. B. , dass X gesucht wird, wobei X der Vater von $Jack$ ist. Es werden drei Verfahren zur Anfrageveränderung vorgeschlagen:[21]

1. Neuformulierung eines Prädikats:
   $\langle\leftarrow \text{Vater}\,(Father, Son)\,.\rangle \Longrightarrow \langle\leftarrow \text{Elternteil}\,(Father, Son)\,.\rangle$

2. Ersetzen einer Konstanten durch eine Variable:
   $\langle\leftarrow \text{Cousin}\,(Jack, Steve)\,.\rangle \Longrightarrow \langle\leftarrow \text{Cousin}\,(Jack, X)\,, \text{Mann}\,(X)\,.\rangle$ und
   $\langle\leftarrow \text{Cousin}\,(Jack, X)\,, \text{Mann}\,(X)\,.\rangle \Longrightarrow \langle\leftarrow \text{Cousin}\,(Jack, X)\,, \text{Mensch}\,(X)\,.\rangle$

3. Auflösen von Zusammenhängen:
   $\langle\leftarrow \text{Vater}\,(X, Jack)\,, \text{Mutter}\,(X, Jack)\,.\rangle$
   $\Longrightarrow \langle\leftarrow \text{Vater}\,(X, Jack)\,, \text{Mutter}\,(Y, Jack)\,.\rangle$

Im ersten Fall findet eine Generalisierung des Attributs statt - aus Vater wird Elternteil. Ein Prädikat $pred$ wird also durch ein anderes Prädikat $pred'$, für das $pred < pred'$ gilt, ersetzt. Die zweite Veränderung erfolgt durch das Ersetzen der Konstanten $Steve$ durch eine Variable, die aus dem Bereich "Mann" stammen muss. Dadurch kann man wieder die Variante (1) nutzen, um die Anfrage weiter zu verändern. Die dritte Variante beruht auf der Tatsache, dass häufig Zusammenhänge zwischen Literalen aufgebrochen werden können. In dem einfachen Beispiel ist klar, dass niemand gleichzeitig Vater und Mutter von $Jack$ sein kann, so dass die Anfrage fehlschlagen muss. Daher wird die Query aufgebrochen, und es werden zwei Personen X und Y gesucht, wobei natürlich $X \neq Y$ gelten muss.

Der grundlegende Ansatz zur Query-Relaxation in CBR-Systemen stammt von Shimazu et al. (1993). Basierend auf einer Abstraktions-Hierarchie (AH)[22] für jedes Attribut wird ein Nearest-Neighbour-Verfahren vorgestellt, das mit Hilfe von sogenannten Neighbour Value Sets (NVS) in der Lage ist, Anfragen zu relaxieren. Zu jedem Attribut, dem in der Anfrage ein Wert zugewiesen wurde, werden mehrere NVS bestimmt. Dabei handelt es sich um Teilmengen der in der AH repräsentierten Werte, welche die

[21] vgl. Gaasterland et al. (1991), Seite 4

[22] AHs unterscheiden sich von TAHs dadurch, dass in ihnen Werte und keine Datentypen repräsentiert werden.

Umgebung des in der Anfrage gesuchten Wertes darstellen. Die Anzahl der NVS pro Attribut hängt von der Tiefe der jeweiligen AH sowie von der Einordnung der Anfrage in die AH ab. Abbildung 3.2 stellt drei NVS für das Attribut "Betriebssystem" dar. In der ursprünglichen Anfrage wurde der Wert "BSD4.2" ausgewählt; somit sind im zweiten NVS die Elemente "BSD4.2", "BSD4.3" und "BSD" enthalten.

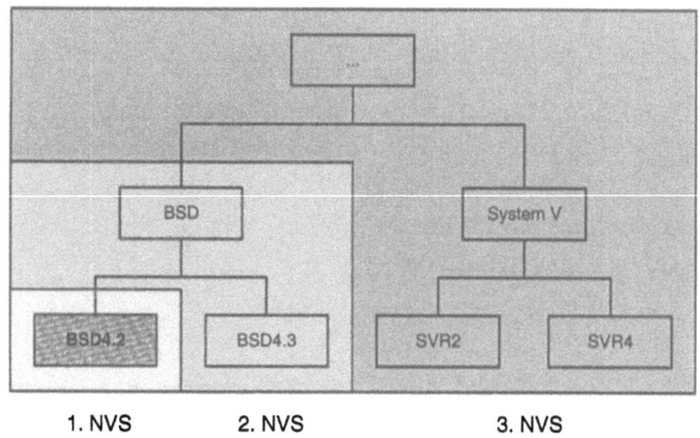

Abbildung 3.2: Darstellung der Neighbour Value Sets am Beispiel von Betriebssystemen (vgl. Shimazu et al. (1993), Seite 911).

Im Anschluss daran werden alle möglichen Kombinationen zwischen den NVS der einzelnen Attribute bestimmt und die relaxierten Anfragen aufgestellt. Der Aufwand für diese Vorgehensweise ist relativ groß: Bezeichnet man mit r die Anzahl der Attribute, die in der Anfrage benutzt werden, und mit d_i die Tiefe der AH für das Attribut i, so ist die maximale Anzahl an Kombinationen genau:[23]

$$N = \prod_{i=1}^{r} d_i.$$

Im schlimmsten Fall müssen für jede dieser Kombinationen "AND"-Verknüpfungen in einer Datenbankabfrage generiert werden. Trotzdem findet dieses Verfahren auch in jüngerer Vergangenheit Verbreitung. Mit geringen Veränderungen wird es in einem CBR-System der Western Air, Australien, eingesetzt (vgl. Watson und Gardingen (1999) und Watson (2000)).

[23] vgl. Shimazu et al. (1993), Seite 911

Für Attribute, die auf numerischen Werten oder vollständig geordneten Mengen beruhen, liefern Schumacher und Bergmann (2000*a*) eine deutliche Verbesserung der Relaxationsmechanismen. Sie verwenden für die Darstellung der Fälle und der Anfrage eine Liste von Attribut-Wert-Paaren ($A_1 = a_1, \ldots, A_n = a_n$). Durch die Einschränkung auf Variablen mit den genannten Skalenniveaus bietet sich die Möglichkeit, die Fallbasis als n-dimensionalen Euklidischen Raum zu betrachten und damit SQL-Queries der Form

$$\text{SELECT } a_1, \ldots, a_n \text{ FROM CaseTable}$$
$$\text{WHERE } (a_{i_1} \geq \text{min}_{i_1} \text{ AND } a_{i_1} \leq \text{max}_{i_1}) \ldots \text{AND } (a_{i_m} \geq \text{min}_{i_m} \text{ AND } a_{i_m} \leq \text{max}_{i_m})$$

zu formulieren, wobei $a_{i_1}, \ldots, a_{i_m}$ die in der Anfrage vorkommenden (d. h. in der Anfrage angegebenen) Attribute bezeichnet ($m \leq n$) und min_{i_j} bzw. max_{i_j} die untere bzw. obere Grenze der Relaxation für das Attribut a_{i_j} festlegt.[24] Abbildung 3.3 zeigt eine grafische Darstellung dieser Anfrage und der Relaxationsgrenzen bei einer Gleichgewichtung der einzelnen Attribute im zweidimensionalen Fall.

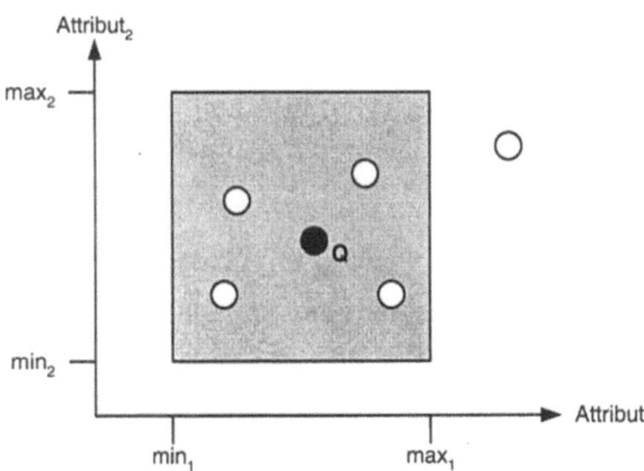

Abbildung 3.3: Durch eine SQL-Anfrage aufgespanntes Rechteck (vgl. Schumacher und Bergmann (2000*a*), Seite 276).

SQL-Anfragen dieser Art werden wiederholt an die Datenbank gestellt. In jedem Relaxationsschritt werden die Unter- und die Obergrenzen erweitert. Dadurch gelangt

[24] vgl. Schumacher und Bergmann (2000*b*), Seite 3

man zu einer Folge sogenannter Retrieval-Ringe, wie sie in Abbildung 3.4 dargestellt werden. Der Unterschied zu den bisher beschriebenen Verfahren liegt darin, dass über alle Attribute relaxiert wird.

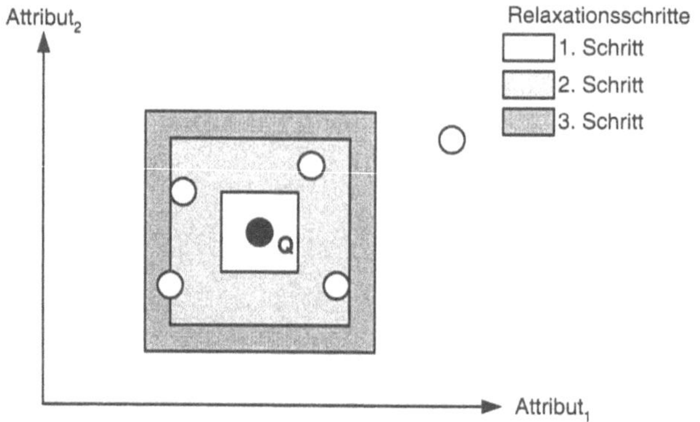

Abbildung 3.4: Retrieval-Ringe zur Relaxation einer SQL-Anfrage (vgl. Schumacher und Bergmann (2000*a*), Seite 276).

Die Schwierigkeit bei diesem Vorgehen ist allerdings die Bestimmung der Schrittweite in jedem einzelnen Relaxationsschritt. Dieser ist entscheidend für die Geschwindigkeit des Retrieval. Werden zu wenige Fälle extrahiert, so muss erneut ein Relaxationsschritt durchgeführt werden; ist die Zahl der zurückgegebenen Fälle zu hoch, so ist der Rechenaufwand zur Bestimmung der globalen Ähnlichkeiten zu groß. Zur Lösung dieses Problems wird eine Grenze, die "minimale globale Ähnlichkeit", eingeführt[25]. In jedem Relaxationsschritt wird diese verringert und bezeichnet die Ähnlichkeit, die alle extrahierten Fälle dieses Schritts nicht unterschreiten dürfen. Mittels dieses Schwellenwerts und der Annahme der Gleichverteilung der Fälle in der Fallbasis (d. h. jedem Attribut ist die gleiche Anzahl von Fällen zugeordnet), wird das Volumen des Rings im nächsten Relaxationsschritt bestimmt. Aufgrund dessen können die Grenzen $\min_i$ und $\max_i$ für die einzelnen Attribute festgelegt werden.

[25] vgl. Schumacher und Bergmann (2000*a*), Seite 278

3.4 Entwicklung eines Verfahrens zur Relaxation von Anfragen

Die vorgestellten Ansätze zur Query-Relaxation sind eine gute Grundlage für weitere Überlegungen auf diesem Gebiet. Insbesondere deshalb, da alle Ansätze spezifische Probleme mit sich bringen. Auch der beschriebene Ansatz von Schumacher und Bergmann (2000*a*) kann nicht ohne Kritik benutzt werden. Die von den Autoren vorgenommene Annahme der Gleichverteilung der Fälle bzgl. der einzelnen Attribute läßt sich nicht rechtfertigen. Stattdessen muss eine unterschiedlich dichte Besetzung der Eigenschaften berücksichtigt werden. Dieses wird auch darin deutlich, dass aus der Sicht der Anfrage, bzw. des Steuerungsmoduls, die Verteilung der Fälle in der Fallbasis unbekannt ist. Dadurch besteht zum Zeitpunkt der Query-Relaxation Unsicherheit darüber, für welches Attribut eine Erweiterung der SQL-Query erfolgen sollte, um die Lösungsmenge optimal zu vergrößern. Des weiteren bietet der Ansatz keine Möglichkeit, Attribute auf Basis von Taxonomien zu verwenden.

Im Folgenden wird ein Verfahren zur Steuerung der Relaxation auf Basis der in Kapitel 2 eingeführten Repräsentation der Fallbasis vorgestellt. Es wird zuerst anhand von Attributen eingeführt, die durch Taxonomien repräsentiert werden. Im Anschluss daran wird eine Verallgemeinerung auf andere Ähnlichkeitsmaße vorgenommen. Die Relaxation über Taxonomien erfolgt in ähnlicher Art und Weise wie im Ansatz von Chu et al. (1990). Wird ein Attribut zur Relaxation ausgewählt, so wird in der zugehörigen Taxonomie um eine Stufe nach oben gegangen (generalisiert) und eine erneute Datenbankanfrage gestartet.

Betrachtet werden soll ein N_1-dimensionaler Attributeraum. In diesem wird eine Anfrage $q = \left(q^1, \ldots, q^{N_1}\right)$ als Vektor dargestellt; ein Fall aus der Fallbasis $\mathcal{D}$ wird mit $d = \left(d^1, \ldots, d^{N_1}\right)$ bezeichnet. q^j bzw. d^j sind dabei die Ausprägungen des Attributs j in der Anfrage bzw. in einem Fall d. Bei der Suche nach den nächsten Nachbarn, wird der Attributeraum auf die Dimension N reduziert, wobei

$$N = \left|\left\{\left(q^1, \ldots, q^{N_1}\right) : q^j \neq 0,\ j = 1, \ldots, N_1\right\}\right|^{26},$$

[26] $q^j = 0$ bedeutet, dass Attribut j in der Anfrage kein Wert zugeordnet wurde.

also die Anzahl der in der Anfrage gesuchten Attributeausprägungen, ist. Ohne Beschränkung der Allgemeinheit kann eine dahingehende Umnummerierung vorgenommen werden.

Wie beschrieben, startet das Retrieval in der Fallbasis mit der Suche nach idealen Treffern, d. h. es wird nach allen d^j, $j = 1, \ldots, N$, gesucht, für die $\mathrm{sim}^j\left(q^j, d^j\right) = 1$ ist. Bezugnehmend auf das in Kapitel 2 eingeführte Modell zur Speicherung von Fällen wird bei der Relaxation der Anfrage für ein Attribut q^t, welches durch ein Taxonomieelement $node^t_{k^t}$ repräsentiert wird, ein neues Element $q^t_1 = node^t_{k^t_1} > node^t_{k^t}$ eingesetzt, d. h. es wird der Vorgänger des Knotens $node^t_{k^t}$ ausgewählt. Dieser Schritt wird wiederholt, bis eine Abbruchbedingung erfüllt ist; im n-ten Schritt erhält man also als Ergebnis der Relaxation für das Attribut t:

$$q^t_n = node^t_{k^t_n} > node^t_{k^t_{n-1}}. \tag{3.2}$$

Bei allen anderen Attributen bleibt der Wert unverändert, $q^{t'}_n = node^{t'}_{k^{t'}_n} = node^{t'}_{k^{t'}_{n-1}}$, für $t' \neq t$. Damit erhält man die neue Anfrage $q_n = \left(q^1_n, \ldots, q^N_n\right)$. Nun stellt sich die Frage, in welcher Taxonomie eine Relaxation durchgeführt wird, also welches t ausgewählt werden soll, um einen möglichst großen Zuwachs an relevanten Fällen in der Ergebnismenge zu erhalten.

3.4.1 Bayessche Entscheidungstheorie

Das im nächsten Abschnitt beschriebene Verfahren zur Relaxation einer SQL-Query in einem CBR-System benutzt die Ideen der Bayesschen Entscheidungstheorie (vgl. Bernardo und Smith (1993) sowie Carlin und Louis (1996)). Daher soll eine kurze Einführung in deren Vorgehensweise gegeben werden. Die allgemeine statistische Entscheidungstheorie versucht, Entscheidungen, die von einer Stichprobe abhängen, aufgrund des Risikos bzw. der Kosten einer Fehlentscheidung zu beurteilen. In der Bayesschen Entscheidungstheorie kommt zusätzlich noch das Bayes-Prinzip zum Tragen, das als beste Entscheidungsregel jene mit dem geringsten Durchschnittsrisiko auswählt.

Es wird eine Menge $\mathcal{A}$ von möglichen Entscheidungen (Aktionen) betrachtet, von denen eine ausgewählt werden muss. Die richtige bzw. optimale Entscheidung führt zu dem Parameter (bzw. dem Zustand der Natur) $\theta \in \Theta$[27], der aber unbekannt ist. Die Wahl einer falschen Entscheidung $a \in \mathcal{A}$ führt zu einem Verlust bzw. zu höheren Kosten als die Wahl der richtigen Entscheidung. Deshalb wird eine Verlustfunktion $l(\cdot,\cdot)$ auf $\Theta \times \mathcal{A}$ eingeführt. Betrachtet man nun die Menge $\mathcal{X}$ aller möglichen Stichproben, die zur Lösung des Entscheidungsproblems herangezogen werden können, dann ist eine Entscheidungsregel δ eine Funktion von $\mathcal{X} \to \mathcal{A}$, die eine Entscheidung aus $\mathcal{A}$ aufgrund einer Stichprobe aus $\mathcal{X}$ auswählt. Das Risiko dieser Entscheidungsfunktion wird festgelegt als:[28]

$$R(\theta,\delta) = E_{X|\theta}\left[l(\theta,\delta(X))\right]$$

Das Risiko beschreibt den durchschnittlichen Verlust über die Werte von $\mathcal{X}$. In der Bayesschen Entscheidungstheorie wird zusätzlich noch sogenanntes a-priori-Wissen benutzt, das in Form einer a-priori-Verteilung für den unbekannten Parameter θ auftritt. Diese Verteilung wird mit $\pi(\theta)$ bezeichnet. Das Bayes-Prinzip besagt nun, dass man von zwei Entscheidungsregeln δ_1 und δ_2 diejenige wählen soll, die das Bayes-Risiko minimiert[29]:

$$r(\pi,\delta) = E_\theta\left[R(\theta,\delta)\right].$$

Neben dieser normalen Form der Bayesschen Analyse kann mit relativ geringen Einschränkungen auch die erweiterte Form eingesetzt werden. Berger (1980, Seite 109) zeigt, dass statt der Minimierung des Bayes-Risikos r auch die Minimierung des Posteriori-Risikos ρ genügt, um eine Entscheidungsregel zu finden, die dem Bayes-Prinzip genügt. Das bedeutet, man wählt die Entscheidungsregel $\delta(X)$ die

$$\begin{aligned} \rho(\pi,\delta(X)) &= E_{\theta|X}\left[l(\theta,\delta(X))\right] \\ &= \int l(\theta,\delta(X))\, p(\theta \mid X)\, d\theta, \end{aligned} \tag{3.3}$$

minimiert[30], wobei $p(\theta \mid X)$ die Posteriori-Verteilung von θ ist.

Für die weitere Betrachtung genügt es, sich mit dem Fall auseinanderzusetzen, dass Θ diskret ist, d. h. $\Theta = \{\theta_1,\ldots,\theta_N\}$. Dadurch kann, statt einer Integration über $d\theta$, eine Summierung über die einzelnen Elemente θ_i durchgeführt werden.[31] Die a-priori-

[27] Θ bezeichnet die Menge aller möglichen Parameter (Zustände), den sogenannten Parameterraum.

[28] vgl. Carlin und Louis (1996), Seite 9

[29] vgl. Berger (1980), Seite 14

[30] vgl. Carlin und Louis (1996), Seite 8

[31] vgl. dazu auch Michie et al. (1994), Seite 14

Verteilung $\pi(\theta)$ kann mit $\pi_i = \pi(\theta_i)$ angegeben werden, und nach dem Bayesschen Theorem[32] gilt für die Posteriori-Verteilung von θ_i :

$$p(\theta_i \mid X_n) = \frac{\pi_i P(X_n \mid \theta_i)}{m(X_n)}, \tag{3.4}$$

mit

$$m(X_n) = \sum_j \pi_j P(X_n \mid \theta_j).$$

Daraus erhält man mit Formel 3.3 das Posteriori-Risiko

$$\begin{aligned} \rho(\pi, \delta(X_n)) &= E_{\theta|X_n}\left[l(\theta, \delta(X_n))\right] \\ &= \sum_i l(\theta_i, \delta(X_n)) \cdot p(\theta_i \mid X_n) \\ &= \sum_i l(\theta_i, \delta(X_n)) \cdot \frac{\pi_i P(X_n \mid \theta_i)}{m(X_n)}. \end{aligned}$$

Da der Ausdruck $m(X_n)$ bei allen Entscheidungen gleich ist, genügt es, für die Minimierung des Posteriori-Risikos, den folgenden Ausdruck zu betrachten:

$$\sum_i \pi_i \cdot l(\theta_i, \delta(X_n)) \cdot P(X_n \mid \theta_i). \tag{3.5}$$

Gesucht wird also die Entscheidung $\delta(X_n)$, für die der Ausdruck (3.5) minimal ist.

3.4.2 Query-Relaxation für Taxonomien

Die Ideen der Bayesschen Entscheidungstheorie können zur Lösung des Problems der Ausweitung einer SQL-Query genutzt werden. Dazu muss aufgrund der erhaltenen Ergebnismenge X_n eine Entscheidungsregel $\delta(X_n)$ gesucht werden, die aus der Menge der möglichen Taxonomien $\Theta = \{\theta_1, \ldots, \theta_N\}$, diejenige auswählt, in welcher der nächste Relaxationsschritt erfolgen muss.

Dazu sind noch einige Vereinbarungen nötig: In den folgenden Betrachtungen wird auf die Notationen aus Kapitel 2 zurückgegriffen, d. h. es gibt eine Menge mit Taxonomien $\mathcal{T} = \{t_1, \ldots, t_N\}$ und eine Fallbasis $\mathcal{D}$ und $q = \left(q^1, \ldots, q^N\right)$ bezeichne eine Anfrage (Query). Es werden nur diejenigen Attribute betrachtet, die in der Anfrage Verwendung finden. Sollte $N \neq N_1$ sein, wird eine entsprechende Umnummerierung

[32]vgl. Savage (1954), Seite 45

vorgenommen, so dass die Attribute $1, \ldots, N < N_1$ betrachtet werden können. Die globale Ähnlichkeit zwischen einer Anfrage q und einem gespeicherten Fall d berechne sich aufgrund der vorhergehenden Betrachtungen aus

$$\mathrm{SIM}(q,d) = w^1 \cdot \mathrm{sim}^1\left(q^1, d^1\right) + \ldots + w^N \cdot \mathrm{sim}^N\left(q^N, d^N\right)$$

mit $\sum w^i = 1$.

Um die Relaxation einer SQL-Anfrage mit den Mitteln der Bayesschen Entscheidungstheorie lösen zu können, müsste die Menge der im n-ten Relaxationsschritt aus der Fallbasis extrahierten Fälle als Stichprobe betrachtet werden. Da aber auf eine feste Anfrage q, immer die gleiche Antwortmenge X_n zurückgegeben wird, ist dies ein Zufallsexperiment mit der Wahrscheinlichkeit 1. Formal betrachtet hat dies zur Folge, dass $P(X_n) = 1$. Das bedeutet nichts anderes, als dass die gezogene Antwortmenge unabhängig vom wahren Parameter θ ist, der die Entscheidung liefert, in welcher Taxonomie eine Relaxation durchgeführt werden soll. Nun lässt sich aber aus dem Verfahren der Bayesschen Entscheidungstheorie ein Optimierungsproblem formulieren, das eben jenes Entscheidungsproblem löst. Betrachtet man dazu die Formel für die Posteriori-Verteilung (3.4), so erhält man mit $P(X_n) = 1$ und $\sum \pi_j = 1$ das Ergebnis $p(\theta_i \mid X_n) = \pi_i$. Damit lässt sich aus (3.5) das folgende Optimierungsproblem definieren:

Suche aufgrund der Ergebnismenge X_n die Entscheidung $\delta(X_n)$, für die

$$\sum_{i=1}^{N} \pi_i \cdot l(\theta_i, \delta(X_n))$$

minimal wird.

Im nächsten Schritt müssen die a-priori-Wahrscheinlichkeiten, die als Gewichtungsfaktor dienen, und die Schadensfunktion definiert werden. π_i sollte derart festgelegt werden, dass mit zunehmender Größe die Wahrscheinlichkeit steigt, dass θ_i die gesuchte Taxonomie repräsentiert. Durch die Wahl von

$$\pi_i = \frac{\text{Anzahl der Zuordnungen zu Taxonomie } i}{\text{Anzahl der Zuordnungen insgesamt}} =: \frac{M^i}{M}. \tag{3.6}$$

wird der Tatsache Rechnung getragen, dass die Zahl der Zuordnungen zu einer Taxonomie entscheidend auf die Relaxation einwirken sollte. Je mehr Fälle einer Taxonomie zugeordnet sind, desto größer ist die Wahrscheinlichkeit, nach einer Relaxation in dieser Taxonomie, bisher nicht in der Ergebnismenge enthaltene Fälle zu erhalten.

Die Schadensfunktion $l(\cdot,\cdot)$ soll den Schaden einer Relaxation in der falschen Taxonomie ausdrücken. Ein Verlust durch die Auswahl von θ_i anstelle des richtigen θ_j kann dadurch entstehen, dass entweder ein geringerer Gewinn an lokaler Ähnlichkeit erzielt wird oder dass durch eine andere Gewichtung ein geringerer Gewinn an globaler Ähnlichkeit erreicht wird, also durch $w^{\theta_j} - w^{\theta_i} > 0$. Der Gewinn an lokaler Ähnlichkeit durch das Hinzunehmen von Fällen, die nach dem Relaxationsschritt zu den nächsten Nachbarn gezählt werden, lässt sich aus

$$s^{\theta_j}_{k^{\theta_j}_{n+1}} - s^{\theta_i}_{k^{\theta_i}_{n+1}}$$

bestimmen. Dieser Wert resultiert daraus, dass beim Erweitern der Anfrage ($q_n \rightarrow q_{n+1}$, vgl. Formel (3.2)) in der Taxonomie ein Vorgängerknoten ausgewählt wird. Betrachtet man eine Taxonomie i, dann haben die neu gefundenen Fälle eine maximale lokale Ähnlichkeit von $s^i_{k^i_{n+1}}$, also dem Wert, der in dem Knoten gespeichert ist, der durch die Anfrage q^i_{n+1} ausgewählt wird. In der "richtigen" Taxonomie j hätte man aber Fälle gefunden, deren Ähnlichkeit $s^j_{k^j_{n+1}} > s^i_{k^i_{n+1}}$ beträgt. Neben den Überlegungen bzgl. der Gewichtung und der Ähnlichkeitswerte sollte aber auch die Anzahl der Zuordnungen der im n-ten Schritt zurückgegebenen Fälle zu den Taxonomien in die Schadensfunktion aufgenommen werden. Insbesondere muss der Fall berücksichtigt werden, dass schon alle Zuordnungen zu einer Taxonomie in der Antwortmenge enthalten sind und damit eine weitere Relaxation keinen Zugewinn mehr liefern würde.[33] Bezeichne M^i_n die Anzahl der Zuordnungen zur Taxonomie i im n-ten Relaxationsschritt, dann lässt sich aus den vorangestellten Überlegungen die folgende Verlustfunktion aufstellen:

$$l(\theta_j, \delta(X_n)) = \nu(\theta_j, X_n) \cdot w^{\theta_j} \cdot s^{\theta_j}_{k^{\theta_j}_{n+1}} - \nu(\delta(X_n), X_n) \cdot w^{\delta(X_n)} \cdot s^{\delta(X_n)}_{k^{\delta(X_n)}_{n+1}}, \qquad (3.7)$$

[33] Dies ist letztlich auch dann der Fall, wenn man schon im obersten Knoten einer Taxonomie angelangt ist.

mit

$$\nu(\theta_j, X_n) = \begin{cases} 1, \text{ wenn } M_n^{\theta_j} = 0 \\ \frac{1}{K}, \text{ wenn } M_n^{\theta_j} = M^{\theta_j} \\ \frac{1}{M_n^{\theta_j}}, \text{ sonst} \end{cases},$$

wobei $K < \infty$ eine beliebige große Konstante ist.

Die einzelnen Elemente der Verlustfunktion lassen sich mit geringem Aufwand berechnen, so dass diejenige Taxonomie zur Relaxation ausgewählt wird, deren zugeordnete Entscheidungsfunktion das geringste Posteriori-Risiko hat. In dieser Taxonomie, sie sei mit t^* bezeichnet, wird, wie in Formel (3.2) beschrieben, der Wert $q_{n+1}^{t^*}$ für $q_n^{t^*}$ eingesetzt und ein erneuter Retrievalschritt durchgeführt. Für die neu gefundenen Fälle werden die lokalen und die globalen Ähnlichkeiten berechnet.

Einen möglichen Spezialfall der Optimierungsaufgabe erhält man, wenn die von anderen Verfahren geforderte Bedingung der Gleichverteilung der Fälle auf die einzelnen Attribute angenommen wird, man also $\pi_i = \frac{1}{N}$ setzt. Geht man zusätzlich von einer Gleichgewichtung der Attribute und von vernachlässigbaren Unterschieden in den lokalen Ähnlichkeitsgewinnen aus, so ergibt sich aus Formel (3.7) die folgende Verlustfunktion:

$$l(\theta_j, \delta(X_n)) = w \cdot (\nu(\theta_j, X_n) - \nu(\delta(X_n), X_n)).$$

Die zu optimierende Summe hat dann die Form:

$$\sum_{j=1}^{N} \frac{1}{N} \cdot w \cdot (\nu(\theta_j, X_n) - \nu(\delta(X_n), X_n))$$

Zur Optimierung muss also nur

$$\sum_{j=1}^{N} (\nu(\theta_j, X_n) - \nu(\delta(X_n), X_n))$$

betrachtet werden. Für den Fall, $0 < M_n^{\theta_j} < M^{\theta_j}$, für alle $\theta_j \in \Theta$, erhält man

$$\sum_{j=1}^{N} \left(\frac{1}{M_n^{\theta_j}} - \frac{1}{M_n^{\delta(X_n)}} \right) = -N \cdot \frac{1}{M_n^{\delta(X_n)}} + \sum_{j=1}^{N} \frac{1}{M_n^{\theta_j}}.$$

Zur Bestimmung der Taxonomie, in der relaxiert werden soll, muss das $\delta(X_n) = \theta_j$ gesucht werden, das diesen Ausdruck minimiert. Offensichtlich muss für dieses θ_j

gelten, dass $M_n^{\theta_j}$ kleiner als alle anderen $M_n^{\theta_i}$, $i \neq j$, ist. Damit wird also die Anfrage in der Taxonomie erweitert, der aus der Antwortmenge X_n die wenigsten Fälle zugeordnet sind.

3.4.3 Anwendung des Verfahrens auf andere Ähnlichkeitsmaße

Das Verfahren ist auch für andere Ähnlichkeitsmaße von Interesse, denn man kann nicht unbedingt davon ausgehen, dass in einem CBR-System nur Attribute existieren, die auf Taxonomien beruhen. Im Folgenden sollen solche Attribute betrachtet werden, die durch numerische Werte oder vollständig geordnete Mengen repräsentiert werden. Der Vorteil bei diesen Attributen liegt darin, dass die Relaxation genauer gesteuert werden kann, denn durch die zugrunde liegende Ordnungsrelation lässt sich die Schrittweite der Relaxation genauer anpassen, als dies beim Einsatz von Taxonomien möglich ist.

Betrachtet werden soll ein Attribut j, dessen Werte aus dem Intervall $[a_{\min}, b_{\max}]$ stammen; die weiteren Bezeichnungen werden aus dem vorherigen Abschnitt übernommen. Die Auswahl des Attributs j zur Relaxation erfolgt mit demselben Verfahren wie bei Taxonomien, so dass eine Integration von Attributen unterschiedlicher Skalenniveaus möglich ist. Allerdings müssen die Formeln zur Berechnung der Elemente teilweise angepasst werden. Die Bestimmung der a-priori-Wahrscheinlichkeit erfolgt wieder über

$$\pi_j = \frac{M^j}{M}.$$

Zur Bestimmung der Verlustfunktion ist eine Berechnungsmethode für den geringeren Gewinn an lokaler Ähnlichkeit nötig, die es erlaubt, unterschiedliche Attribute miteinander zu vergleichen. Bei vollständig geordneten Mengen berechnen sich die lokalen Ähnlichkeiten üblicherweise mittels der beschriebenen Ähnlichkeits- und Distanzfunktionen. Dadurch kann man den Gewinn an lokaler Ähnlichkeit nach oben abschätzen, denn bei einer Erweiterung der Anfrage haben die im n-ten Schritt gefundenen Fälle eine geringere Ähnlichkeit als die im $(n-1)$-ten Schritt gefundenen. Dadurch kann der Wert

$$s^{\delta(X_n)}_{k^{\delta(X_n)}_{n+1}}$$

aus Formel (3.7) ersetzt werden durch $\text{sim}^{\delta(X_{n-1})} - \epsilon$, wobei ϵ frei bestimmbar ist und zur Steuerung der Relaxation herangezogen werden kann. $\text{sim}^{\delta(X_{n-1})}$ bezeichnet die minimale lokale Ähnlichkeit, die Fälle aus dem $(n-1)$-ten Relaxationsschritt des betrachteten Attributs zur globalen Ähnlichkeit beigetragen haben. Mit diesen Änderungen können Attribute der genannten Form in das Verfahren integriert werden.

Nach der Auswahl des Attributs j zur Erweiterung der Anfrage muss festgelegt werden, in welchem Umfang das betrachtete Intervall erweitert wird. Im ersten Relaxationsschritt werde das Intervall $[a_1, b_1]$ mit $a_{\text{min}} < a_1 \leq q^j \leq b_1 < b_{\text{max}}$ betrachtet. Man erhält als Ergebnis M_1^j Zuordnungen, die in diesem Intervall liegen. Im n-ten Schritt erhält man M_n^j Zuordnungen. Wenn man davon ausgeht, dass die Fälle in den beiden verbleibenden Bereichen $[a_{\text{min}}, a_n]$ und $[b_n, b_{\text{max}}]$ annähernd gleichmäßig verteilt sind und die Datenbank zusätzlich noch die Information liefert, wieviele Zuordnungen in diesen beiden Bereichen zu finden sind, also M_n^{j,a_n} und M_n^{j,b_n}, dann kann man eine Erweiterung von

$$c \cdot \frac{a_n - a_{\text{min}}}{M_n^{j,a_n}}$$

nach links und eine Erweiterung von

$$c \cdot \frac{b_{\text{max}} - b_n}{M_n^{j,b_n}}$$

nach rechts durchführen. c bezeichnet dabei eine Konstante, die in etwa die erwartete Zahl der neu gefundenen Fälle repräsentiert und wiederum zur Steuerung eingesetzt werden kann (vgl. Abbildung 3.5).

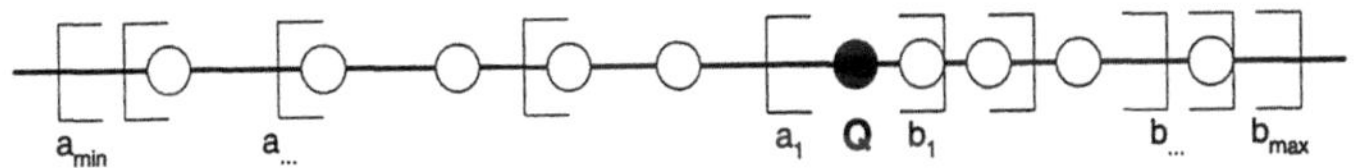

Abbildung 3.5: Erweiterung des Suchintervalls

Die für diese Vorgehensweise vorgenommene Annahme der Gleichverteilung ist keine so starke Einschränkung wie in den anderen vorgestellten Ansätzen zur Anfrageerweiterung, da es sich nicht um die Verteilung aller Fälle in der Fallbasis, sondern nur um die Verteilung der restlichen Werte des betrachteten Attributs handelt.

Kapitel 4

Strukturierte Wissensrepräsentation

In den ersten drei Kapiteln dieser Arbeit wurde aus der Methodik des Case-Based Reasoning ein Verfahren entwickelt, mit dem die Suche in unstrukturierten Texten mithilfe eines Wissensmodells ermöglicht wird. Grundlage dafür ist das Vorliegen eines solchen Wissensmodells und damit die Strukturierung der zu untersuchenden Wissensdomäne. In diesem Kapitel soll zunächst auf die zunehmende Relevanz strukturierter Betrachtungen durch die Entwicklungen der Künstlichen Intelligenz, des Wissensmanagements und des Electronic Business eingegangen werden. Im Anschluss daran soll das Themengebiet der Ontologie vorgestellt werden. Nach einem kurzen Überblick über Verfahren des Information Retrieval, die bei der Suche in Texten auf den Einsatz von Strukturierungen verzichten, sollen die Vorteile und die Herangehensweise an eine strukturierte Suche in Texten aufgezeigt werden.

4.1 Gründe für eine strukturierte Wissensrepräsentation

In den letzten Jahren ist die strukturierte Erfassung von Wissensdomänen zunehmend in das Blickfeld nicht nur der betriebswirtschaftlichen Betrachtung gerückt. Die Gründe dafür sind sicherlich vielfältiger Natur. Es zeichnen sich aber drei Forschungsgebiete ab, die maßgeblich zur stärkeren Beschäftigung mit dem Themenkomplex beigetragen haben. Zelewski et al. (2001, Seite 185) nennen in diesem Zusammenhang die Forschungsarbeiten der Künstlichen Intelligenz sowie die Entwicklung des Wissensmanagements. Fensel et al. (2001, Seite 39) sehen zusätzlich in der Entstehung des Electronic Commerce eine treibende Kraft für das wachsende Interesse an strukturierten Betrachtungen. In diesem Abschnitt sollen die drei Gebiete zunächst nur vorgestellt und einzelne Ansatzpunkte für strukturierte Betrachtungsweisen aufgezeigt werden. Konkrete Anwendungen werden, nach Klärung der dafür notwendigen Begriffe, insbesondere in Abschnitt 4.3 vorgestellt.

4.1.1 Wissensmanagement

Arbeit, Werkstoffe und Betriebsmittel sind die klassischen betriebswirtschaftlichen Produktionsfaktoren, die durch den Faktor Information zur zielgesteuerten Kombination der Faktoren ergänzt werden. Als vierter (bzw. fünfter) Produktionsfaktor kann der Faktor Wissen angesehen werden.[1] Führt man die Überlegung fort, so muss Wissen als wichtige Unternehmensressource betrachtet und dessen Allokation und Vermehrung durch geeignete Managementtechniken unterstützt werden. Diese Techniken stellt das Wissensmanagement zur Verfügung, bei dem die Verbesserung der organisatorischen Fähigkeiten auf allen Ebenen einer Organisation durch besseren Umgang mit der Ressource Wissen im Zentrum des Interesses steht.[2] Die von Probst et al. (1999, Seite 58) entwickelten Bausteine (vgl. Abbildung 4.1) verdeutlichen den dem Wissensmanagement zugrunde liegenden Managementregelkreis. Nach der Identifikation von Wissenszielen bilden sechs Bausteine die Kernprozesse des Wissensmanagements. Am Ende des Regelkreises wird der Zielerreichungsgrad der gesetzten Wissensziele bewertet und eine Anpassung der Ziele oder der Kernprozesse vorgenommen. Der Regelkreis stellt allerdings nicht zwangsläufig eine zeitliche Abfolge von Aktivitäten dar, sondern verdeutlicht vielmehr die verschiedenen Teilaufgaben des Wissensmanagements. Dies wird u. a. daran deutlich, dass zwischen allen Bausteinen der Kernprozesse Interdependenzen auftreten. Anhand einiger Bausteine des Regelkreises sollen Einsatzmöglichkeiten einer strukturierten Betrachtung des Faktors Wissen aufgezeigt werden.

[1] vgl. Rehäuser und Krcmar (1996), Seite 10
[2] vgl. Probst und Romhardt (1997), Seite 1

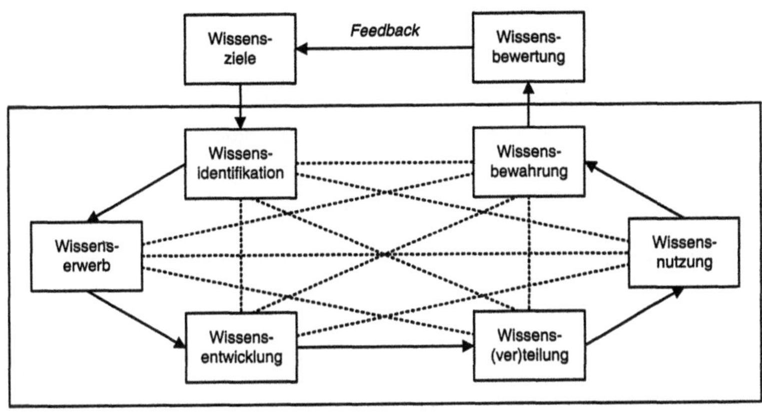

Abbildung 4.1: Bausteine des Wissensmanagements
(vgl. Probst et al. (1999), Seite 58)

Die Bereitstellung von Wissen am richtigen Ort und zur richtigen Zeit ist die Aufgabe der Wissens(ver)teilung. Vorausgesetzt, dass entsprechendes Wissen entweder aus eigenen Quellen (Wissensentwicklung) oder aus fremden Quellen (Wissenserwerb) vorhanden ist und dieses vom potentiellen Nutzer identifiziert werden kann (Wissensidentifikation), sollte die Aufgabe der Wissens(ver)teilung eher logistischer Natur sein. Aufgrund der Struktur der Ressource Wissen[3] und insbesondere der Unterscheidung von implizitem und explizitem Wissen stößt man jedoch auf vielfältige Probleme. Dies kann z. B. darin begründet sein, dass die Träger von individuellem und implizitem Wissen zwar identifiziert sind, diese ihr (Erfahrungs-) Wissen aber nicht externalisieren können oder wollen. Ein Versuch, dieses Problem zu lösen, kann in der Strukturierung von Erfahrungsszenarien und deren Nutzung zur Suche nach Experten für eine bestimmte Aufgabenstellung liegen. Alpar und Pfuhl (2000) stellen zu diesem Zweck einen elektronisch unterstützten Marktplatz zur Expertensuche vor, dessen Anwendung ohne Einschränkungen auch innerhalb einer Organisation erfolgen kann. Dadurch wird ein Beitrag zum Wissensmanagement geleistet, da die Organisation den potentiellen Nutzer des Wissens bei der Suche nach Wissensträgern innerhalb der Organisation unterstützt und nach der Kontaktaufnahme eine Teilung des Wissens zwischen den

[3] vgl. z. B. Pautzke (1989), Seite 79

beteiligten Personen erfolgen kann.

Ein weiteres Einsatzszenario aus dem Bereich der Wissens(ver)teilung steht in engem Zusammenhang mit der Wissensbewahrung und insbesondere dem Teilbereich der Speicherung von Informationen und Dokumenten. Fensel (2001) liefert Beispiele, wie Vorstrukturierungen von Dokumenten ihre Wiederauffindbarkeit in den Datenbeständen von Organisationen erhöhen und zugleich die Wartung von Wissensbasen vereinfachen können.

Ein Problem, das bausteinübergreifend ist, resultiert aus den zunehmenden Wissensdivergenzen zwischen verschiedenen Bereichen einer Organisation.[4] So hat häufig eine Bezeichnung in einem Bereich eine andere Bedeutung als in einem anderen (z. B. der Begriff "Auftrag" aus der Produktions- und Absatzperspektive). In diesem Fall kann eine Strukturierung, wie sie beispielsweise durch ein gemeinsames Vokabular geschaffen wird, helfen, Wissensdivergenzen zu identifizieren und bestenfalls zu beseitigen.

4.1.2 Electronic Commerce

Die Bedeutung des Begriffs Electronic Commerce ist seit seiner ersten Verwendung vielfach erweitert worden. In ihrer schon klassischen Definition verstehen Kalakota und Whinston (1996, Seite 1) darunter das Kaufen und Verkaufen von Informationen, Produkten und Dienstleistungen über ein Computernetzwerk. Ein Jahr später konkretisieren die Autoren diese Definition durch einzelne, von der Sicht des Betrachters abhängende, Definitionen:[5]

- Aus einer Kommunikationssicht ist Electronic Commerce die Lieferung von Informationen, Produkten, Dienstleistungen oder Zahlungen über eine Telefonverbindung, ein Computernetzwerk oder andere Verbindungen.
- Aus Sicht der Geschäftsprozesse ist Electronic Commerce die Anwendung von Technologie zur Automation von Transaktionen und Workflows.
- Aus einer Dienstleistungssicht ist Electronic Commerce ein Werkzeug zur Umsetzung des Wunsches von Unternehmen, Kunden und des Managements nach

[4] vgl. Zelewski et al. (2000), Seite 8
[5] vgl. Kalakota und Whinston (1997), Seite 3

Senkung der Servicekosten bei gleichzeitiger Verbesserung der Produktqualität und schnellerer Ausführung einer Dienstleistung.

- Aus einer Onlinesicht stellt Electronic Commerce die Fähigkeiten zum Kaufen und Verkaufen von Produkten und Informationen im Internet oder anderen Onlinediensten zur Verfügung.

Während Kalakota und Whinston (1997) die Betrachtung von Geschäftsprozessen nicht auf Prozesse zwischen Unternehmen einschränken, umfasst nach Schinzer und Thome (2000, Seite 1) Electronic Commerce alle Formen der digitalen Abwicklung von Geschäftsprozessen zwischen Unternehmen und zu deren Kunden über globale öffentliche und private Netze. Diese Einschränkung ist nicht mehr gebräuchlich. Schon Alpar (1998, Seite 263) fasst Electronic Commerce wesentlich weiter, indem er darunter jede Geschäftstätigkeit über ein Datenkommunikationsnetz subsummiert, wozu man natürlich auch unternehmensinterne Prozesse rechnen kann. Diese Auffassung wird von mehreren Autoren geteilt. So verstehen Adam et al. (1999, Seite 1) unter Electronic Commerce alle Prozesse, die zur Unterstützung kommerzieller Aktivitäten über ein Netzwerk benötigt werden und die Analyse von Informationen beinhalten. Rayport und Jaworski (2001, Seite 3) formalisieren die angeregte Betrachtung durch ihre Definition: "Electronic Commerce can be formally defined as technology-mediated exchanges between parties (individuals, organizations, or both) as well as the electronically based intra- or interorganizational activities that facilitate such exchanges." Neben dem Begriff des Electronic Commerce wird sehr häufig auch der Begriff des Electronic Business verwendet. Betrachtet man Electronic Commerce im Sinne von Rayport und Jaworski (2001), so ist eine Abgrenzung überflüssig. Turban et al. (2000, Seite 5) sehen in Electronic Business zwar eine allgemeinere Form von Electronic Commerce, den sie zunächst nur auf die Tätigkeiten des Kaufen und Verkaufens einschränken, benutzen aber, nach einer Erweiterung ihrer ursprünglichen Betrachtung, die Begriffe synonym.

Zur besseren Abgrenzung wird häufig eine Aufteilung des Forschungsfelds nach den an den Transaktionen beteiligten Partnern vorgenommen.[6] Die wichtigste Unterscheidung dabei ist sicherlich die zwischen Unternehmen (Business) auf der einen

[6] vgl. z. B. Turban et al. (2000), Seite 11 oder Rayport und Jaworski (2001), Seite 4

und Verbrauchern (Consumer) auf der anderen Seite. Der Bereich des Electronic Commerce zwischen Unternehmen wird dabei als Business-to-Business (B2B) bezeichnet. Darunter können alle elektronisch gestützten Transaktionen, wie z. B. Online-Auktionen von Rohstoffen oder elektronische Marktplätze (z. B. http://www.vdma-e-market.com des Verbandes deutscher Maschinen- und Anlagenbau), zusammengefasst werden. Tritt ein Unternehmen direkt mit einem Verbraucher in Kontakt, so spricht man von Business-to-Consumer (B2C). Als Beispiel sei der Online-Buchhändler Amazon (http://www.amazon.de) genannt, der Bücher direkt an Endkunden verkauft. Wenn auch nicht so häufig vertreten, so lassen sich doch Beispiele von Consumer-to-Consumer (C2C) und Consumer-to-Business (C2B) finden. Das Online-Auktionshaus Ebay (http://www.ebay.de/) bietet z. B. Privatpersonen die Möglichkeit an, Güter an andere Privatpersonen zu versteigern, was somit dem Bereich des C2C zuzuordnen ist. Primus-Online (http://www.primus-online.de) hingegen bietet mit seiner Powershopping-Plattform eine C2B-Lösung an. Beim Powershopping werden gleichartige Kaufwünsche mehrerer Konsumenten gebündelt und als eine Anfrage an einen Verkäufer mit dem Ziele eines Preisnachlasses übermittelt. Ebenso können die Jobbörsen (z. B. http://www.jobpilot.de/) als Form des C2B angesehen werden. Bei diesen kann eine Privatperson ein persönliches Profil anlegen, in welchem Berufserfahrung, abgeschlossene Ausbildungen etc. schriftlich gespeichert werden. Unternehmen, die einen geeigneten Bewerber für eine offene Stelle suchen, können sich nun aus den in einer Jobbörse gespeicherten Profilen mögliche Bewerber heraussuchen.

Um der weitgefassten Definition von Electronic Commerce gerecht zu werden, müssen neben den genannten Kategorien noch weitere begrifflich erfasst werden. Dabei sind die Aktivitäten des Staates und von Non-Profit-Organisationen sowie die Aktivitäten innerhalb einer Organisation zu betrachten. Staatliche Bemühungen auf dem Gebiet des Electronic Commerce werden mit den Bezeichnungen Business-To-Administration (B2A) und Consumer-To-Administration (C2A) sowie ihren Umkehrungen A2B und A2C bezeichnet. Als Beispiel sei die elektronische Steuererklärung genannt. Aktivitäten zwischen Behörden werden mit Adminstration-To-Administration (A2A) bezeichnet. Für den Bereich der Non-Profit-Organisation und der intraorganisationalen Aktivitäten haben sich noch keine einheitlichen Begrifflichkeiten herausgebildet. Lediglich die Prozesse zwischen Unternehmen und ihren Mitarbeitern werden inzwischen unter der Bezeichnung Business-To-Employee (B2E) bzw. E2B zusammengefasst.

Auf eine umfassende Untersuchung aller Bereiche des Electronic Commerce bzgl. ihres Beitrags zur Anregung von strukturierten Betrachtungen soll verzichtet werden. Stattdessen werden einzelne Ansatzpunkte verdeutlicht, in denen eine Strukturierung von Informationen erhebliche Vorteile gegenüber anderen Vorgehensweisen liefert. Im Bereich des B2C ist dies beispielsweise der Einsatz von Shopbots.[7] Ein Shopbot ist ein Softwareagent[8], der Funktionen zum sogenannten Comparison-Shopping bereitstellt.[9] Der Agent wird von seinem Nutzer mit Informationen über das zu beschaffende Produkt versorgt und besucht danach verschiedene Onlinehändler, um den günstigsten Preis eines Produktes zu erfahren oder das Produkt zu finden, das die Bedürfnisse des Nutzers am besten befriedigt. Um diese Aufgabe erfüllen zu können, muss der Roboter in der Lage sein, die Produktkataloge, Preislisten usw. verschiedener Onlinehändler, die oft in den unterschiedlichsten Formaten im Internet angeboten werden, zu lesen und zu interpretieren. Würden alle Händler ihre Kataloge in einem einheitlichen und strukturierten Format zur Verfügung stellen, wäre der größte Teil der Arbeit bei der Entwicklung eines Shopbots, nämlich die Konstruktion und Aktualisierung der Funktionen zum Katalogverständnis, überflüssig. Eine ähnliche Vorgehensweise schlägt Leich (2002) vor. Er entwickelt eine Informationsplattform, mit deren Hilfe man die mit Wertpapiertransaktionen in Zusammenhang stehenden Kosten verschiedener Online-Broker individuell berechnen kann. Die Berechnung erfolgt aufgrund von Informationen, die sich auf den Webseiten der Online-Broker finden. Ziel ist es, dass alle im Vergleich beinhalteten Broker ihre aktuellen Konditionen in einem XML-Format (vgl. Abschnitt 4.3.3) zur Verfügung stellen. Durch diese Vereinheitlichung kann der Vergleichsmechanismus mit geringem Aufwand auf die aktuellsten Konditionen zurückgreifen.

Im B2B-Sektor sind insbesondere die elektronischen Marktplätze ein Einsatzfeld für strukturierte Datenrepräsentation. HTML als Sprache zur Konstruktion aller Internetseiten ist nicht in der Lage, Informationen über Syntax oder Semantik der darge-

[7]vgl. Fensel et al. (2001), Seite 39

[8]Eine Übersicht über die generelle Funktionsweise von Softwareagenten findet sich in Nwana (1996).

[9]vgl. Doorenbos et al. (1996), Seite 3

stellten Inhalte bereitzustellen. Desweiteren greifen häufig nur wenige Teilnehmer eines Marktplatzes auf gemeinsame EDIFACT[10]-Standards zurück, so dass die Möglichkeiten zur Repräsentation von Produkten und zur Übersetzung von Transaktionsdaten sehr beschränkt sind.[11] Durch den Einsatz einer gemeinsamen strukturierten Darstellung lassen sich auch hier erhebliche Fortschritte, wie z. B. die automatische Abwicklung von Transaktionen, umsetzen.[12]

4.1.3 Künstliche Intelligenz

Ausgehend von der Analyse des menschlichen Problemlösens, verbunden mit der mathematischen Logik und neuen Erkenntnissen über Berechnungsverfahren entwickelte sich in den 50er und 60er Jahren des 20. Jahrhunderts das Forschungsgebiet der Künstlichen Intelligenz.[13] Der Begriff Künstliche Intelligenz (KI) wurde vermutlich zum ersten Mal im Fördermittelantrag zu einer von McCarthy, Minsky, Rochester und Shannon in Dartmouth im Jahre 1956 organisierten Konferenz genannt, die sich mit der Erforschung der Möglichkeiten zur Beschreibung von Lernfähigkeit und Intelligenz mit dem Ziel der Simulation dieser Fähigkeiten durch einen Computer befasste.[14] Diese Zielsetzungen entsprechen im Wesentlichen auch noch den heutigen Arbeiten aus dem Forschungsfeld. Winston (1992, Seite 6) unterscheidet allerdings zwischen einer technischen und einer wissenschaftlichen Zielsetzung der KI:

- Das technische Ziel der KI ist die Lösung tatsächlicher Probleme, wobei die KI die Ideen zur Darstellung und zum Gebrauch von Wissen und die Ideen zur Konstruktion von Systemen beiträgt.

- Das wissenschaftliche Ziel der KI ist die Bestimmung der Ideen zur Darstellung und zum Gebrauch von Wissen und der Ideen zur Konstruktion von Systemen, welche die verschiedenen Ausprägungen von Intelligenz erklären können.

[10]EDIFACT = Electronic Data Interchange for Administration, Commerce, and Transport.
[11]vgl. Fensel (2001), Seite 61
[12]vgl. dazu auch Maedche et al. (2001), Seite 394
[13]vgl. z. B. Barr und Feigenbaum (1981), Seite 4
[14]vgl. McCarthy et al. (1955)

Der Einsatzbereich der KI ist vielfältig, lässt sich aber grob in folgende (nicht trennscharfen) Teilbereiche unterscheiden:[15]

- Wissensrepräsentation: Formale Darstellung von fachlichem und allgemeinem Wissen zur Nutzung durch logikbasierte Systeme.
- Automatisches Beweisen: Computerprogramme zur Herstellung und Überprüfung mathematischer Beweise.
- Maschinelles Lernen und Wissensakquisition: Methoden, um Computern das Lernen aus Erfahrung zu ermöglichen und Methoden zur automatisierten Befragung von Experten.
- Kognitive Modellbildung: Konstruktion von Modellen über kognitive Prozesse durch Simulation unterschiedlicher menschlicher kognitiver Fähigkeiten.
- Natural Language Processing: Verarbeitung natürlichsprachlicher Texte mit dem Ziel, Sprache zu verstehen und zu reproduzieren, um dadurch die Mensch-Maschine-Interaktion zu verbessern.
- Bildverstehen: Gewinnung von Merkmalen aus optischen Darstellungen mit dem Ziele der automatischen Interpretation dieser Merkmale.
- Planungs-, Konfigurations- und Diagnoseprobleme bzw. Expertensysteme: Automatische Lösung komplexer Probleme der genannten Art, wobei auf eine maschinelle Darstellung von Expertenwissen und Problemlösungsstrategien von Experten zurückgegriffen wird.
- KI-Programmierung: Unter der KI-Programmierung können die logische- und automatische Programmierung zusammengefasst werden, wobei die logische Programmierung sich mit der Konstruktion und Verbesserung von formallogischen Programmiertechniken (z. B. LISP) beschäftigt. Die automatische Programmierung hingegen versucht, selbstständig Programme aufgrund von Benutzeranforderungen zu entwickeln.

[15] vgl. Barr und Feigenbaum (1981), Seite 8ff., Görz und Wachsmuth (1995), Seite 10f. und Becker (1992), Seite 21f.

Es stellt sich nun die Frage, in welchem Zusammenhang die KI mit dem zunehmenden Interesse an strukturierten Betrachtungen steht. Dazu sei zunächst eine auf rationalen Agenten basierende Sicht der KI betrachtet, wie sie Russell und Norvig (1995) vorschlägt: Rationales Handeln bedeutet dabei, so zu handeln, dass jemandes Ziele erreicht werden, wobei dessen Anschauungen bzw. Vorgaben gegeben sind. Als Agent wird alles bezeichnet, was seine Umgebung mittels Sensoren[16] wahrnehmen und mittels Effektoren[17] bzgl. seiner Umgebung agieren kann.[18] Aus diesem Blickwinkel besteht die KI aus der Untersuchung und Konstruktion rationaler Agenten.[19] Sollen mehrere Agenten gemeinsam agieren oder untereinander kommunizieren, so wird eine formalsprachliche Beschreibung und Abstimmung ihrer Welterfahrungen, also eine strukturierte Erfassung der Welterfahrungen, benötigt.[20]

Neben diesem Aspekt, der sehr den Bedürfnissen des Wissensmanagements und des Electronic Commerce ähnelt, liefert die KI allerdings noch einen weiteren Beitrag, der in den verschiedenen vorgestellten Einsatzbereichen begründet ist. In vielen Teilbereichen wurden spezielle Techniken entwickelt, z. B. regelbasierte Expertensysteme oder CBR als kognitives Modell bzw. als Verfahren zum maschinellen Lernen, die selbst wiederum auf (teil-)strukturierten Wissensrepräsentationen beruhen. Mit der Diffusion dieser Techniken in viele Anwendungsbereiche, von der Medizin bis hin zur Betriebswirtschaft, wurde auch das Interesse an der Beschäftigung mit Strukturierungen verschiedenster Art geweckt.

[16] z. B. Augen oder Ohren bei einem Menschen

[17] z. B. Hände oder Beine bei einem Menschen

[18] vgl. Russell und Norvig (1995), Seite 31

[19] vgl. Russell und Norvig (1995), Seite 7

[20] vgl. Zelewski et al. (2001), Seite 185

4.2 Ontologie

Der Begriff der Ontologie findet sich in vielen Abhandlungen über die Strukturierung von Wissen und Erkenntnis. Die Bedeutung und inhaltliche Ausgestaltung des Begriffs variiert, so dass damit einerseits die philosophische Grundlage aller strukturierten Betrachtungen, andererseits aber ein konkretes Hilfsmittel zur Strukturierung einer Wissensdomäne bezeichnet werden kann. Auf diese Aspekte soll zunächst eingegangen werden, um im Anschluss konkrete Anwendungen auf unterschiedliche Aufgabenstellungen vorzustellen.

4.2.1 Philosophische Grundlagen der Ontologie

Ursprung des Ontologiebegriffs

Ontologie bedeutet wörtlich übersetzt die Lehre vom Sein. Eine der ersten Erwähnungen des Begriffs findet sich im Lexicon philosophicum von Goclenius (1613), der die Ontologie mit der "Lehre vom Sein als solchem", also der von Aristoteles begründeten Metaphysik, assoziiert.[21] Die Metaphysik wird von Aristoteles als Wissenschaft beschrieben, die das "Seiende als Seiendes und das demselben an sich Zukommende" untersucht.[22] Diese zunächst schwer verständliche Definition lässt sich mithilfe des Kategorienschemas verdeutlichen, das Aristoteles zur Ordnung der Vielfalt von Ausdrucksweisen eingeführt hat. An der Einordnung von verschiedenen Aussagesätzen kann der Aufbau des Schemas erläutert werden:[23]

1. Substanz: "Sokrates existiert"
2. Quantität: "Sokrates misst 1,80 m"
3. Qualität: "Sokrates hat ein freundliches Wesen"
4. Relation: "Sokrates ist der Mann von Xanthippe"
5. Ort: "Sokrates befand sich auf dem Markt"

[21] vgl. Freuler (1991), Seite 637
[22] vgl. Aristoteles (o. J.), IV 1, 1003a21
[23] vgl. Krieger (2001), Seite 127

6. Zeit: "Sokrates lebte von 469 bis 399 v. Chr."
7. Lage: "Sokrates stand zwischen Theaitet und Parmenides"
8. Besitzen: "Sokrates besitzt ein Haus"
9. Bewirken: "Sokrates unterrichtete Platon"
10. Erleiden: "Sokrates erlitt den Tod durch Vergiften"

Der Ausdruck "sein" kann in allen diesen Kategorien auftreten. Am Beispiel der Aussagesätze über Sokrates wird aber deutlich, dass der Seins-Begriff in allen Kategorien, außer in der Substanzkategorie, Träger einer bestimmten Qualität (z. B. der Körpergröße 1,80 m) ist. Einzig in der Substanzkategorie wird das Sokrates-Sein an sich betrachtet, das nach Aristoteles weder in einem Zugrundeliegenden enthalten ist noch von einem solchen ausgesagt zu werden vermag.[24] Substanzen sind somit konkrete, abgrenzbare Ganzheiten (z. B. Steine, Bäume), sie sind Träger von Eigenschaften und sie bestehen "durch sich", d. h. sie bestehen selbständig und von Natur aus.[25] Diese Betrachtungsweise entspricht der Verwendung von "sein" in der Definition der Metaphysik ("das Seiende als Seiendes"). Die Metaphysik und damit auch die Ontologie behandelt also die Fragestellung nach dem Sein als Teil der Substanz-Kategorie. Durch diesen Verzicht auf das Zufällige und Nicht-Notwendige des Seins, also den Verzicht auf eine Betrachtung im akzidentellen Sinne, werden Fragen nach den Eigenschaften des Seins gestellt.

Der Weg von den Betrachtungen des Aristoteles hin zur Strukturierung von Wissensgebieten wurde im wesentlichen von Husserl bereitet, der eine Unterscheidung in eine materiale und eine formale Ontologie angeregt hat. Die materiale Ontologie soll sich mit den verschiedenen obersten Seinsgattungen und deren Differenzierungen bis zu den unteren Spezies auseinandersetzen.[26] Da eine Definition der formalen Ontologie aus den Originalquellen heraus weitaus komplexer ist, soll auf die von Cocchiarella (1991, Seite 640) vorgeschlagene zurückgegriffen werden: "formal ontology is the systematic,

[24]vgl. Krieger (2001), Seite 128
[25]vgl. Krieger (2001), Seite 130
[26]vgl. Stegmüller (1969), Seite 75

formal, axiomatic development of the logic of all forms and modes of being". Durch diese Definition ist die theoretische Grundlage für die strukturierte Betrachtung von Wissensgebieten gelegt, denn Untersuchungsgegenstand ist nicht mehr nur die Existenz einzelner Dinge, sondern vielmehr die genaue Beschreibung der Ausprägungsformen des Seins ("forms and modes of being"), d. h. deren struktureller Eigenschaften.[27]

Verhältnis von Ontologie und Epistemologie

Die Epistemologie oder Erkenntnistheorie ist die Lehre vom Wissen oder konkret die Fragestellungen "Was ist Wissen?" und "Wenn etwas Wissen ist, wie ist es möglich, davon zu wissen?".[28] Seit den Arbeiten Kants wurde die Frage nach der Erkenntnis, die zunächst in engem Zusammenhang mit der Ontologie stand, unabhängig von der Frage nach dem Sein behandelt. Kant kritisierte die der Metaphysik zugrunde liegende Erkenntnistheorie. Er war der Auffassung, dass sich die Struktur der bewusstseinstranszendenten Welt nicht im menschlichen Bewusstsein widerspiegelt, sondern alle Erfahrungserkenntnis auf apriorischen Wirklichkeitskenntnissen beruht.[29] Allein dadurch sei der Mensch in der Lage, zutreffende und zugleich erfahrungsunabhängige Aussagen zu treffen.

Ziel einer jeden Wissenschaft und damit auch der Betriebswirtschaft soll ein System im Sinne Kants sein, ein nach Prinzipien geordnetes Ganzes der Erkenntnis.[30] Diese Betrachtung ist der Grund für die in der Betriebswirtschaft häufig zu beobachtende epistemologische Distanz gegenüber einer ontologischen Seinsvergewisserung.[31] Erst in jüngerer Zeit und mit einer moderneren Auffassung des Ontologiebegriffs, wird auch in der Betriebswirtschaft verstärkt eine strukturierte Betrachtungsweise zum Erkenntnisgewinn genutzt.

[27] vgl. Guarino und Giaretta (1995), Seite 2
[28] vgl. Stroll (1967), Seite 2
[29] vgl. z. B. Walker (1991, Seite 425) oder Stegmüller (1969, Seite XXVII)
[30] vgl. Wöhe (2000), Seite 23
[31] vgl. Zelewski et al. (2001), Seite 184

4.2.2 Moderne Auffassung des Ontologiebegriffs

Auf der Grundlage der formalen Ontologie entwickelte sich der moderne Ontologiebegriff. Der damit einhergehende Bedeutungswandel wird nicht zuletzt darin deutlich, dass mit Ontologie nicht mehr nur eine philosophische Lehre, sondern eher ein konkretes Betrachtungsobjekt bezeichnet wird. Dieser Übergang ermöglicht auch die Benutzung des Begriffs in seinem eigentlich nicht-existenten Plural "Ontologien", der zwei unterschiedliche und abgrenzbare derartige Objekte bezeichnet. Als gängige Definition hat sich die von Gruber (1993*b*, Seite 2) durchgesetzt, der mit Ontologie eine explizite Spezifikation einer Konzeptualisierung bezeichnet. Unter einer Konzeptualisierung versteht er eine abstrakte und vereinfachte Sicht der Welt, die aus einem speziellen Interesse heraus konstruiert wird.

Es gibt noch eine große Zahl von weiteren Definitionen und Auffassungen des Ontologiebegriffs. Insbesondere die Arbeitsgruppe um Guarino hat mehrere Veröffentlichungen zu diesen Fragestellungen gemacht, die sich teilweise durch einen hohen Grad an Formalisierung auszeichnen.[32] In einer allgemeineren Arbeit nennen Guarino und Giaretta (1995) neben der Bedeutung als philosophische Disziplin und der von Gruber vertretenen Auffassung, fünf weitere mögliche Interpretationen des Ontologiebegriffs. Zwei dieser Interpretationen sind eher einer semantischen Betrachtung zuzuordnen: Ontologie als informales konzeptionelles System und als formale semantische Darstellung. Die anderen Interpretationen bezeichnen spezifische syntaktische Objekte. So kann eine Ontologie als Repräsentation eines konzeptionellen Systems mittels einer logischen Theorie bzw. als Spezifikation einer logischen Theorie angesehen werden. Andererseits kann eine Ontologie auch einfach das Vokabular einer solchen Theorie darstellen. Inwieweit diese Interpretationen auch durch Grubers Ontologiebegriff abgedeckt werden, soll an dieser Stelle nicht weiter untersucht werden. Die Kritik an Gruber zielt aber hauptsächlich auf dessen Verwendung des Begriffs der Konzeptualisierung ab, die zur Folge hat, dass man zur Darstellung zweier inhaltsgleicher Welten unterschiedliche Konzeptualisierungen benötigt.[33] Guarino und Giaretta (1995, Seite 4) sind der Auf-

[32] vgl. z. B. Guarino (1992) oder Guarino (1997)

[33] vgl. die Schwierigkeiten der Konzeptualisierung der Blocks-World von Genesereth und Nilsson (1987). Siehe auch Guarino und Giaretta (1995), Seite 3.

fassung, durch eine andere Definition einer Konzeptualisierung ein weiteres Spektrum abzudecken. Zu diesem Zweck schlagen sie die Struktur $\langle W, D, R \rangle$ als Darstellung einer Konzeptualisierung vor, wobei W die Menge aller möglichen Welten, D eine Domäne von Objekten und R eine Menge von intensionalen, d. h. inhaltsgleichen, obwohl äußerlich verschiedenen, Relationen auf D bezeichnet. Durch den intensionalen Charakter dieser Struktur können die genannten Probleme umgangen werden. Für die weiteren Betrachtungen ist diese Unterscheidung aber nur von geringer Bedeutung. Stattdessen soll die von Fensel (2001, Seite 12) eingeführte und auf der Definition von Gruber beruhende Unterscheidung nach verschiedenen Ontologietypen herangezogen werden:

- Domänen-Ontologien bilden das Wissen für eine spezielle Domäne ab, z. B. Teilgebiete der Medizin oder der Elektrotechnik.
- Metadaten-Ontologien stellen ein Vokabular zur Beschreibung des Inhalts von Informationsquellen bereit.
- Generische oder Common-Sense-Ontologien versuchen, generelles Wissen über die Welt abzubilden. Sie stellen Notationen und Konzepte für einzelne Dinge, wie Tiere, Fahrzeuge etc. zur Verfügung und sind über Domänengrenzen hinweg gültig.
- Repräsentations-Ontologien stellen Entitäten zur Darstellung von Sachverhalten bereit, ohne festzulegen, was in ihnen repräsentiert werden soll. Im Gegensatz zu generischen Ontologien sind sie also eher Konstruktionshilfen, die mit Wissen gefüllt werden müssen, als Abbildungen von Teilbereichen der Welt.
- Methoden- und Aufgaben-Ontologien gliedern die Teilaufgaben eines Vorgehensmodells und stellen das Zusammenspiel der Teilaufgaben dar.

Nun stellt sich die Frage, in welcher Art und Weise die genannten Typen von Ontologien dargestellt werden können. Nach Uschold und Gruninger (1996, Seite 6) gibt es keine einheitliche Darstellungsform für Ontologien. Vielmehr finden sich die verschiedensten Darstellungen auf einer Art Kontinuum wieder. Die einfachste Darstellung ist eine freie, natürlichsprachliche Beschreibung. Eine semi-informale Beschreibung benutzt eine eingeschränkte und strukturierte Form der natürlichen Sprache, z. B. mithilfe eines festgelegten Vokabulars. Die nächste Steigerung ist eine semi-formale Darstellung, d. h. die Darstellung in einer formal definierten künstlichen Sprache. Die strengste Darstellungsform ist die formale Beschreibung mit einer formalen Semantik mit Sätzen und Beweisen.

4.2.3 Konstruktion von Ontologien

Zur Konstruktion von Ontologien, die ein Teilbereich des sogenannten Ontological Engineering[34] darstellt, haben sich fünf verschiedene Herangehensweisen herausgebildet:[35]

- Inspiration: Der Entwickler einer Ontologie geht von einer Annahme über deren Verwendungszweck aus und versucht, mittels eigener Vorstellungen und Kreativität, eine Ontologie zu konstruieren, die diesen Zweck am besten erfüllt.
- Induktion: Beobachtung, Untersuchung und Analyse eines spezifischen Sachverhalts aus dem untersuchten Wissensgebiet und Anwendung der gewonnenen Erkenntnisse auf das gesamte Wissensgebiet.
- Deduktion: Annahme allgemeiner Prinzipien über das gesamte Wissensgebiet und deren Anpassung auf eine Teilmenge aller Sachverhalte des Wissensgebiets.
- Synthese: Konstruktion mehrerer Ontologien, die sich nicht gegenseitig enthalten (z. B. mittels der ersten drei Konstruktionsprinzipien) und deren Synthese zu einer Ontologie des Wissensgebiets.
- Zusammenarbeit: Konstruktion einer Ontologie durch einen kooperativen Prozess, in dem mehrere Entwickler auf die unterschiedlichsten Weisen zur Entstehung einer Ontologie beitragen.

Schon in früheren Publikationen (insbesondere in Uschold und Gruninger (1996, Seite 17)) werden Richtlinien aufgestellt, an die sich Entwickler bei der Konstruktion von

[34]Das Ontological Engineering umfasst neben dem Design oder der Konstruktion von Ontologien auch deren Evaluation, Validierung, Wartung und Einsatz (vgl. z. B. Gruninger und Lee (2002), Seite 40). Zur Abbildung der Aufgaben des Ontological Engineering in einem Lebenszyklus für Ontologien vgl. Fernandez et al. (1997).

[35]vgl. Holsapple und Joshi (2002), Seite 44

Ontologien halten sollten: Innerhalb einer Ontologie sollte zur Unterscheidung einzelner Elemente eine größtmögliche *Klarheit* herrschen. Zu diesem Zweck kann, wenn möglich, auf eine formale Darstellung zurückgegriffen werden. Besteht die Gefahr von Unklarheiten, sollte eine zusätzliche Dokumentation der Sachverhalte erfolgen. Eine Ontologie sollte in sich konsistent sein, so dass der *Zusammenhang* zweier Elemente schlüssig abgebildet wird. Des Weiteren sollte es möglich sein, eine Ontologie *zu erweitern*, so dass auf Änderungen des untersuchten Wissensgebiets eingegangen werden kann.

4.3 Anwendungen von Ontologien

4.3.1 Ontologien im Wissensmanagement

Der Einsatz von Ontologien im Wissensmanagement soll unter Zuhilfenahme der vorgestellten Bausteine des Wissensmanagements betrachtet werden. Besondere Beachtung finden dabei die Bausteine Wissens(ver)teilung und Wissensnutzung, die häufig gemeinsam unter der Bezeichnung "sharing and reuse" verwendet werden. Schon in der Arbeit von Gruber (1993*a*) wird die Konstruktion von Ontologien zur Teilung von Wissen behandelt. Laresgoiti et al. (1996) entwickeln ein Modell, das auf der Grundlage mehrerer Ontologien, die Nutzung vorhandenen Wissens bei der Softwareentwicklung ermöglicht. Dazu verwenden sie verschiedene Arten von Ontologien, die je nach Spezialisierungsgrad entweder direkt der zu entwickelnden Applikation zugeordnet werden oder aber aus einer mehrere Ontologien umfassenden Bibliothek stammen. Eine weitere Einsatzmöglichkeit findet sich bei Smirnov und Chandra (2000), die mithilfe von Ontologien die notwendige Wissens(ver-)teilung im Umfeld des Supply Chain Management ermöglichen.

Ein interessanter Aspekt der Wissens(ver-)teilung ist der Transfer von "best practices".[36] O'Leary (2000) stellt zu diesem Zweck ein Verfahren vor, mittels dessen Ontologien zur Speicherung und Nutzung von derartigen Vorgehensweisen konstruiert werden können. In diesen Zusammenhang ist auch die Arbeit von Perez und Benjamins (1999) einzuordnen, die mit einer ontologiebasierten Methodik den Aufbau von

[36] vgl. Probst et al. (1999), Seite 260

Bibliotheken für Problemlösungsstrategien ermöglichen.

Offensichtlich fällt die Abgrenzung, nicht nur der beiden letztgenannten Arbeiten, zum Baustein der Wissensbewahrung schwer. Aus diesem Grund ergänzen Abecker et al. (1998, Seite 41) die Kernprozesse des Wissensmanagements um einen zentralen Baustein, den sie mit Organizational Memory bezeichnen. Folgt man dieser Sicht, verlässt man aber die Betrachtung auf Prozessebene und geht zu einer Art Anwendungsebene über, in der technische und logische Notwendigkeiten des Wissensmanagements dargestellt werden. Trotzdem ist das von Abecker et al. (1998) gewählte Konstruktionsprinzip des Organizational Memory mithilfe von Ontologien durchaus erwähnenswert. Weitere Arbeiten zum Thema Wissensbasen, die dem Prozess der Wissensbewahrung zugeordnet werden sollten, finden sich z. B. bei O'Leary (1998) oder Frank et al. (1999).

Um die Schwierigkeiten der Betrachtungsebene bei der Verwendung von Ontologien zu umgehen, hat die Arbeitsgruppe um Studer sogenannte Wissensmetaprozesse eingeführt, die die Aufgabe haben, für die Bereitsstellung und Wartung der für das Management von Wissen benötigten Systeme zu sorgen.[37] Die Hauptaufgabe von Ontologien besteht nun darin, Wissen in einem Unternehmensgedächtnis bereitzustellen und entsprechend zu modellieren, zu strukturieren und zu vernetzen.[38] Die Autoren stellen in Staab, Studer, Sure, Oppermann, Schnurr und Tempich (2001) die Konstruktionsprinzipien und die notwendigen organisatorischen Schritte zur Konstruktion derartiger Ontologien vor. Die Untersuchung der Wissensmetaprozesse erlaubt eine Loslösung der Betrachtung von Ontologien von den eigentlichen Kernprozessen des Wissensmanagements und verdeutlicht, dass Ontologien tatsächlich für alle Bereiche des Wissensmanagements verwendet werden können.

4.3.2 Enterprise Modelling

Ein Gebiet, das schon früh Strukturen[39] benutzte, die später unter dem Begriff Ontologien subsummiert wurden, ist das des Enterprise Modelling. Ein Enterprise Modell ist eine Abbildung aller Strukturen, Aktivitäten, Prozesse, Informationen, Ressourcen,

[37] vgl. Staab, Schnurr, Studer und Sure (2001), Seite 26
[38] vgl. Maedche et al. (2001), Seite 394
[39] z. B. das Toronto Virtual Enterprise (TOVE), vgl. Fox et al. (1993)

Personen, Verhaltensweisen und Ziele einer Unternehmung, Verwaltung oder anderer Organisationen.[40] Aus heutiger Sicht kann Enterprise Modelling damit als Technik des Wissensmanagements betrachtet werden. Anhand der Enterprise Ontology von Uschold et al. (1995) soll beispielhaft verdeutlicht werden, welche Elemente ein derartiges Modell auszeichnen.[41] Der zentrale Bereich der Enterprise Ontology dient zur Abbildung jeglicher Aktivitäten einer Organisation. Jeder Aktivität wiederum muss eine ausführende Einheit, z. B. eine Person, eine Abteilung oder auch eine Maschine zugeordnet werden. Des Weiteren benutzt oder verbraucht jede Aktivität Ressourcen und erzeugt in einem gewissen Zeitraum einen Output oder hat ein Ergebnis anderer Art zur Folge. Daher werden Personen, Ressourcen usw. in einer eigenen Sektion der Ontologie mit der Bezeichnung Organisation abgebildet. Jeder Aktivität liegt eine Spezifikation zugrunde, die z. B. mithilfe eines Abschnitts für Strategien dokumentiert, welche Ziele mit der Aktivität verfolgt werden. Da die bisher genannten Bereiche der Enterprise Ontology im Wesentlichen interne Wertschöpfungsaktivitäten behandeln, wird noch ein weiterer Bereich zur Beschreibung der ausgehenden Aktivitäten benötigt. Diese, insbesondere der Verkauf von Produkten oder Dienstleistungen, werden mit einer Sektion Marketing abgedeckt.

Uschold et al. (1998, Seite 2) sehen die Hauptaufgabe der Enterprise Ontology darin, dass diese als Kommunikationsmedium zwischen Mitgliedern einer Organisation dienen kann. Ergänzend dazu nennen sie auch Aspekte des Wissensmanagements, z. B. der Wissensakquisition oder der Strukturierung und Organisation von Wissensbasen.

4.3.3 Ontologien im Electronic Commerce

Der Schwerpunkt der Verwendung von Ontologien im Electronic Commerce ist die Bereitstellung von standardisierten Repräsentationsformen, mit denen Welterfahrungen von Agenten oder Sachverhalte von Geschäftsprozessen abgebildet werden können (vgl. auch die allgemeine Untersuchung strukturierter Betrachtungen in Abschnitt 4.1.2). Erst durch diese gemeinsame Grundlage wird der Einsatz von Softwareagenten, die Realisation von elektronischen Marktplätzen oder die Durchführung von automa-

[40] vgl. Fox und Gruninger (1997), Seite 1

[41] Zu anderen Ansätzen der Modellierung vgl. z. B. Fox und Gruninger (1998), Seite 112ff.

tisierten Transaktionen ermöglicht. Ontologien in der bisher beschriebenen Form sind dafür allerdings ungeeignet. Zum einen sind die angeführten Darstellungen von Ontologien meist nur mit proprietären Mitteln elektronisch abzubilden; zum anderen birgt die Vielfalt der Darstellungsformen Schwierigkeiten bei der Überführung von Informationen aus einer Ontologie in eine andere. Aus diesem Grund muss auf die Hilfe von Beschreibungssprachen zurückgegriffen werden, von denen zwei kurz vorgestellt werden, wobei auf die Beschreibung technischer Details weitgehend verzichtet werden soll.

Extensible Markup Language

Mit der Hypertext Markup Language (HTML) als Beschreibungssprache für Seiten im World Wide Web hat sich eine Sprache etabliert, die aufgrund ihrer Einfachheit und Klarheit viele Vorteile mit sich bringt. Allerdings kann in HTML keine Trennung von Inhalten und Formatierung realisiert werden, so dass die Verwendbarkeit von in HTML erzeugten Dokumenten auf die Erstellung von Internetseiten beschränkt ist. Weiterhin fehlen in HTML Möglichkeiten zur semantischen Beschreibung von Inhalten, was den Austausch von Dokumenten und die Auffindbarkeit von Informationen in diesen Dokumenten erschwert.[42] Um diese Schwierigkeiten zu beheben, wurde vom World Wide Web Consortium (W3C) mit der Extensible Markup Language (XML) ein neuer Standard geschaffen.[43] XML ist eine vereinfachte Form der Standard Generalized Markup Language (SGML), die einen internationalen Dokumentationsstandard darstellt. Wie HTML bestehen XML-Dateien aus Textbausteinen, die in sogenannten Tags eingeschlossen sind. Während in HTML diese Tags durch die Sprachdefinition vorgegeben sind (z. B. <H1></H1> zur Darstellung einer Überschrift), sind sie in XML-Dokumenten frei wählbar, so weit sie die im Rahmen der XML-Spezifikation erlaubten Zeichen benutzen. Dadurch können im Dokument enthaltene Texte (aber auch andere Medientypen) mit zusätzlichen Informationen angereichert werden. So kann z. B. in einem Produktkatalog die Beschreibung eines Produkts von seiner technischen Spezifikation unterschieden werden, indem entsprechende Tags verwendet werden: <Beschreibung> Beschreibung des Produkts </Beschreibung> <Spezifikation>

[42] vgl. z. B. Ollmert (2000), Seite 210

[43] vgl. Bray et al. (2000)

Spezifikation des Produkts </Spezifikation>. Dabei muss zunächst keine Aussage über die Art der Präsentation der Information gemacht werden. Wie die einzelnen Tags eines XML-Dokuments in einem Browser oder auch von einer anderen Applikation, z. B. einem Druckprozessor bei der Erstellung eines physischen Produktkatalogs, interpretiert werden sollen, wird in einer für jede Applikation spezifischen XSL-Datei[44] gespeichert. Zusätzlich zur flexiblen Präsentation von XML-Dokumenten ermöglichen derart verwendete Tags auch die Austauschbarkeit von Dokumenten und deren direkte Weiterverarbeitung zwischen unterschiedlichen Anwendungen, da durch die enthaltenen Zusatzinformationen die inhaltliche Bedeutung der einzelnen Teilbereiche eines Dokuments automatisch erkannt werden kann.

Resource Description Framework

Das Resource Description Framework (RDF) ermöglicht die Codierung, den Austausch und die Wiederverwendung von Metadaten.[45] Da in der Spezifikation des RDF keine eigene Syntax vorgegeben ist, wird üblicherweise diejenige der XML-Spezifikation übernommen, wobei aber auch jede andere verwendet werden könnte.[46] Während XML die semantischen Informationen sozusagen nebenbei, im Rahmen der Strukturierung eines Dokuments, mitliefert, dient RDF dazu, semantische Informationen bereitzustellen, ohne Annahmen über die Struktur des betrachteten Dokuments zu machen.[47] Um eine einheitliche Beschreibung der Metadaten zu erreichen und damit die Gefahr der Ambiguität zu umgehen, wird das Konzept der Namensräume (namespaces)[48] des XML-Standards verwendet. Dadurch kann einem Dokument eine externe Quelle, wie z. B. der Dublin Core[49], zugewiesen werden, aus der die Bezeichnungen der Metadaten stammen müssen.[50]

[44] XSL ist die Extensible Style Language
[45] vgl. Miller (1998), Seite 1
[46] vgl. Lassila und Swick (1999), Seite 2
[47] vgl. Fensel (2001), Seite 80
[48] vgl. Bray et al. (1999)
[49] vgl. http://dublincore.org/
[50] vgl. Miller (1998), Seite 6

Ontologiebasierte Standards im Electronic Commerce

Das Verhältnis zwischen XML (bzw. RDF) und einer Ontologie vergleichen Klein et al. (2000, Seite 6) mit demjenigen zwischen dem Relationalen- und einem Entity Relationship Modell (ERM). Auch wenn dieser Vergleich nur bedingt zutrifft, kann er doch die genannte Beziehung verdeutlichen. Ähnlich einem ERM dient eine Ontologie dazu, auf einer höheren Ebene Zusammenhänge zu modellieren. Bei einer Ontologie handelt es sich dabei allerdings um die Zusammenhänge eines speziellen Wissensgebietes oder einer Wissensdomäne. Ein ERM muss, um es praktisch einsetzen zu können, in ein Relationales Modell "übersetzt" werden. Ebendies muss auch mit einer Ontologie geschehen. Zu diesem Zweck werden Ontologien mithilfe von Beschreibungssprachen wie XML oder RDF dargestellt.

Um Anwendungen, z. B. automatische Transaktionen, auf der Grundlage von in XML oder RDF dargestellten Ontologien umsetzen zu können, müssen sich die beteiligten Akteure auf eine gemeinsame Ontologie einigen. Für individuelle Anwendungen mit wenigen Beteiligten, kann dies mithilfe einer eigens entwickelten Ontologie geschehen. Möchte man allerdings die Zahl der Teilnehmer vergrößern, sollte auf eine standardisierte Ontologie zurückgegriffen werden. Zur Erstellung solch einheitlicher Ontologien für verschiedene Branchen oder Aufgabenfelder haben sich mehrere Initiativen herausgebildet, die jeweils eigene Repräsentationsansätze entwickelt haben. Das Konsortium von RosettaNet[51] besteht aus mehr als 400 Partnern aus verschiedenen Branchen. Ziel ist die Erstellung eines gemeinsamen Sprachstandards für den Electronic Commerce, um die Prozesse zwischen Handelspartnern automatisieren zu können. Eine weitere wichtige Initiative ist das OBI-Konsortium[52]. OBI steht für Open Buying on the Internet und ist ein Standard für die Abwicklung großvolumiger Transaktionen geringwertiger Güter. Weitere Standardisierungen sind z. B. das Open Catalog Format (OCF)[53] zur Darstellung von Produktkatalogen oder das Information and Content Exchange (ICE) Protocol[54] zur Regelung der Geschäftsbeziehungen zwischen Inhalteanbietern und ihren Kunden. Neben den genannten gibt es noch eine Vielzahl weiterer Standards, auf

[51] vgl. http://www.rosettanet.org
[52] vgl. http://www.openbuy.org
[53] vgl. http://www.martsoft.com/docs/ocf/ocf.htm
[54] vgl. http://www.w3.org/TR/NOTE-ice

die an dieser Stelle nicht weiter eingegangen werden soll.[55]

4.3.4 Semantic Web

Das Semantic Web ist eine von Berners-Lee (1998) angeregte Weiterentwicklung des WWW, mit dem Ziel, Informationen im WWW in einer Form bereitzustellen, die nicht nur von Maschinen dargestellt, sondern von diesen interpretiert werden können soll und zwar ohne auf spezielle Verfahren zum Verstehen von Inhalten zurückgreifen zu müssen. Das Verständnis der Informationen durch Computer soll soweit gehen, dass der menschliche Nutzer im Internet nicht mehr selbst nach Informationen sucht oder Transaktionen tätigt, sondern verschiedene Agenten diese Aufgaben für ihn übernehmen.[56] Dazu benötigen die Agenten allerdings zusätzliche Informationen über die vorgefundenen Datenquellen, die vom Datenanbieter bereitgestellt werden und in einem einheitlichen Format vorliegen müssen.[57] Zur Umsetzung der Vision des Semantic Web schlägt Berners-Lee (2000) die in Abbildung 4.2 vorgestellte Architektur vor.

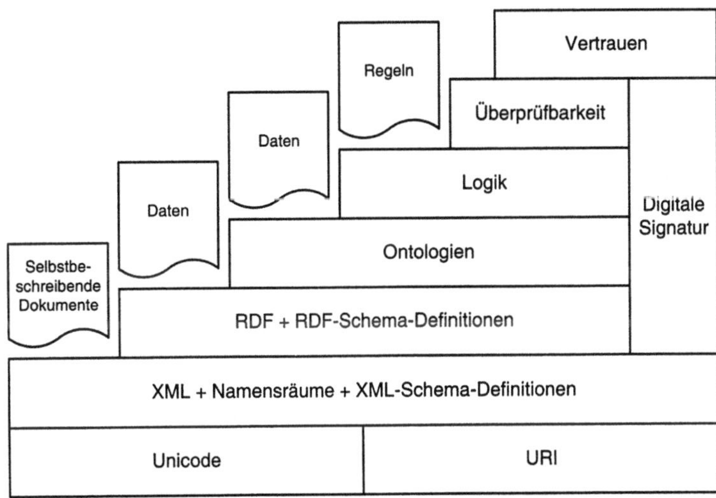

Abbildung 4.2: Architektur des Semantic Web (vgl. Berners-Lee (2000), Seite 17)

[55] Eine kurze Übersicht gibt z. B. o.V. (2002).

[56] vgl. Berners-Lee et al. (2001), Seite 25

[57] vgl. Berners-Lee und Hendler (2001), Seite 1

Auf der untersten Schicht wird durch die Verwendung von in Unicode verfasstem Text sichergestellt, dass nationale Besonderheiten in den Zeichensätzen (z. B. Umlaute im deutschen Zeichensatz) vermieden und die Texte weltweit lesbar sind. Auf gleicher Ebene befindet sich das Konzept der Uniform Resource Identifier (URI), das zur Identifizierung von Objekten im WWW dient. Das bekannteste Beispiel eines URI ist ein Uniform Resource Locator (URL) zur Identifizierung einer Internetseite. Auf der zweiten Schicht finden sich XML, XML-Schemata und das Konzept der Namensräume. Diese dient einerseits dazu, bestehende XML-Standards in das Semantic Web zu integrieren[58], liefert andererseits aber auch die Syntax für die nächsthöhere Schicht. Das RDF bietet nun die Möglichkeit, Informationen über Objekte, denen ein URI zugewiesen wurde, bereitzustellen. Als Vokabular zur Beschreibung der Objekte dienen gemeinsame Ontologien, die mit Hilfe des RDF dargestellt werden und deren einheitliche Verwendung durch das Konzept der Namensräume der zweiten Schicht sichergestellt wird.[59] Die Aufgaben der oberen Schichten (Logik, Überprüfbarkeit und Vertrauen), zusammen mit der digitalen Signatur, sind zum heutigen Zeitpunkt noch nicht detailliert beschrieben. Ziel soll sein, aus den vernetzten Informationen Schlussfolgerungen zu ziehen und Qualitätsaussagen über eine vorgefundene Information sowie über die bereitstellende Informationsquelle zu machen.

Die Prinzipien des Semantic Web, die in Kombination mit der dargestellten Architektur seine Funktionalität bestimmen, fassen Koivunen und Miller (2001, Seite 2) wie folgt zusammen:

1. Everything can be identified by URI's: Die Verwendung von URIs soll erweitert werden, so dass auch Menschen, Städte oder Dinge einen URI erhalten können. Dabei soll aber auf physische Entitäten auch indirekt verwiesen werden können (z. B. kann eine E-Mail-Adresse einen URI für eine Person darstellen).

2. Resources and links can have types: Ein menschlicher Nutzer des WWW kann unterscheiden, ob eine vorliegende Ressource z. B. ein Gedicht oder eine Rechnung ist. Für einen Computer ist dieser Unterschied zunächst nicht zu erkennen. Daher

[58] vgl. Koivunen und Miller (2001), Seite 8

[59] Ähnliche Vorschläge zur Anreicherung des WWW mit Semantik durch die Verwendung von XML und RDF finden sich auch bei Decker et al. (2000).

werden im Semantic Web sowohl Objekte, die durch einen URI gekennzeichnet werden als auch Links mit ergänzenden Informationen angereichert.

3. Partial information is tolerated: Schwierigkeiten der Verlinkung im WWW bzgl. der Aktualität und Existenz von verlinkten Internetseiten können in ähnlicher Form auch beim Semantic Web auftreten. Von Applikationen bzw. Agenten, die das Semantic Web nutzen, wird gefordert, dass sie auf solche partiellen Informationen fehlertolerant reagieren.

4. There is no need for absolute truth: Ähnlich dem WWW wird es auch im Semantic Web keine absoluten Wahrheiten geben. Stattdessen sollen Applikationen in der Lage sein, aus den Zusammenhängen, in denen eine Information gefunden wurde, auf deren Wahrheitsgehalt zu schließen.

5. Evolution is supported: Die gemachten Konventionen des Semantic Web, z. B. der Sprachumfang oder das Vokabular, können erweitert werden.

6. Minimalist design: Bei der Standardisierung des Semantic Web durch das World Wide Web Consortium soll nur soviel vorgegeben werden, wie unbedingt nötig ist, wobei insbesondere auf bereits bestehende Konzepte, wie z. B. den Dublin Core, zurückgegriffen werden soll.

Neben den beschriebenen technischen Voraussetzungen spielt die Entwicklung von Ontologien für das Semantic Web eine entscheidende Rolle bei dessen Umsetzung.[60] Daher werden bestehende Anwendungen zur Konstruktion von Ontologien bzw. Verfahren zur Erstellung von Ontologien auf ihre Verwendbarkeit bzw. Übertragbarkeit geprüft.[61] Die Anwendungspotentiale, die sich aus einer Umsetzung des Semantic Web ergeben, sind vielfältig. Maedche et al. (2001, Seite 394) nennen beispielsweise Metaportale, also Portale, deren Inhalt automatisch aus anderen Portalen zusammengestellt wird, als eine mögliche Anwendung, verweisen aber auf ein breites, nicht näher spezifiziertes Anwendungsspektrum im Electronic Commerce oder Wissensmanagement.

[60] vgl. Kim (2002), Seite 48
[61] vgl. Noy et al. (2001) und Maedche und Staab (2001)

4.4 Suche in unstrukturierten Informationsquellen

Nachdem in den ersten Abschnitten dieses Kapitels Möglichkeiten zur Nutzung strukturierter Informationen aufgezeigt wurden, sollen nun Verfahren betrachtet werden, die es ermöglichen, in unstrukturierten Quellen, insbesondere in Texten, nach Informationen zu suchen.

4.4.1 Data Retrieval

Data Retrieval[62] (DR) bezeichnet die Verfahren zur Abfrage von Faktendatenbanken. Die verschiedenen datenbankspezifischen Abfragesprachen beruhen häufig auf der einfachen Verwendung von booleschen Operatoren wie "and", "or" oder "not". Mit einfachen Indizierungsverfahren können diese Datenbanken auch den Inhalt von Textdokumenten speichern, so dass mit Verfahren des DR auch nach Inhalten solcher Dokumente gesucht werden kann. Eine Anfrage eines DR-Verfahrens könnte z. B. "Vorstand and DaimlerChrysler" lauten. Als Ergebnis würde man alle Dokumente erhalten, in denen beide Begriffe vorkommen. Diese Art der Suche birgt aber vielfältige Probleme. So ist die Art der Suche nicht tolerant gegenüber Rechtschreibfehlern in der Anfrage; andere grammatikalische Formen, als die in der Anfrage gestellten, werden häufig ebenfalls nicht erkannt. Weiterhin sind solche Systeme nicht in der Lage, Informationen in Dokumenten zu finden, die in semantischem Zusammenhang mit der Anfrage stehen, d. h. es werden nur exakt die Datensätze zurückgegeben, die der Anfrage entsprechen. Viele dieser Probleme kann man zwar mit geschickt gewählten Anfragen, wie z. B. der Verwendung von Wildcards, umgehen, jedoch wird damit die Verantwortung für das Suchergebnis auf den Nutzer abgewälzt und nicht von der Suchmaschine übernommen. Das DR ist nicht mit dem Boolschen Retrieval gleichzusetzen, das auch bei einigen Verfahren des nachfolgend beschriebenen Information Retrieval eingesetzt werden kann. Die Möglichkeiten beim Boolschen Retrieval sind vielfältiger als beim DR, so dass dort auch ein großes Maß Fehlertoleranz ohne Zutun des Nutzers realisiert werden kann.

---

[62] Die Bezeichnung Fakten Retrieval wird ebenfalls verwendet.

4.4.2 Information Retrieval

Die Verfahren des Information Retrieval (IR) wurden entwickelt, um die Schwierigkeiten des DR zu umgehen und auch vage bzw. unscharfe Anfragen beantworten zu können. Gegenstand des IR ist die Repräsentation, Speicherung und Organisation von und der Zugriff auf Informationen.[63] Im Gegensatz zum einfachen DR, sind die Verfahren des IR wesentlich vielfältiger und variabler einsetzbar. In Tabelle 4.1[64] sind die Unterschiede zwischen den beiden Verfahrensgruppen aufgeführt, wobei zu beachten ist, dass die Grenze zwischen DR und IR nicht so trennscharf ist, wie in der Tabelle dargestellt und dass nicht für alle Verfahren des DR bzw. des IR der gesamte Kriterienkatalog zu beantworten ist.

	Data Retrieval	**Information Retrieval**
Matching	Exaktes Matching	Partielles bzw. bestes Matching
Schlussfolgerungen	deduktiv	induktiv
Modell	deterministisch	probabilistisch
Klassifikation	monothetisch	polythetisch
Anfragesprache	künstlich	natürlich
Anfragespezifikation	vollständig	unvollständig
Gesuchte Objekte	alle, die der Anfrage entsprechen	alle relevanten
Fehlertoleranz	empfindlich	unempfindlich

Tabelle 4.1: Unterschiede zwischen Data Retrieval und Information Retrieval

Der Begriff Matching bezeichnet die Art der Übereinstimmung der in einer Menge von Informationen von einer Retrieval-Technik gefundenen Treffer mit der Anfrage. Wird ein exaktes Matching verlangt, so muss eine zeichengenaue Übereinstimmung zwischen der Anfrage und der gefundenen Textstelle vorliegen. Im IR wird hingegen häufig nur ein partielles Matching, d. h. eine teilweise Übereinstimmung gefordert. Bei mehreren Treffern und einem unterschiedlich starken Grad der Übereinstimmung zwischen Anfrage und gefundener Textstelle sollen die besten Treffer zurückgegeben werden.

[63] vgl. Salton und McGill (1987), Seite 1
[64] vgl. van Rijsbergen (1979), Seite 1

Schlussfolgerungen von DR-Techniken sind (wenn überhaupt) deduktiver Art. Das IR hingegen verwendet üblicherweise induktive Mechanismen, bei denen Schlussfolgerungen mit Unsicherheitsgraden versehen werden. Daher wird das dem DR zugrunde liegende Modell auch oft als deterministisch und das dem IR zugrunde liegende als probabilistisch bezeichnet. Die Unterscheidung der Klassifikation zwischen DR und IR bezieht sich auf die Einordnung der zu durchsuchenden Objekte. Während bei einer monothetischen Klassifikation die Objekte zu Klassen zusammengefasst werden können und alle Objekte Eigenschaften besitzen, die notwendig und hinreichend für die Zuordnung zu einer Klasse sind, ist dies bei Verfahren des IR häufig nicht der Fall.

Während die bisherigen Kriterien die Art der Suche und der Wissensdarstellung beschreiben, dienen die weiteren dazu, die Interaktion mit dem Nutzer einer Retrieval-Technik abzugrenzen. Im DR finden artifizielle Anfragesprachen, wie SQL-Dialekte oder andere künstliche Sprachen, deren Syntax und Vokabular festgeschrieben ist, Verwendung. Verfahren des IR hingegen arbeiten mit natürlichsprachlichen Anfragen, bei denen allerdings ebenfalls Einschränkungen gemacht werden. Die Art der Anfragespezifikation spiegelt die Art des gesuchten Matching wider. Im DR gibt die Anfrage die exakte Bedingung wieder, nach welchen Informationen gesucht wird und muss daher vollständig ausformuliert vorliegen. Da im IR nach den besten Treffern gesucht wird, kann ein IR-System auch mit unvollständigen Anfragen umgehen. Auch die Unterscheidung nach den gesuchten Objekten und nach der Fehlertoleranz ergibt sich direkt aus der Art des Matching und der Anfragespezifikation.

4.4.3 Verfahren zur Suche in Texten

An dieser Stelle soll keine umfassende Darstellung der Möglichkeiten des IR vorgenommen werden. Stattdessen sollen anhand von zwei Beispielen die Vorgehensweisen und Überlegungen der Verfahren des IR zur Suche in Texten verdeutlicht werden, um im nächsten Abschnitt aus der Kritik an diesen Verfahren zu den Rahmenbedingungen der Anwendung der fallbasierten Vorgehensweise überzugehen.

Eines der ersten (und wohl auch bekanntesten) IR-Systeme ist das SMART-System, das schon 1964 von Salton vorgestellt wurde.[65] Die ursprüngliche Aufgabe bestand darin, eine Plattform zu schaffen, mit der verschiedene Methoden zum Analysieren und Durchsuchen von Texten getestet werden konnten.[66] Eine entscheidende Weiterentwicklung erfuhr SMART mit der Einführung einer Vektorraum-Repräsentation der zu durchsuchenden Dokumente. Dabei wird jedes Dokument i durch einen oder mehrere Terme T_j dargestellt, wobei T_{ij} die Bedeutung bzw. die Gewichtung des Terms j für die Beschreibung des Dokuments i wiedergibt.[67] Das Maß für die Bedeutung eines Terms zur Beschreibung eines Dokuments kann aus unterschiedlichen Quellen resultieren. Da der gesamte Indizierungsprozess aber automatisch ablaufen soll, werden meist statistische Maße, insbesondere die nachfolgenden, verwendet:[68]

- Die "term frequency" f_i^k steht für die Häufigkeit des Terms k in einem Dokument i,
- die "document frequency" d_k steht für die Anzahl der Dokumente, in denen der Term k vorkommt
- und die "inverse document frequency" IDF_k ergibt sich aus

  $$\log_2 n - \log_2 d_k + 1,$$

  wobei n die Anzahl aller Dokumente ist. Je seltener ein Term k in der Dokumentensammlung auftritt, desto stärker wird er durch IDF_k gewichtet.
- Weiterhin wird auch $DF_k = 10/IDF_k$ verwendet. Dadurch wird ein Term k der in der Dokumentensammlung häufiger auftritt auch stärker gewichtet.

Zur Bestimmung der Gewichtung eines Terms kann im einfachsten Fall f_i^k verwendet werden. Häufiger wird aber die Kombination der Maße durch Produktbildung, d. h. $f_i^k \cdot DF_k$ bzw. $f_i^k \cdot IDF_k$ verwendet. Aufgrund der beschriebenen Darstellung können alle Dokumente in einer sogenannten Term-Dokument-Matrix (TD-Matrix) erfasst werden, wie sie in Tabelle 4.2 dargestellt wird.[69]

[65] vgl. Salton (1964)
[66] vgl. Salton und Lesk (1965), Seite 391
[67] vgl. Salton et al. (1975), Seite 613
[68] vgl. Salton et al. (1975), Seite 616
[69] vgl. Salton und McGill (1987), Seite 128

	T_1	T_2	......	T_m
Dokument_1	T_{11}	T_{12}	......	T_{1m}
Dokument_2	T_{21}	T_{22}	......	T_{2m}
⋮	⋮	⋮		⋮
⋮	⋮	⋮		⋮
Dokument_n	T_{n1}	T_{n2}	......	T_{nm}

Tabelle 4.2: Term-Dokument-Matrix

Bei der Indizierung wird auf den Einsatz aufwändiger linguistischer Verfahren zur Datenvorverarbeitung verzichtet, da Untersuchungen ergaben, dass die Auswirkungen auf die Retrievalleistung von SMART nur gering waren.[70] Stattdessen wird eine einfache Wortstammreduktion vorgenommen.[71] Nach der Indizierung, d. h. der Bildung der TD-Matrix, muss das System noch auf die Beantwortung von Anfragen vorbereitet werden. Jede Anfrage wird, ähnlich einem Dokument, in den von den Termen aufgespannten Raum abgebildet und mit einem Ähnlichkeitsmaß, z. B. dem Winkel zwischen einem Dokument und der Anfrage, wird die Ähnlichkeit zu den Dokumenten bestimmt.[72] Zusätzlich werden aus den durch die Indizierung gewonnenen Vektoren verschiedene Dokumentcluster der Art bestimmt, dass in jedem Cluster nur noch ähnliche Dokumente enthalten sind. Dadurch soll sichergestellt werden, dass zu einer Anfrage nicht nur die Dokumente zurückgegeben werden, die dieser entsprechen, sondern auch jene, die den Dokumenten der Antwortmenge ähneln, um so möglichst viele relevante Dokumente zu erkennen. SMART verfügt auch über Verfahren des Relevance Feedback, d. h. die Veränderungen einer Suchanfrage durch den Nutzer werden berücksichtigt, um die Vektorraumdarstellung, z. B. durch eine Änderung von Termgewichten, zu modifizieren.[73]

Der Gedanke, nicht nur solche Dokumente auf eine Anfrage zurückzugeben, die der Anfrage ähneln, sondern mithilfe der Antwortmenge weitere Dokumente zu identifizieren, die für den Nutzer relevant sein könnten, wird in einem Verfahren aus jüngerer Zeit

[70] vgl. Salton und Lesk (1968) und Salton (1973)

[71] Auf die linguistischen Verfahren, die sowohl im IR als auch in der in dieser Arbeit entwickelten Anwendung benutzt werden, wird in Abschnitt 5.2 genauer eingegangen.

[72] vgl. Salton et al. (1975), Seite 613

[73] vgl. Salton und McGill (1987), Seite 150

fortgeführt. Das Latent Semantic Indexing (LSI) von Deerwester et al. (1990) nutzt dazu die in der TD-Matrix enthaltenen transitiven Beziehungen. An der beispielhaften TD-Matrix in Tabelle 4.3 soll dies verdeutlicht werden:[74]

	retrieval	information	theory	computer
$Dokument_1$	X			
$Dokument_2$		X	X	X
$Dokument_3$	X	X		X

Tabelle 4.3: Term-Dokument-Matrix in LSI

Auf die Suchanfrage "computer-based information look-up" erhält der Nutzer eine Ergebnisliste mit den relevanten Dokumenten, die in diesem Beispiel aus den Dokumenten 2 und 3 besteht. Dokument 2 enthält allerdings keine relevanten Ergebnisse, obwohl es in der Ergebnismenge enthalten ist. Dieses Dokument behandelt vermutlich das Thema Informationstheorie, das mit der Anfrage in keinem Zusammenhang steht. Dokument 1 hingegen ist nicht in der Ergebnismenge enthalten. Der Nutzer muss nun in einem zweiten Schritt die Dokumente der Ergebnismenge markieren, die er für seine Anfrage als relevant erachtet (hier: Dokument 3). Das Verfahren des LSI nutzt nun die in der TD-Matrix enthaltene Information, dass die Dokumente 1 und 3 den Term "retrieval" gemeinsam haben, und gibt eine zweite, veränderte Ergebnismenge aus.

Selbstverständlich ist das Beispiel stark vereinfacht, da aus einem gemeinsamen Term zwischen zwei Dokumenten nicht unbedingt auf eine große Ähnlichkeit der Dokumente geschlossen werden kann. Reale TD-Matrizen besitzen aber eine große Zahl von Spalten und repräsentieren damit ein breites Spektrum von Termen, die Schlussfolgerungen der vorgestellten Art erlauben. Da bei der Anwendung von IR-Verfahren aber häufig auch große Dokumentenmengen bearbeitet werden müssen, sind die zu untersuchenden TD-Matrizen von hoher Dimension. Zusätzlich sind diese häufig nur dünn besetzt, d. h. sehr viele Zellen beinhalten den Wert 0 und nur wenige den Wert 1, da nur eine geringe Anzahl von Dokumenten das gesamte durch die Terme abgedeckte Inhaltsspektrum abdecken. Um effizient nach ähnlichen Dokumenten innerhalb einer solchen TD-Matrix suchen zu können, müssen daher Verfahren zur Matrixreduktion

[74]vgl. Deerwester et al. (1990), Seite 3

angewandt werden. Ein Verfahren, das eine Reduktion der Matrix bei relativ geringem Informationsverlust vornimmt, ist die Singulärwertzerlegung (vgl. z. B. Schwarz (1993), Seite 316). Berry und Dumais (1994) zeigen, wie mit der Singulärwertzerlegung eine Reduktion einer TD-Matrix vorgenommen werden kann. Durch Berechnung des Produkts aus einem Anfragevektor, der die in der Anfrage benutzten Terme repräsentiert, mit der reduzierten TD-Matrix lässt sich ein Retrieval-System aufbauen, das ähnliche Dokumente aufgrund der transitiven Beziehungen innerhalb der TD-Matrix identifiziert.

Neben den Verfahren, die TD-Matrizen zur Erfassung von Dokumenten verwenden, gibt es noch eine Vielzahl weiterer Techniken, um in Dokumenten nach Texten zu suchen. Beispielhaft seien Honkela et al. (1997) genannt, die Selbstorganisierende Karten benutzen, um große Dokumentenmengen zu visualisieren und so durchsuchbar zu machen. Weitere Ansätze benutzen z. B. die Technologie der n-Grams[75] (vgl. z. B. Cavnar und Trenkle (1994)), d. h. das Aufteilen von Termen in Teilstücke der Länge n, um Texte miteinander zu vergleichen.

4.4.4 Information Extraction

Während die Verfahren des IR versuchen, die zu einer Anfrage relevanten Dokumente in einer Dokumentensammlung zu finden, versuchen die Verfahren der Information Extraction (IE) die relevanten Fakten, die zur Beantwortung einer Anfrage nötig sind, aus vorliegenden Dokumenten zu extrahieren.[76] Dabei greifen diese Verfahren auf die Techniken der empirischen Verarbeitung natürlicher Sprache (Empirical Natural Language Processing, ENLP) zurück, um den Inhalt der Dokumente zu verstehen und zu interpretieren.[77] Die Verarbeitung natürlicher Sprache geht zurück auf die experimentellen Systeme von Weizenbaum (Eliza), Green (Baseball), Lindsay (Sad-Sam) und Bobrow (Student), die in der Lage waren, einfache Fragen des Nutzers zu einem bestimmten Themengebiet zu beantworten.[78] Grundlage all dieser Anwendungen ist

[75] n-Grams werden ausführlich in Abschnitt 5.2.1 behandelt.

[76] vgl. Adams (2001), Seite 28

[77] vgl. Cardie (1997), Seite 65

[78] vgl. Barr (1980), Seite 6

das Verständnis der Grammatik der Anfragesprache[79] und das Parsen der Anfrage, d. h. das Untersuchen von linguistischem Input auf grammatische Eigenschaften.[80]

Die traditionellen Verfahren der Sprachverarbeitung beruhen größtenteils auf manuell erstellten Regeln zur Interpretation grammatischer Zusammenhänge von Begriffen. Beim ENLP hingegen dient ein Korpus dazu, um mithilfe statistischer Techniken oder Verfahren des Machine Learning ein System zu trainieren, das danach selbständig in der Lage ist, neue Texte zu verstehen.[81] Mittels des ENLP kann nun ein IE-System eine Sammlung von Texten nach bestimmten Informationen durchsuchen. Eine beispielhafte Anwendung wäre z. B. die Suche nach allen an Fusionen beteiligten Unternehmen und Personen in einer Sammlung von Wirtschaftsnachrichten. Die Ergebnisse der Suche können dann in einer strukturierten Form bereitgestellt werden, die zu weiteren Zwecken genutzt werden kann.[82] Das Ziel von IE-Systemen ist also die Erstellung einer (strukturierten) Datenbank zur Beantwortung eines zuvor festgelegten Informationsbedürfnisses.[83]

4.4.5 Kritische Betrachtung der Verfahren zur Suche in unstrukturierten Informationsquellen

Die Verfahren des IR sind gut geeignet, um in großen Dokumentemengen die einer Anfrage am ähnlichsten Dokumente zu finden. Insbesondere bei Sammlungen von Texten, die unterschiedliche Themengebiete behandeln, also auf einem vielfältigen Vokabular beruhen, dessen inhaltliche Zusammenhänge weitestgehend unbekannt sind, gibt es bisher noch keine Alternativen. Allerdings bringen die Verfahren spezifische Probleme

[79] Die Verfahren zum Erkennen und Weiterverarbeiten grammatischer Zusammenhänge werden auch im Rahmen der in dieser Arbeit entwickelten Demonstrationsanwendung benutzt und daher in Abschnitt 5.2.1 beschrieben.

[80] vgl. Barr (1980), Seite 7

[81] vgl. Brill und Mooney (1997), Seite 14

[82] Man könnte somit die in Kapitel 2 eingeführte Form der Indizierung von Textdokumenten als Beitrag zu den Techniken des IE ansehen, bei der $l_1 \cdot \ldots \cdot l_n$ Anfragen gestellt und die Ergebnisse in einer Datenbank gesammelt werden. Diese Sicht entspricht aber nicht der Aufgabe von IE-Systemen, so dass von einer Zuordnung des beschriebenen Indizierungsschritts zu den Techniken des IE abgesehen wird.

[83] vgl. Gaizauskas und Wilks (1998), Seite 17

mit sich, die in ihren Funktionsprinzipien begründet sind.[84] So erfolgt die Bestimmung der Terme, also die Festlegung des zur Indizierung verwendeten Vokabulars, meistens automatisch. Dabei werden Terme, die zu häufig oder zu selten in den untersuchten Texten auftreten, ignoriert, wobei Terme deren Auftretenshäufigkeit zwischen diesen Extremwerten liegt, unabhängig von ihrem Inhalt (allerdings unter Verwendung von Stoppwort- und Synonymlisten) in das Indizierungsvokabular aufgenommen werden. Daher stellen die Spalten einer TD-Matrix weniger eine Abbildung des in den Dokumenten beschriebenen Wissensgebiets dar, als vielmehr eine Übersicht der von den Verfassern der Dokumente benutzten Terme. Auch im Indizierungsschritt ist ein starker Einfluss von Häufigkeitsmessungen zu verzeichnen. So basiert die Gewichtung eines Terms für ein Dokument auf statistischen Maßen (z. B. DF oder IDF), wodurch auch bei der Berechnung der Ähnlichkeit zwischen Dokumenten keine inhaltlichen Aspekte zum Tragen kommen. Weiterentwicklungen wie LSI versuchen, mittels transitiver Schlüsse, inhaltliche Zusammenhänge zwischen Termen zu erfassen. Allerdings erfolgt auch dabei die Bestimmung der Ähnlichkeit zwischen Dokumenten nicht mittels zuvor erfasstem Experten- bzw. Domänenwissen, so dass auch hier die Ähnlichkeit zwischen Dokumenten aufgrund eines Zählverfahrens ermittelt wird. Auch LSI ist also nicht in der Lage, die spezifische Ähnlichkeit zwischen zwei Termen zu nutzen, um die Ähnlichkeit eines Dokuments zu einer Anfrage zu bestimmen.

Durch die Verwendung von Domänenwissen, z. B. in Form von durch Experten erstellten Regeln, versuchen die Verfahren des IE zusätzliches Wissen zu nutzen, um in einer Anfrage spezifiziertes und in einer Dokumentenmenge gesammeltes Wissen zu entdecken. Allerdings eignen sich diese Verfahren von ihrer Konstruktion her wenig für die Suche nach Dokumenten, sondern sie sollen in den Dokumenten gesammeltes Wissen extrahieren. Durch die Verwendung von ENLP-Techniken gestaltet sich dieser Prozess sehr zeitaufwändig, was eine Beantwortung von Anfragen im Rahmen einer Suchmaschine fast unmöglich macht. Des Weiteren ist das Ergebnis keine Liste relevanter Dokumente, sondern eine strukturierte Darstellung des aus den Dokumenten gewonnenen Wissens. Ziel ist also eher die Beantwortung einer Nutzeranfrage als das Auffinden eines Dokuments. Somit können die Verfahren des IE bestenfalls wieder als

[84] vgl. auch die Betrachtungen von Lenz, Hübner und Kunze (1998), Seite 118

Grundlage für die Entwicklung einer Suchmaschine dienen.

4.5 Vorstrukturierung zur Unterstützung der Suche in Texten

Nachdem zu Beginn des Kapitels Formen und Anwendungen der strukturierten Wissensrepräsentation aufgezeigt und im vorhergehenden Abschnitt die Schwierigkeiten beim Durchsuchen unstrukturierter Informationsquellen verdeutlicht wurden, soll nun die Motivation zur Anwendung des in Kapitel eins bis drei entwickelten Verfahrens des CBR zum Durchsuchen von Texten dargestellt werden. Als Ausgangspunkt dazu diene das folgende Zitat von Frank und Schauer (2001, Seite 172):

> "Die maschinelle Rekonstruktion der Bedeutung von Daten (wie etwa beim maschinellen 'Verstehen' natürlicher Sprache) ist aufwändig und fehlerbehaftet. Statt dessen empfiehlt es sich, neue Formen der Erstellung und Ablage von Wissen einzuführen, die eine explizite Anreicherung mit Semantik vorsehen."

Die Autoren verzichten in ihrer Arbeit auf konkrete Empfehlungen zur Umsetzung in Anwendungskonzepte und Applikationen, bezeichnen diese Fragestellung aber als eine der Herausforderungen des Wissensmanagements aus Sicht der Wirtschaftsinformatik. Die damit verbundene Kritik an den bestehenden Verfahren des IR beinhaltet, durch die Betonung der Aspekte der "Erstellung und Ablage von Wissen", zunächst nur das Konstruktionsprinzip für neu anzulegende Wissenssammlungen. Andererseits weist sie aber den Weg, wie auch bestehende Sammlungen von Wissen, z. B. Nachrichtenarchive, mit Semantik angereichert und strukturiert abgelegt werden können, um die Suche in ihnen zu verbessern, wobei auf den Versuch, den gesamten Inhalt eines Textes zu verstehen oder zu interpretieren, verzichtet werden soll. Zur Darstellung, wie eine solche Anreicherung vorgenommen werden kann, ist es notwendig, sich mit dem Begriff "Semantik" auseinanderzusetzen und den Vorgang der "Anreicherung mit Semantik" zu erläutern.

4.5.1 Semantik

Die Semantik beschäftigt sich mit der Bedeutung von Zeichen und Zeichenfolgen und steht in engem Zusammenhang mit der Frage, wie die natürliche Welt durch Sprache beschrieben werden kann. Eine Betrachtung des Satzes "Der Spatz flog durch das Zimmer" soll dies verdeutlichen:[85] Die Substantive "Spatz" und "Zimmer" bezeichnen Objekte in der tatsächlichen Welt, die durch die Verwendung in einem gesprochenen oder geschriebenen Satz referenziert werden. Daher würde es auf den ersten Blick genügen, die Beziehungen einzelner Wörter zu Objekten in der physischen Welt herzustellen, um die Semantik von Wörtern zu erfassen. Dies käme einer Klassifizierung der Art "Eigennamen bezeichnen Individuen" oder "Verben bezeichnen Tätigkeiten" gleich. Diese einfache Sicht auf die Semantik ist aber nicht ausreichend, wie die folgenden Punkte belegen:[86]

- Selbst wenn es gelingt, zu Wörtern wie "Vorstellung" eine Klasse von abstrakten Objekten zu konstruieren, die durch diese Wörter referenziert werden, so wird es doch schwer fallen, mit Wörtern wie "und" oder "nicht" umzugehen. Ähnliches gilt für alle Präpositionen.
- Neben diesen Ausnahmen ist auch die Behandlung von Referenzierungen auf in der realen Welt nicht-existente Objekte, wie z. B. "Einhorn", schwierig.
- Ein weiteres Problem besteht darin, dass zwischen Objekten der realen Welt und Wörtern häufig keine eindeutige Zuordnung besteht.

In seiner Arbeit "Über Sinn und Bedeutung" beschäftigt sich schon Frege (1892, Seite 25ff.) mit dieser Fragestellung: So seien die Sätze "$a = a$" und "$a = b$" von verschiedenem Erkenntniswert, da "$a = a$" a priori gelte, während "$a = b$" einen Erkenntnisgewinn liefere. Übertragen auf die Sprache bedeute dies, dass man mit der Aussage "$a = b$" zwei unterschiedliche Begriffe betrachtet, die dasselbe bedeuten (z. B. Abendstern und Morgenstern). Dadurch würde aber der Unterschied von "$a = a$" und "$a = b$" nicht mehr die Sache selbst, sondern nur noch die gewählte Bezeichnungsweise betreffen, und man würde damit keine eigentliche Erkenntnis mehr ausdrücken. Daher müsse

[85] vgl. Saeed (1997), Seite 24

[86] vgl. Kempson (1979), Seite 13

mit einem Zeichen (bzw. einem Begriff) neben dem Bezeichneten (d. h. der Bedeutung) auch dessen Sinn verbunden sein. Die Bedeutung von Abendstern und Morgenstern wäre dann zwar dieselbe (nämlich der Planet Venus), im Sinn würden sich die beiden Aussagen aber unterscheiden.

Übertragen auf die Semantik bedeutet dies, dass sowohl die Bedeutung eines Wortes (seine Referenzierung) als auch sein Sinn von Interesse sind. Während die Bedeutung eines Wortes noch relativ leicht zu erfassen ist, ist die Erschließung des Sinns um so schwieriger, da dieser nur aus dem Kontext, in dem das Wort auftritt, zu erkennen ist. Um den Sinn eines Wortes erfassen zu können, muss man es im Textzusammenhang betrachten, in dem es auftritt. Eines der dazu am häufigsten benutzten Verfahren ist die Konzeptualisierung der zugrunde liegenden Wissensdomäne.[87] Eine Konzeptualisierung wiederum kann auf verschiedene Weisen erfolgen, wie schon in den Betrachtungen über die Grundlagen des CBR in Abschnitt 1.1.2 dargelegt wurde.

Was bedeutet es aber, ein Textdokument oder eine Sammlung solcher Dokumente mit Semantik anzureichern? Durch die Aussage der Anreicherung wird impliziert, dass Semantik eine (wenigstens) ordinalskalierte Größe ist und nicht nur Sinn und Bedeutung eines Wortes wiedergibt. Frank und Schauer (2001, Seite 170) interpretieren diese Größe, indem sie die Semantik einer Symbolfolge (z. B. eines Wortes) als um so größer bezeichnen, je mehr denkmögliche Interpretationen der Symbolfolge ausgeschlossen werden. Versucht man Dokumente aufgrund dieser Sicht mit Semantik anzureichern, so müssen die darin enthaltenen Zeichenketten mit Markierungen versehen werden, die deren Bedeutungen beschreiben. So kann z. B. eine Zeichenkette in verschiedene Eigenschaften einer Person (Vorname, Nachname, Beruf) unterteilt werden, um sie mit Semantik anzureichern.[88] Diese Herangehensweise entspricht eher einer technischen, kommunikationstheoretischen Sicht der Semantik, welche die philosophischen und linguistischen Aspekte außer Acht lässt. So wird nur das durch eine Zeichenfolge referenzierte Objekt, also die Bedeutung der Zeichenfolge, untersucht, und ein Blick auf den aus dem Zusammenhang zu entnehmenden Sinn der Zeichenfolge wird vernachlässigt. Geht man, wie Frank und Schauer (2001), von einer Überarbeitung vor-

[87] vgl. Saeed (1997), Seite 34

[88] vgl. Frank und Schauer (2001), Seite 170

liegender Dokumente aus, bei denen manuell Wissen hinzugefügt wird, wie z. B. durch das Hinzufügen einer Struktur bei Personendaten, mag diese Sicht ausreichen. Zur Entwicklung einer Suchmaschine für unstrukturierte Texte ist allerdings ein anderer Begriff der Anreicherung mit Semantik notwendig. An dieser Stelle soll daher zunächst ein betriebswirtschaftlicher Text bzgl. seiner semantischen Zusammenhänge untersucht werden, bevor eine eigene Sicht auf den Vorgang der Anreicherung mit Semantik dargestellt wird.

4.5.2 Semantik eines betriebswirtschaftlichen Textes

Als Untersuchungsgegenstand diene beispielhaft die folgende, zufällig ausgewählte, Wirtschaftsnachricht[89] vom 10.10.2000:[90]

> **RWE erwartet Betriebsergebnis 2000/2001 ohne VEW auf Vorjahres-Niveau**
>
> Essen (vwd) - Ohne Umstellung des Geschäftsjahres und vor Verschmelzung des Konzerns mit der Dortmunder VEW AG würde die RWE AG, Essen, im laufenden Geschäftsjahr 2000/01 (30. Juni) Betriebsergebnis und Umsatz auf Vorjahresniveau halten. Dies gab das Unternehmen am Dienstag auf seiner Bilanzpressekonferenz bekannt. Durch die Integration von VEW werde das betriebliche Ergebnis um mehr als zehn Prozent über dem Niveau liegen, das RWE ohne die Fusion erreicht hätte, sagte der Vorstandsvorsitzende Dietmar Kuhnt in Essen. Die VEW werde zum Umsatz mit rund vier Mrd EUR beitragen. Im Energiebereich würden sich die Strompreissenkungen des Vorjahres mit zeitlicher Verzögerung auswirken und die Ertragsentwicklung belasten, erläuterte Kuhnt weiter. Allerdings hätten sich die Anzeichen für eine generelle Stabilisierung der Strompreise verstärkt. Im Großhandelsgeschäft sei seit Mitte des Jahres eine Erhöhung des Preisniveaus um rund 15 Prozent zu beobachten - im Gegensatz zu den Preisen bei den Geschäftskunden. Bei Mineralöl und Chemie erwartet RWE

[89] Der Begriff der Nachricht im Allgemeinen und der Wirtschaftsnachricht im Besonderen wird in Abschnitt 5.1.1 behandelt.

[90] Quelle: vwd, 10.10.2000

> nach den Worten von Kuhnt im laufenden Geschäftsjahr ein verbessertes betriebliches Ergebnis. Ausschlaggebend dafür seien erhöhte Downstream-Margen. Im Umweltbereich werde das Betriebsergebnis deutlich zulegen. Basis dafür sei die Umsetzung des Effizienzsteigerungsprogramms sowie die Portfoliobereinigung. Im Bereich Industriesysteme gehe man ebenfalls von einem höheren Betriebsergebnis aus. Im Baubereich rechnet RWE dagegen mit einem Ergebnis deutlich unter Vorjahreshöhe. Die Lage auf dem deutschen Baumarkt sei noch schwieriger geworden, betonte Kuhnt.

Zunächst fällt auf, dass die Semantik der Bezeichnungen "RWE" und "VEW" leicht zu erfassen ist, da mit diesen Objekte der realen Welt bezeichnet werden, die, z. B. mit Hilfe eines Branchenbaums, mit anderen realen Objekten gleicher Art (Unternehmungen) in Beziehung gesetzt werden können. Weiterhin sind die handelnden Personen leicht zu identifizieren. Diese werden eindeutig durch ihren Namen ("Dietmar Kuhnt") referenziert, aber der Sinn dieser Referenzierung erschließt sich erst aus der von ihnen ausgeübten Position ("Vorstandsvorsitzender"). Diese wiederum ist allgemein zu erfassen und mit anderen Positionen zu vergleichen. So ist ein Vorstandssprecher gleichzeitig auch Vorstandsmitglied, aber nie Mitglied des Aufsichtsrats. Dadurch wird ein sinnhafter Vergleich zwischen verschiedenen Begriffen ermöglicht. Ebenso findet sich eine Vielzahl von Wörtern, deren Bedeutung sich ebenfalls direkt, deren Sinn sich aber erst aus der Kombination mit anderen Wörtern erschließt. So ist die Bedeutung von "Geschäftsjahr", "Umsatz" und "Fusion" eindeutig, allerdings erhalten die Begriffe erst dann ihren Sinn, wenn man sie im Zusammenspiel betrachtet.

Aber auch die Bedeutungen der einzelnen Begriffe können weiter aufgegliedert werden. So handelt es sich bei einer Fusion um eine von mindestens zwei Unternehmen ausgeübte Aktivität, während der Umsatz eine Kennzahl darstellt, die wiederum mit anderen Kennzahlen, wie Umsatzplanung oder Umsatzrendite, in Beziehung steht. Neben diesen Begriffen, die mehr oder weniger auf betriebswirtschaftlichen Konzepten beruhen und daher auch allgemein erfasst werden können, enthält der Text aber auch noch solche, die unternehmensspezifisch sind. Deren Sinn und Bedeutung ist, unabhäng von der Gesamtnachricht, kaum zu erfassen. So ist zwar die Bedeutung der Auswirkungen von Strompreissenkungen im Gesamtkontext des Textes eindeutig, eine Abbildung in einer allgemeineren Konzeptualisierung hingegen ist unmöglich.

Verallgemeinert ergibt sich aus der vorhergehenden Betrachtung, dass betriebswirtschaftliche Texte der vorgestellten Art in vier Teilbereiche aufgegliedert werden können:

1. Betroffene Unternehmungen und ihre Einordnung in eine Branchenstruktur.
2. Handelnde Personen und ihre in einer Unternehmung ausgeübte Funktion.
3. Beschreibung unternehmungsrelevanter Geschehnisse und Sachverhalte, die durch wenige, konkrete und eindeutig definierte Begriffe beschrieben werden können.
4. Beschreibung unternehmungsspezifischer Geschehnisse und Sachverhalte, die nur mit Kenntnis der Unternehmung bzw. ihres Umfelds beschrieben werden können.

4.5.3 Anreicherung von Dokumenten mit Semantik

Nun bleibt zu klären, was unter dem Vorgang der Anreicherung von Dokumenten mit Semantik verstanden werden soll. Es böte sich an, auch zur Entwicklung einer Suchmaschine, die relevanten Aussagen eines Textes zu markieren und durch Hinterlegung von Zusatzinformationen, die Zahl der denkmöglichen Interpretationen zu verringern und damit eine möglichst genaue Identifizierung der zur Beantwortung einer Anfrage relevanten Dokumente zu garantieren. Dies würde aber einerseits eine (aufwändige) Veränderung der Dokumente nach sich ziehen, und andererseits müssten die angereicherten Dokumente mit den bekannten Mitteln des IR durchsucht werden, was wiederum die vorgestellten Nachteile mit sich bringt. Unter der Prämisse, die Dokumente selbst nicht zu verändern, bleibt also nur die Möglichkeit, Repräsentanten oder Abbildungen der Dokumente mit Semantik zu versehen und gleichzeitig diese Abbildungen zur Suche nach Inhalten zu verwenden. Wie in der Linguistik angeregt, soll dazu eine Konzeptualisierung der Wissensdomäne, auf der die Dokumente beruhen (im vorliegenden Fall Wirtschaftsnachrichten), herangezogen werden. Statt jedes einzelne Dokument mit zusätzlichem Wissen anzureichern, wird also versucht, das oder die im Dokument behandelten Themen im Wissensmodell abzubilden und dadurch die Semantik der Wörter und Sätze zu erfassen und so nutzbar zu machen. Wie die Betrachtungen im vorherigen Abschnitt verdeutlichen, sind aber nicht alle Bestandteile einer Wirtschaftsnachricht gleichermaßen für eine derartige Abbildung geeignet. Daher sollen nur die ersten drei der im vorherigen Abschnitt identifizierten Teilbereiche erfasst werden. Würden auch unternehmungsspezifische Sachverhalte bei der Erstellung des Wissensmodells verarbeitet, würde mit zunehmender Zahl der zu untersuchenden Dokumente der Umfang des Modells stark anwachsen und schlussendlich einen zu starken Detaillierungsgrad erreichen und damit seine Verwendbarkeit einschränken.

Diese Vorgehensweise erübrigt die Diskussion der Frage, ob ein Dokument mehr Semantik enthält als ein anderes. Der Grad an Semantik eines Dokuments, der für die Suche in einer Dokumentensammlung genutzt werden soll, hängt nun nicht mehr vom Dokument selbst, sondern nur noch vom verwendeten Wissensmodell ab, das für alle untersuchten Dokumente das Gleiche ist. Statt des Vergleichs des Grades an Semantik, der Dokumenten zugesprochen wird, stellt sich nun die Frage, welches Dokument zur Beantwortung einer Suchanfrage besser geeignet ist. Im folgenden Abschnitt wird eine Konzeptualisierung entwickelt, in der sowohl Dokumente als auch Suchanfragen dargestellt werden können und die beide Komponenten der Semantik, d. h. Sinn und Bedeutung, erfasst. Diese kann als Grundlage zum Durchsuchen der Dokumente nach Inhalten dienen.

4.5.4 Modellierung von Wissensdomänen durch attributive Beschreibung mithilfe von Taxonomien

Die Modellierung einer Wissensdomäne kann auf vielfältige Weisen erfolgen. Da im vorliegenden Fall das in den ersten drei Kapiteln dieser Arbeit entwickelte Verfahren des CBR verwendet werden soll, um eine Suchmaschine zu entwickeln, wird auf eine Modellierung mittels unterschiedlicher Attribute zurückgegriffen. Jedes Attribut stellt dabei einen Teilbereich und die Gesamtheit aller Attribute die gesamte Wissensdomäne dar. Im Fall einer Wirtschaftsnachricht kann ein Attribut z. B. zur Abbildung der von Personen in Unternehmungen ausgeübten Funktionen genutzt werden. Grundlage jedes Attributs ist eine Ontologie, die den Bedeutungsaspekt der Semantik erfassen soll. Als Darstellungsform wird das Mittel der Taxonomie gewählt, das schon Gruber (1993*a*, Seite 2) als eine der häufigsten Erscheinungsformen von Ontologien bezeichnet. In dieser Taxonomie können die Beziehungen zwischen referenzierten Objekten bzgl. Spezialisierung und Generalisierung (z. B. Vorstandssprecher und Vorstandsmitglied), aber auch widersprüchliche Beziehungen (z. B. Vorstandsmitglied und Aufsichtsratsmitglied) erfasst werden. Es wird generelles Wissen über die Welt abgebildet, das über die Grenzen der Wissensdomäne hinweg Gültigkeit hat. Nach der Einteilung von Fensel (2001) handelt es sich also um generische oder Common-Sense-Ontologien (vgl. Abschnitt 4.2.2). Nachdem auf die beschriebene Art und Weise die Bedeutung von Wörtern erfasst werden kann, muss nun noch der Sinn, in dem sie verwendet werden, mithilfe der Konzeptualisierung erschlossen werden. Im vorliegenden Fall geschieht dies über die Kombination von Attributen, die es ermöglicht, mehrere Wörter und damit mehrere referenzierte Objekte im Zusammenhang zu betrachten. Als Beispiel diene die Erfassung des Sinns eines Aktienverkaufs durch den Unternehmensgründer. Aus dem Zusammenspiel zweier Attribute (im Beispiel die Funktion einer Person und eine von der Person ausgeübte Handlung) ergibt sich der Sinn der Nachricht.

Zur Konstruktion der einzelnen Taxonomien wird auf die in Abschnitt 4.2.3 beschriebenen Konstruktionsprinzipien zurückgegriffen. Dazu muss zunächst eine große Sammlung von Texten analysiert werden, um aus dem verwendeten Vokabular die Attribute und die zugehörigen Taxonomien abzuleiten. Anschließend werden diese mit zusätzlichem Wissen (z. B. Expertenwissen) angereichert. In Abschnitt 5.3.1 wird dieser Vorgang beispielhaft für die Erstellung eines Wissensmodells für Wirtschaftsnachrichten vorgenommen. In der so erstellten Konzeptualisierung der Wissensdomäne für Wirtschaftsnachrichten können Dokumente mittels des in Kapitel 2 vorgestellten Indizierungsverfahrens abgebildet werden. Die Suche nach zu einer Anfrage passenden Dokumenten kann dann innerhalb dieser Repräsentation der ursprünglichen Dokumente erfolgen. Dazu wird eine Anfrage ebenfalls im von den Attributen aufgespannten Wissensraum dargestellt. Mittels des beschriebenen Verfahrens der Nächste-Nachbarn-Suche können zur Beantwortung der Frage relevante Dokumente identifiziert werden. Die Steuerung der Nächste-Nachbarn-Suche erfolgt mit dem in Kapitel 3 eingeführten Verfahren.

4.5.5 Rahmenbedingungen und Einordnung der fallbasierten Vorgehensweise

In den vorherigen Abschnitten dieses Kapitels wurde mittels der Betrachtung von strukturierten Wissensrepräsentationen, der Schwierigkeiten bei der Anwendung von Verfahren des IR und aus den Anforderungen der Anreicherung von Texten mit Semantik, die Motivation für die Anwendung des Strukturierten Textbasierten CBR dargestellt. Allerdings ist eine Anwendung dieser Methodik nicht unter allen Umständen zu empfehlen, sondern nur dann, wenn bestimmte Rahmenbedingungen erfüllt sind, die im Folgenden erläutert werden.

- Zunächst gilt es, das Vokabular, welches zur Indizierung benutzt wird, zu betrachten. Dieses darf nur so umfangreich sein, dass es manuell überprüft und bearbeitet werden kann. Denn nur die manuelle Überarbeitung durch einen Experten garantiert, dass nicht nur Begriffe darin vorkommen, die in vielen Dokumenten Verwendung finden, sondern auch solche, die selten in Dokumenten benutzt werden, die aber zur Konzeptualisierung der Wissensdomäne von hoher Bedeutung sind.

- Es müssen semantische Informationen über das Indizierungsvokabular vorliegen. Dies können z. B. Spezialisierungen oder Generalisierungen von Begriffen sein. Die semantischen Zusammenhänge zwischen Begriffen sollen den tatsächlichen Zustand der Natur widerspiegeln. Bei der Sammlung der semantischen Informationen sollte nicht nur auf Worthäufigkeiten und andere statistische Techniken zur Bestimmung von Zusammenhängen zurückgegriffen werden.

- Die untersuchten Dokumente müssen einer eingrenzbaren Wissensdomäne angehören. Diese Einschränkung verhindert zu häufiges Auftreten von Ambiguitäten und Polysemien (vgl. Abschnitt 5.2) und erleichtert die Konzeptualisierung der Domäne.

- Das Wissensmodell der Domäne muss mittels Expertenwissen erstellt werden können und zwar der Art, dass es aus einer Menge von Attributen, die durch Taxonomien repräsentiert werden, besteht. Zusätzlich muss es möglich sein, sowohl zwischen Elementen einer Taxonomie als auch zwischen Elementen mehrerer

Taxonomien Ähnlichkeitsbeziehungen zu bestimmen, d. h. die Konstruktion von lokalen und globalen Ähnlichkeitsmaßen muss gewährleistet sein. Mithilfe dieses Modells kann ein Abbild der in den Dokumenten enthaltenen Informationen in Form eines mehrdimensionalen Raums geschaffen werden.

- Alle Dokumente müssen in einem einheitlichen Format vorliegen und müssen in der gleichen Sprache verfasst sein. Das gemeinsame Dokumentenformat gewährleistet einen problemlosen Indizierungsprozess. Die Verwendung einer einheitlichen Sprache ist notwendig, um die Dokumente in einem einzigen, vom Wissensmodell aufgespannten, Raum, abbilden zu können.

- Die Aktualisierungsquote, d. h. die Zahl der in einem Zeitraum zur Dokumentensammlung neu hinzugefügten Dokumente, sollte groß sein. Diese Bedingung ist zwar nicht notwendig für die Anwendung der beschriebenen Vorgehensweise, dadurch kommt aber ein besonderer Vorteil gegenüber den Techniken des IR zum Tragen. Beim Strukturierten Textbasierten CBR entspricht das Hinzufügen neuer Dokumente dem Hinzufügen von Fällen zur zugrunde liegenden Fallbasis. Im Gegensatz zu vielen IR-Systemen müssen dazu keine weiteren Berechnungen, wie z. B. die Aktualisierung einer TD-Matrix, vorgenommen werden, sondern die neuen Fälle werden ohne die Notwendigkeit weiterer Berechnungen in die Fallbasis aufgenommen und stehen schon bei der nächsten Suchanfrage zur Verfügung.

Ergänzend zu diesen Rahmenbedingungen lässt sich die fallbasierte Vorgehensweise in die Tabelle zur Unterscheidung von Data und Information Retrieval von van Rijsbergen (1979) (vgl. Tabelle 4.1) einordnen wie sie in Tabelle 4.4 zusammenfassend dargestellt wird.

Vergleicht man die fallbasierte Vorgehensweise mit den Verfahren des IR, so bestehen in den Bereichen Matching, Anfragespezifikation und gesuchte Objekte Übereinstimmungen. Wie im IR geht es auch bei diesem Verfahren nicht darum, eine Suchanfrage exakt zu beantworten, sondern eine teilweise oder bestmögliche Übereinstimmung zwischen Anfrage und Ergebnismenge zu erzielen. Dieser Sachverhalt spiegelt sich auch in der Frage nach den gesuchten Objekten wider: Es werden nicht alle Objekte gesucht, die einer Anfrage entsprechen, sondern diejenigen, die zur Beantwortung der Anfrage relevant sind. In direktem Zusammenhang damit steht die Art der Anfragespezifikation, die unvollständig sein kann, da Dokumente auch dann gefunden werden, wenn sie der Anfrage nur ähneln.

In den Unterscheidungskriterien Schlussfolgerungen, Modell und Klassifikation verhält sich die fallbasierte Vorgehensweise eher wie ein Verfahren des Data Retrieval. Die Bestimmung der Ähnlichkeiten erfolgt aufgrund festgelegter Ähnlichkeitsmaße und der Anwendung der Nächste-Nachbarn-Methode zur Bestimmung ähnlicher Dokumente in der Fallbasis. Dies entspricht eher einem deterministischen Vorgehen, wenn auch die Schlussfolgerungen aus einem Wissensmodell heraus erfolgen. Bzgl. der Klassifikation erfolgt eine eher monothetische Herangehensweise. Jedem Dokument können bestimmte Eigenschaften[91] zugeordnet werden, die zwar, aufgrund der mehrfachen Zuordnung von Attributen, nicht unbedingt als hinreichend zur Bestimmung einer Klasse angesehen werden können, die aber trotzdem eine Möglichkeit zur Klassifikation darstellen.

Eine Unterscheidung zu beiden Verfahrensklassen, sowohl dem DR als auch dem IR, erfolgt bei den Kriterien Anfragesprache und Fehlertoleranz. Die Anfrage erfolgt beim Strukturierten Textbasierten CBR in einer strukturiert natürlichen Form. Sie ist also weder künstlich, noch ist sie vollständig natürlichsprachlich. Sie basiert auf den dem Wissensmodell zugrunde liegenden Taxonomien, die sowohl für die Indizierung der Dokumente als auch zur Formulierung der Anfrage genutzt werden. Daher sind Eingabefehler durch Rechtschreibfehler in der Anfrage nicht möglich. Lediglich inhaltliche Eingabefehler, z. B. durch eine Fehlinterpretation eines Suchterms durch den Anfragenden, können erfolgen. Aber auch diese werden durch die Struktur der Taxonomien, die die Zusammenhänge der Begriffe verdeutlicht, verringert.

[91] Dies sind die Zuordnungen zu den Attributen.

	Data Retrieval	Fallbasierte Vorgehensweise	Information Retrieval
Matching	Exaktes Matching	Partielles bzw. bestes Matching	Partielles bzw. bestes Matching
Schlussfolgerungen	deduktiv	aus Wissensmodell ableiten	induktiv
Modell	deterministisch	deterministisch	probabilistisch
Klassifikation	monothetisch	monothetisch	polythetisch
Anfragesprache	künstlich	strukturiert natürlich	natürlich
Anfragespezifikation	vollständig	unvollständig	unvollständig
Gesuchte Objekte	alle, die der Anfrage entsprechen	alle relevanten	alle relevanten
Fehlertoleranz	empfindlich	keine Eingabefehler möglich	unempfindlich

Tabelle 4.4: Einordnung der Fallbasierten Vorgehensweise in das Data und Information Retrieval

Kapitel 5

Suche in Wirtschaftsnachrichten

In diesem Kapitel sollen die vorhergehenden Betrachtungen aufgegriffen und anhand eines Beispiels, eine Möglichkeit zur Umsetzung der beschriebenen Vorgehensweise vorgestellt werden. Zur Demonstration wird eine Suchmaschine für einen konkreten Anwendungsfall entwickelt, welche das in Kapitel eins bis drei hergeleitete Verfahren des Strukturierten Textbasierten CBR verwendet.

5.1 Wirtschaftsnachrichten als Objekt einer Suchmaschine

5.1.1 Wirtschaftsnachrichten

Als Objekt der strukturierten Suche werden Wirtschaftsnachrichten betrachtet, die in schriftlicher Form vorliegen. Zur Konstruktion eines Wissensmodells, das die Grundlage eines CBR-Systems zur Suche in diesen Texten bildet, muss der Begriff einer "Wirtschaftsnachricht" konkretisiert werden. In der Literatur findet sich keine zufriedenstellende Definition für Wirtschaftsnachrichten. Daher soll zunächst der allgemeine Nachrichtenbegriff behandelt werden, um aus diesem eine solche Definition abzuleiten.

Der Begriff "Nachricht" stammt aus dem 17. Jahrhundert und resultiert aus der Bezeichnung "Mitteilung zum Darnachrichten" für eine an einen Empfänger zu überbringende Mitteilung.[1] Diese grundlegende Bedeutung wohnt einer Nachricht auch heute

[1] vgl. Dovifat (1931), Seite 17

noch inne. So formulierte Dovifat (1931, Seite 17) eine der ersten Definitionen des Nachrichtenbegriffs aus Sicht der Publizistik: Demnach sind Nachrichten Mitteilungen über neue, im Existenzkampf des Einzelnen und der Gesellschaft auftauchende, Tatsachen. Diese Definition wird verfeinert durch die Nennung von drei Eigenschaften, die das Wesen einer Nachricht ausmachen:

1. Das Interesse des Empfangenden.
2. Die Neuigkeit der Nachricht.
3. Die Mitteilung durch einen Dritten, d. h. die subjektive Beeinflussung.

Modernere Betrachtungen fassen den Begriff teils weiter, wie z. B. Eggeling (1969, Seite 98), der mit Nachricht eine möglichst frühzeitige Mitteilung über ein neues, bemerkenswertes und für viele Menschen interessantes Ereignis, bezeichnet, teils aber auch enger. He (1996, Seite 34) definiert Nachrichten als bestimmten Regeln folgende, zusammenfassende Mitteilungen über aktuelle Ereignisse von öffentlicher Bedeutung. Die Regeln, denen eine Nachricht demnach unterliegen muss, sind:[2]

- Objektivität: Nachrichten sollen wertfreie Übermittlungen der Sachverhalte sein. Allerdings verweist He auf die von Dovifat vorgenommene Einschränkung der Übermittlung durch einen Dritten und die dadurch nicht zu verhindernde Beeinflussung.
- Aktualität: Nachrichten berichten über aktuelle Ereignisse und haben nur einen Wert, solange sie neu sind.
- Öffentliche Bedeutung: Es muss ein Empfänger der Nachricht existieren, da sie sonst nicht von Interesse ist.
- Vielfältigkeit der Erscheinungsformen: Darunter werden die verschiedenen Medien, welche Nachrichten verbreiten als auch die unterschiedlichen Darstellungsformen einer Nachricht (Wortnachricht, Bildnachricht, Filmnachricht und Grafiknachricht) subsummiert.

[2] vgl. He (1996), Seite 34 ff.

Ein anderes Gebiet der Publizistik behandelt die Frage, welchen formalen Aufbau die Nachrichten genannten Mitteilungen haben. Zu Beantwortung dieser Frage wird ein sogenanntes Nachrichtenschema verwendet, das die möglichen Bausteine einer Nachricht aufzählt:[3]

- Was ist das Ereignis?
- Wer ist am Ereignis beteiligt?
- Wo passiert das Ereignis?
- Warum passiert das Ereignis?
- Wie passiert das Ereignis?
- Wann passiert etwas?
- Wirkungen und Folgen des Ereignisses.

Nicht jede Mitteilung muss alle diese Bausteine enthalten, um als Nachricht angesehen zu werden. Es ist aber möglich, die Elemente einer Nachricht einzelnen Bausteinen dieses Schemas zuzuordnen und so eine innere Struktur der Nachricht zu bestimmen. Ein Nachrichtenschema kann mit der Aufteilung einer Nachricht in einzelne Attribute verglichen werden. Das später verwendete Wissensmodell setzt sich ebenfalls aus solchen Attributen zusammen, die aber aus dem Kontext der Nachrichten heraus entwickelt werden und daher nicht den hohen Grad der Verallgemeinerung wie das vorgestellte Nachrichtenschema aufweisen.

Betrachtet man nun noch Muckenhaupt (1986, Seite 267), der das Informieren bzw. Berichten als elementarste Form der Wissensvermittlung auffasst, die Nachrichtenkommunikation auszeichnet, so lässt sich die folgende Definition des Begriffs Wirtschaftsnachrichten aufstellen:

Definition 5.1 *Wirtschaftsnachrichten sind der Teilbereich der Nachrichten im Sinne von He (1996), der über Tatsachen oder Ereignisse berichtet, die (alle oder einzelne) Wirtschaftssubjekte einer oder mehrerer Volkswirtschaften betreffen.*

[3] vgl. Ruhrmann (1989), Seite 21 ff.

Für Wirtschaftsnachrichten gelten die von He aufgestellten Regeln bzgl. Objektivität, Aktualität, öffentlicher Bedeutung und der Vielfältigkeit der Erscheinungsformen. Allerdings kann die Forderung nach Aktualität eingeschränkt werden, ohne das Wesen der Nachricht zu beeinflussen. Diese Einschränkung betrifft nicht aktuelle, neu hinzugekommene Nachrichten, sondern die Betrachtung einer Nachrichtenhistorie zu einem Themengebiet. Natürlich ist die aktuelle Berichterstattung die Hauptaufgabe beim Verfassen von Wirtschaftsnachrichten. Im Zuge der zunehmenden Bedeutung von Unternehmens- und Marktanalysen sind Nachrichtenarchive ein wichtiges Hilfsmittel bei der Recherche geworden. Beispielhaft seien die von der Deutschen Gesellschaft für Ad hoc-Publizität mbH (DGAP) geführten Archive der Ad-hoc-Mitteilungen genannt. In diesen werden die von Unternehmen nach § 15 des Wertpapierhandelsgesetzes veröffentlichten kursbeeinflussenden Tatsachen gespeichert und zur Recherche zur Verfügung gestellt. Ebenso gehören Nachrichtenarchive zu den Leistungsmerkmalen der meisten im Internet zu findenden Finanzportale.

In der weiteren Betrachtung wird aus den verschiedenen Erscheinungsformen von Wirtschaftsnachrichten die Menge der Wortnachrichten herausgegriffen, die in niedergeschriebener Form vorliegen.

5.1.2 Vereinigte Wirtschaftsdienste

Eine zentrale Position in der Verarbeitung von Nachrichten nehmen die Nachrichtenagenturen ein, deren Hauptziel in der schnellen, genauen und zuverlässigen Sammlung, Bearbeitung und Verbreitung verschiedenartiger Nachrichten besteht.[4] Zu den wichtigsten Nachrichtenagenturen Deutschlands zählt schon Eggeling (1969, Seite 113) die Vereinigten Wirtschaftsdienste (VWD), auf deren Datenbestände die in dieser Arbeit entwickelte Suchmaschine zugreift. VWD wurden 1949 als unabhängiger Wirtschaftsdienst und Non-Profit-Organisation von verschiedenen Nachrichtenagenturen, u. a. der Vorgängeragentur der Deutschen Presse-Agentur (dpa), gegründet.[5] Die Geschäftsbereiche des Unternehmens sind Verlags-, Terminal-, Nachrichten- und Dienstleistungsprodukte sowie Internetservices.[6] Die von VWD zur Verfügung gestellten Nachrichten

[4]vgl. He (1996), Seite 39
[5]vgl. http://www.vwd.de
[6]vgl. o.V. (2000), Seite 12

umfassen verschiedene Themengebiete. Angefangen bei den von der DGAP übernommenen Ad-hoc-Meldungen, über Konjunkturmeldungen bis hin zu Unternehmensnachrichten aus verschiedenen Wirtschaftsräumen werden in XML-Dokumenten gespeicherte Wortnachrichten zur Verfügung gestellt.

5.1.3 Format und Struktur der Dokumente

Jede Nachricht wird in einer XML-Datei abgelegt. Die Menge aller so erzeugten Dateien eines Zeitraums bildet die Grundlage für die Suchmaschine und stellt den zu indizierenden Inhalt dar. Neben dem Nachrichtentext werden noch eine Reihe von Metadaten in den XML-Dokumenten gespeichert und mit speziellen Tags versehen. Die Bedeutung der einzelnen Tags soll nun erläutert werden:

- `<DATE>DD.MM.YYYY</DATE>`: Das Datum der Nachrichtenerstellung im dargestellten Format, z. B. <DATE>06.10.2000</DATE>.

- `<TIME>HH:MM:SS</TIME>`: Die Uhrzeit der Nachrichtenerstellung im dargestellten Format, z. B. <TIME>06:16:09</TIME>.

- `<VWD-SELECTOR>SS SS ...</VWD-SELECTOR>`: Die Kategorie, der die Nachricht zugeordnet werden kann, in einer VWD-spezifischen Kodierung, z. B. <VWD-SELECTOR>3G 3X</VWD-SELECTOR>, wobei 3G für UnternehmensNews DAX und 3X für UnternehmensNews EUROSTOXX steht. Eine vollständige Übersicht über alle Selektoren findet sich in Anhang B.

- `<VWD-CATEGORY></VWD-CATEGORY>`: In diesem Feld wurde eine frühere Kategorisierung gespeichert. Aus Kompatibilitätsgründen ist das Feld in den aktuellen Dokumenten enthalten, aber nicht mit Informationen gefüllt. Es wird in der weiteren Anwendung nicht weiter berücksichtigt.

- `<WPKN>wpkn wpkn ...</WPKN>`: Die Wertpapierkennnummer (WPKN) aller in der Nachricht behandelten börsennotierten Unternehmen oder Wertpapiere, z. B. <WPKN>725750 725751 725753</WPKN>, wobei 725750 die WPKN der Metro AG ist.

- `<HEADLINE>Überschrift</HEADLINE>`: Die Überschrift der Nachricht im HTML-Format, versehen mit VWD-spezifischen, nicht weiter zu verwendenden Steuerzeichen, z. B. `<HEADLINE><![CDATA[` Metro: 17 Prozent Abschlag für Vorzugsaktionäre `]]></HEADLINE>`.

- `<BODY>Nachrichtentext</BODY>`: Der Text der Nachricht im HTML-Format, versehen mit VWD-spezifischen, nicht weiter zu verwendenden Steuerzeichen, z. B. `<BODY><![CDATA[` Düsseldorf (vwd) - Die Vorzugsaktionäre der Metro AG, Düsseldorf, die von dem vorliegenden Umwandlungsangebot Gebrauch machen, können unter Zugrundelegen der Börsenkurse am Stichtag 22. Mai durch die Umwandlung der Vorzüge Stammaktien mit einem Abschlag von rund 17 Prozent erhalten. ...`</BODY>`. In einigen Dokumenten ist der Nachrichtentext zusätzlich noch in englischer Sprache enthalten.

Alle genannten Informationen werden von den Tags `<VWD-NEWS></VWD-NEWS>` umschlossen.

5.2 Vorverarbeitung der Textdokumente

Bevor mit der Indizierung der Textdokumente begonnen werden kann, müssen zunächst grammatikalisch bedingte Unterschiede zwischen Termen selben Wortursprungs beseitigt werden. Dazu werden die Flexionsformen der Terme untersucht. Flexionen sind Konjugationen von Verben oder Deklinationen von Substantiven, Adjektiven sowie Pronomen. Im Rahmen des computerlinguistischen Ansatzes haben sich verschiedene Verfahren herausgebildet, mit denen diese Aufgabe erfüllt werden kann und die von Fuhr (1998, Seite 52) in lexikalische und graphematische Verfahren[7] unterschieden werden. Bei den lexikalischen Verfahren wird aus dem zu untersuchenden Term mit Hilfe der Regeln zur Bildung von Flexionsformen eine Liste möglicher Ursprungswörter erstellt. Im Anschluss daran wird in einem Lexikon nach einer Entsprechung gesucht. Tabelle 5.1 zeigt einen Ausschnitt einer solchen Analyse anhand des Terms "Flüssen", wie er in dem Satz "Die Fische in den Flüssen" vorkommt.

[7]Hinzu kommen noch syntaktische Verfahren zur Komposita-Identifikation, auf die an dieser Stelle nicht näher eingegangen werden soll.

Fall / Endung	**-**	**n**	**en**	**sen**	...
normal	Flüssen-	Flüsse-n	Flüss-en	Flüs-sen	...
Umlautung	Flussen-	Flusse-n	Fluss-en	Flus-sen	...
ß/ss-Wechsel	Flüßen-	Flüße-n	Flüß-en	Flü-ßen	...
beides	Flußen-	Fluße-n	**Fluß**-en	Flu-ßen	...

Tabelle 5.1: Flexionsanalyse für den Term Flüssen
Lezius (1994, Seite 7)

Das Ursprungswort, nach alter Rechtschreibung, ist "Fluß", das in der Tabelle markiert wurde. Die Regeln zur Bildung von Flexionsformen können aufgeteilt werden in solche, die die Endung und solche, die den Wortstamm betreffen. Daher wird ein Tabelle erzeugt, die alle möglichen Endungs-Wortstamm-Kombinationen enthält. Die erste Zeile der Tabelle enthält das unveränderte Wort "Flüssen" und die Wörter, die entstehen, wenn man die möglichen Endungen der Flexionsformen entfernt. In den nächsten Zeilen werden eine Umlautung (d. h der Vokal u wird durch den Umlaut ü ersetzt) und ein ß/ss-Wechsel vorgenommen. Auch diesem neuen Wort ("Flussen" bzw. "Flüßen") werden die Flexionsendungen entfernt. Im Beispiel findet sich aber erst bei einer Kombination aus Umlautung und ß/ss-Wechsel sowie dem Entfernen der Endung "-en" das Ursprungswort "Fluß" (in alter Rechtschreibung).

Wie anhand des Beispiels deutlich wird, besteht die Gefahr, dass ein lexikalisches Verfahren einen sehr hohen Rechenaufwand verursacht, bevor das Ausgangswort zu einer Flexionsform gefunden wird. Im Gegensatz dazu ist der Aufwand der graphematischen Verfahren geringer.

Diese Verfahrensgruppe besteht aus den Teilbereichen der Grund- und Stammformreduktion. Bei der Grundformreduktion werden die Wörter auf ihre Grundform zurückgeführt. Dies geschieht zunächst durch Abtrennen der Flexionsendung. Soll das Wort auf seine lexikographische Grundform reduziert werden, d. h. auf den Nominativ Singular bei Substantiven bzw. den Infinitiv bei Verben, so muss die entsprechende Endung anschließend wieder angehängt werden, z. B. durch die Verwendung eines Lexikons. Die Stammformreduktion reduziert die Wörter auf ihren Wortstamm, wodurch sowohl Substantive als auch Verben auf einen Wortstamm reduziert werden können (z. B. eine

Reduktion der englischen Wörter computer, computation, compute zu comput)[8]. Dies geschieht häufig durch einfaches Abschneiden der Endungen nach bestimmten Regeln. Insbesondere die Stammformreduktion führt bei Anwendung auf englischsprachige Texte zu sehr schnellen Erfolgen. Auf deutsche Texte kann die Stammformreduktion jedoch nur schwer übertragen werden. Grund dafür ist die wesentlich komplexere Wortbildung der deutschen Sprache.[9] Durch flexionelle Morpheme können bei Substantiven bis zu vier Fälle (Nominativ, Akkusativ, Dativ und Genitiv) unterschieden werden, während im Englischen nur der Genitiv (mit Apostroph s) eine eigene Wortform besitzt.[10] Betrachtet man die Wortbildung der Verben, so trägt ein Verb im Deutschen Informationen über Person und Numerus mit sich. Ein englisches Verb hingegen unterscheidet sich nur in der dritten Person von seiner Stammform (z. B. steht das englische Verb say für verschiedenste Formen des deutschen Verbs, wie sage, sagst, sagen, sagt, sag; lediglich in der dritten Person Singular gibt es die direkte Entsprechung he/she/it says = er/sie/es sagt).[11] Am Beispiel der Pluralbildung verschiedener Substantive sind die Schwierigkeiten bei der Stammformreduktion in der deutschen Sprache besonders gut zu erkennen. So hat das Deutsche wesentlich mehr Allomorpheme zur Pluralbildung als das Englische. Während im Englischen nur verschiedene Endungen an den Wortstamm gehängt werden, kann es im Deutschen zu einer Veränderung der Endung (Anhängen von bzw. Veränderung zu "-e", "-er", "-n", "-en"), einer Veränderung des Wortstamms (z. B. durch Veränderung eines Vokals zu einem Umlaut) oder einer Kombination aus beidem kommen.[12] Tabelle 5.2 verdeutlicht diesen Zusammenhang anhand einiger Beispiele.

5.2.1 TreeTagger

Ein Verfahren, das sowohl eine lexikalische Grundlage hat, als auch eine Grundformreduktion vornimmt, ist das Tagging. Ein Tagger ist ein Programm, das den Wörtern eines Textes ihre grammatikalischen Merkmale wie Wortklassen, Kasus, Numerus, Ge-

[8] vgl. Fuhr (1998), Seite 53

[9] Zur Vorgehensweise der kontrastiven Grammatik vgl. Hellinger (1977).

[10] vgl. Hawkins (1986), Seite 11

[11] vgl. Hawkins (1986), Seite 11

[12] vgl. Tietze (1974), Seite 3 und Hawkins (1986), Seite 12

Singular englisch	Plural englisch	Singular deutsch	Plural deutsch
dog	dogs	Hund	Hunde
image	images	Bild	Bilder
street	streets	Straße	Straßen
newspaper	newspapers	Zeitung	Zeitungen
apple	apples	Apfel	Äpfel
tree	trees	Baum	Bäume

Tabelle 5.2: Pluralbildung verschiedener Substantive im Englischen und im Deutschen

nus usw., die sogenannten Tags, zuweist.[13] Lenz, Hübner und Kunze (1998, Seite 122) berichten über einen erfolgreichen Einsatz des Verfahrens in einer Anwendung des TCBR, so dass sich dessen Verwendung für den vorliegenden Fall anbietet. Der hier verwendete Tagger ist der TreeTagger von Schmid (1994), der neben den grammatikalischen Merkmalen zusätzlich die Grundform der untersuchten Wörter ausgibt.

Der TreeTagger basiert auf einem binären Entscheidungsbaum, der mittels eines modifizierten ID3-Algorithmus den in Trigramme aufgeteilten Text untersucht. Mit Trigrammen bezeichnet man Sequenzen aus drei Buchstaben, in die ein Text aufgespalten werden kann. Beispielsweise würde der Satz "17 Prozent Abschlag für Vorzugsaktionäre" in die Trigramme (17, Pro, roz, oze, zen, ent, Abs, bsc, sch, chl, hla, lag, für, Vor, orz, rzu, zug, ugs, gsa, sak, akt, kti, tio, ion, onä, när, äre) aufgeteilt. Durch die Verwendung dieser Technik wird der Einfluss einer Endung oder Umlautung auf die Konstruktion des Entscheidungsbaums geringer. Zusätzlich wird ein Lexikon benutzt, das die a-priori-Wahrscheinlichkeiten für das Auftreten eines Tags bei einem bestimmten Wort enthält. Die ursprüngliche Version des TreeTaggers wurde für Anwendungen in englischer Sprache entwickelt. Inzwischen existieren aber Versionen für verschiedene Sprachen. Die deutsche Version wurde mit einem Korpus der Stuttgarter Zeitung trainiert und getestet, der ingesamt 25.000 unterschiedliche Tokens[14] umfasste.[15] Aus diesem Korpus wurden ca. 36.000.000 Wortformen erzeugt, die in das Lexikon einge-

[13] vgl. Lezius (1995), Seite 3

[14] Ein Token ist eine Zeichenkette bzw. eine einzelne sprachliche Äußerung (vgl. auch Bußmann (2002)). So besteht der Satz "Das Gras ist grün" aus vier Tokens.

[15] vgl. Schmid (1995), Seite 6

flossen sind.

Durch die Verwendung eines Taggers kann allerdings das Problem der Ambiguität, d. h. der Doppeldeutigkeit von Wörtern, nicht behoben werden. Für Wörter, wie z. B. "Bank" mit der Bedeutung Geldinstitut oder Sitzmöglichkeit, ist das Problem der Ambiguität nicht automatisch zu beheben. Bei der vorliegenden Anwendung kann dieses Problem aber vernachlässigt werden, da alle zu indizierenden Texte aus einer abgegrenzten Wissensdomäne stammen und daher nur sehr selten Ambiguitäten auftreten.

5.2.2 Vorgehensweise bei der Datenvorverarbeitung

Der Vorgang des Tagging gehört zum Aufgabengebiet der Datenvorverarbeitung, welche die ursprünglichen XML-Dokumente in eine Form bringt, die im Indizierungsschritt verarbeitet werden kann. Aufgrund der Funktionsweise des TreeTaggers müssen die einzelnen Schritte auf Shell-Ebene in einer Unix/Linux-Umgebung durchgeführt werden. Dadurch unterliegt man Restriktionen bzgl. der Anzahl an Dateien, die pro Ausführung an den Tagger übergeben werden können. Die in Anzahl der Zeichen gemessene Länge eines Programmaufrufs darf nicht unbegrenzt lang sein, so dass nicht alle Dokumente in *einem* Durchlauf bearbeitet werden können. Das andere Extrem, also *ein* Start des Taggers pro Dokument, ist allerdings aus Performanzgründen nicht ratsam. Dies liegt darin begründet, dass der Rechenaufwand pro Wort relativ gering ist.[16] Im Gegensatz dazu ist der konstante Aufwand pro Start des Programms recht groß. Bei mehreren Tests mit unterschiedlich großen Dokumentenmengen verursachte das Initialisieren des TreeTaggers sowie das Laden des Lexikons einen nicht zu vernachlässigenden Rechenaufwand. Da die zu bearbeitenden Dokumente relativ wenige Wörter enthalten, bietet es sich an, größere Dokumentenmengen an den TreeTagger zu übergeben. Daher wird die gesamte Dokumentenmenge in Teilmengen zu je 1.000 Dokumenten aufgeteilt.

Der TreeTagger erzeugt nach der Bearbeitung aller ihm übergebenen Dokumente eine Datei, in der die Ergebnisse des Durchlaufs gespeichert sind. In der Datei werden die In-

[16]Schmid (1995), Seite 8, gibt den Rechenaufwand auf einer Sun SPARCstation 10 mit 8.000 Tokens pro Sekunde an. Moderne i386-basierte Systeme liefern im Vergleich zu dieser Referenzgröße noch deutlich bessere Werte.

formationen zeilenweise gespeichert, so dass sich in jeder Zeile je ein Ursprungswort, die erkannte Flexionsform sowie die zugehörige Grundform finden. Begriffe, die in spitzen Klammern stehen ("<>"), werden vom Tagger ignoriert und unverändert in die Ergebnisdatei geschrieben. Um das Ergebnis des Tagging weiterverwenden zu können, muss es wieder in einzelne Dateien aufgespalten werden. Dazu werden vor dem Tagging die Dateinamen der Dokumente in der Form "<FILENAME:Dateiname>" an den Anfang eines jeden Dokuments geschrieben. Diese können dann später genutzt werden, um den ursprünglichen Kontext wieder herzustellen. Zusätzlich werden die Umlaute ä, ö und ü, die in den XML-Dokumenten in der in HTML üblichen Schreibweise "&a/o/u/uml;" verwendet werden, übersetzt, damit der TreeTagger Wörter, die Umlaute enthalten, verarbeiten kann. Als letzter Schritt vor dem Tagging werden die Metadaten der Dokumente extrahiert und in eigene Dateien geschrieben. Diese Vorgehensweise bietet eine erhebliche Erleichterung bei der Erfassung und Auswertung der Metadaten im späteren Indizierungsvorgang. Nachdem das Tagging durchgeführt wurde, wird die erzeugte Ergebnisdatei wie beschrieben in einzelne Dokumente aufgespalten und die nicht benötigten Informationen, wie z. B. die Benennung der Flexionsform, werden aus ihr entfernt.

5.2.3 Ergebnis der Datenvorverarbeitung

Nach Ablauf der Datenvorverarbeitung werden die in Teilmengen aufgeteilten Dokumente wieder in ein gemeinsames Verzeichnis übertragen. Als Ergebnis erhält man somit zwei Dokumentenmengen, von denen die eine die Metadaten der Dokumente und die andere den von Flexionsformen gereinigten und pro Wort zeilenweise angeordneten Text enthält. Um die Zweckmäßigkeit der Datenvorverarbeitung zu überprüfen, wurden Häufigkeitsmessungen der in den Dokumenten auftretenden Begriffe vorgenommen. Als Grundlage für diese Messungen dienten 7.582 zufällig ausgewählte Dokumente. Alle Dokumente wurden dem Teilbereich der Datenvorverarbeitung unterzogen, der die Metadaten extrahiert und die Umlaute ersetzt. Die Dokumentenmenge wurde anschließend dupliziert, so dass Messungen der Worthäufigkeiten mit und ohne Tagging durchgeführt werden konnten. Die Zahl der unterschiedlichen Wörter reduzierte sich von 48.960 auf 42.078. Beim Vergleich dieser Zahlen ist zu berücksichtigen, dass viele Dokumente, zusätzlich zum deutschen Text, den selben Inhalt auf Englisch enthalten, der vom Tagging unbeeinflusst bleibt. Untersucht man die in den Dokumenten am häufigsten genannten deutschen Substantive und vergleicht die Anzahl ihrer Nennungen, so erhält man eine deutliche Konsolidierung des Vokabulars. Tabelle 5.3 zeigt eine Auflistung dieser Substantive und stellt ihre Häufigkeiten mit und ohne Tagging gegenüber.

Begriff	**mit Tagging**	**ohne Tagging**
Analyst	1.179	578
Million	1.062	939
Einzelaktie	972	581
Ergebnis	901	789
Ausfuhr	690	159
Halbjahr	747	736
Quartal	735	685
Markt	730	577
Unternehmen	686	590
Umsatz	574	448
Händler	506	455
Aktienindex	454	275
Einfuhr	448	19

Tabelle 5.3: Vergleich der Häufigkeiten der am meisten genannten Substantive aus einer Auswahl von 7.582 Dokumenten

5.3 Wissensmodell und Taxonomieerstellung

Vokabular, Ähnlichkeitsmaß, Fallbasis und Lösungstransformation sind nach Richter (1995) die vier Wissenscontainer, aus denen ein Wissensmodell konstruiert werden kann. Sie bilden die Grundlage jeder CBR-Anwendung und müssen daher eindeutig bestimmt werden, bevor mit der Entwicklung eines CBR-Systems begonnen werden kann. Im Folgenden sollen die Bestandteile der einzelnen Container betrachtet und beschrieben werden, wobei aber keine Verfahren zur Lösungstransformation behandelt werden, da bei der vorliegenden Anwendung keine Adaptionskomponente Verwendung findet.

5.3.1 Vokabular

Das Indizierungsvokabular setzt sich aus den Dimensionen (oder Attributen) und deren Ausprägungsmengen zusammen, welche die Struktur der Wissensdomäne abbilden. Ein gutes Vokabular muss die einzelnen Bereiche derart abdecken, dass die Fälle bzw. die Dokumente nach ihrem Beitrag zur Problemlösung indiziert werden.[17] Im konkreten Anwendungsfall wurden mehrere tausend Dokumente der Datenvorverarbeitung und einer späteren Wörterzählung unterworfen. Das Ergebnis wurde derart manuell ausgewertet, dass die gefundenen Wörter, die häufiger als zwanzigmal genannt wurden, in Gruppen aufgeteilt wurden. Dabei ergaben sich die folgenden Dimensionen:

- Institutionen, Gruppen und Amtsträger: Abbildung aller am Wirtschaftsgeschehen teilnehmenden Akteure mit Ausnahme derjenigen, die einer Unternehmung direkt zugeordnet werden können.
  Beispiele: Bundesbank, Gewerkschaft, EU-Wettbewerbskommissar

- Personen: Mitglieder einer Unternehmung bzw. Personen, die in direktem Zusammenhang mit einer Unternehmung stehen.
  Beispiele: Finanzvorstand, Verwaltungsrat, Mehrheitsaktionär

- Rechtsformen: Abbildung der verschiedenen Rechtsformen, denen eine Unternehmung unterliegen kann.
  Beispiele: GmbH, AG, KGaA

- Trends und Bewegungen: Erfassung von Marktaktivitäten und den Markt beschreibenden Adjektiven.
  Beispiele: Handelsstart, Kursverlust, Gewinnmitnahme

- Unternehmenszahlen: Abbildung der Unternehmungen zuzuordnenden Kenngrößen.
  Beispiele: Eigenkapital, DVFA-Ergebnis, Marktkapitalisierung

[17] vgl. Kolodner und Leake (1996), Seite 44

- Volkswirtschaft: Volkswirtschaftliche Kenngrößen.
  Beispiele: Inflationsrate, Geldpolitik, Verbraucherpreisindex

- Zeitrahmen: Berichtsperioden und -zeiträume.
  Beispiele: Vorjahresperiode, Quartal, Geschäftsjahr

- Indizes: Nationale und internationale Aktienindizes.
  Beispiele: CDAX, Euro-Stoxx-50, Nikkei-225

In verschiedenen Besprechungen mit Mitarbeitern von VWD wurde beschlossen, als zusätzliches Attribut eine Branchenkodierung hinzu zu nehmen. Die Zuordnung der Branche erfolgt nicht über eine Volltextindizierung, sondern durch Nutzung der in den Metadaten enthaltenen Informationen. Grundlage der Branchenzuordnung ist eine modifizierte Branchenklassifizierung des Statistischen Bundesamts, die von VWD zur Verfügung gestellt wurde.

Jedem Attribut muss nun eine Menge von möglichen Ausprägungen zugrunde gelegt werden, um eine Projektion der zu indizierenden Dokumente in den Attributeraum vorzunehmen. Als Grundlage der Ausprägungsmengen dient wiederum das Ergebnis der Wörterzählung aller Begriffe mit mehr als 20-facher Nennung. Aus diesem wird für jedes Attribut eine Taxonomie erzeugt, welche die Zusammenhänge zwischen den Begriffen, d. h. Spezialisierungen und Verallgemeinerungen, wiedergibt. Ergänzt werden die Taxonomien durch weitere Begriffe. Dies sind einerseits verwandte Begriffe auf einer gleichen oder untergeordneten Ebene, die zwar seltener genannt werden, aber dem Streben nach Vollständigkeit bei der Erstellung einer Taxonomie Rechnung tragen. Andererseits wurden aber auch Zwischenstufen in die Taxonomien eingefügt, die so nicht in den Texten vorkommen. Diese dienen zur Verfeinerung der auf den Taxonomien gebildeten Ähnlichkeitsmaße.

Beispielhaft sei ein Ausschnitt aus der Taxonomie der Indizes betrachtet: Sehr häufig werden die Begriffe DAX, DAX-100 und MDAX genannt. Als Kriterium zur Strukturierung bietet sich in diesem Fall die Zusammensetzung der Indizes an, so dass DAX-100 als Oberbegriff zu DAX und MDAX aufgefasst wird. Als Ergänzung wird der CDAX eingefügt und mit dem DAX-100 auf eine Stufe gestellt. Zur Abgrenzung gegenüber

Indizes aus anderen Ländern wird auf der vorgelagerten Ebene die zusätzliche, aber in diesem Zusammenhang nicht in den Dokumenten auftretende, Stufe "Deutschland" eingefügt. Als Ergebnis ergibt sich der in Tabelle 5.4 dargestellte Ausschnitt aus der genannten Taxonomie.

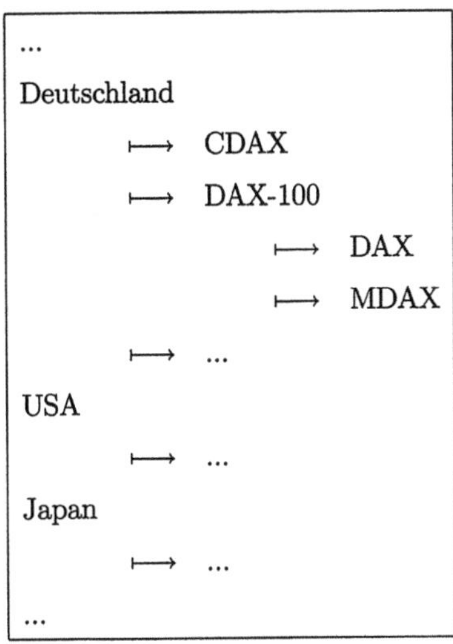

Tabelle 5.4: Ausschnitt aus der Taxonomie zur Erfassung verschiedener Aktienindizes

5.3.2 Ähnlichkeitsmaße

Der zweite Wissenscontainer enthält die von der CBR-Anwendung benötigten Ähnlichkeits- bzw. Distanzmaße, die, wie in Kapitel 3 erläutert, in globale und lokale Maße unterschieden werden. Das Wissensmodell der vorliegenden Anwendung besteht aus den neun beschriebenen Attributen, so dass der Attributeraum die Dimension 9 aufweist und ein Fall bzw. eine Anfrage als Vektor $d = \left(d^0, \ldots, d^8\right)$ bzw. $q = \left(q^0, \ldots, q^8\right)$ dargestellt werden kann. Bei der Formulierung einer Anfrage q werden die Repräsentationen der gesuchten Attributeausprägungen, also die der Anfrage entsprechenden Knoten der Taxonomie, in den Anfragevektor übertragen. Attributen, die bei der Anfrage nicht berücksichtigt werden sollen, wird der Wert 0 zugewiesen. Ein beispielhafter Anfragevektor hat somit die Form: $q = (0, 0, 0, 21, 0, 45, 3, 0, 0)$. Dim_q bezeichne die Dimension einer Anfrage, die aus der Anzahl der Zuweisungen resultiert, deren Wert ungleich Null ist. Formal ergibt sich für diesen Wert:

$$Dim_q = \left|\left\{q^0, \ldots, q^8 : q^j \neq 0,\ j = 0, \ldots, 8\right\}\right|.$$

Somit hat die beispielhafte Anfrage die Dimension $Dim_q = 3$. Für alle Attribute, deren zugehöriges Element des Anfragevektors ungleich Null ist, werden die lokalen Ähnlichkeiten zu allen Fällen der Fallbasis berechnet. Als Ähnlichkeitsmaß wird das in Formel 3.1 eingeführte lokale Ähnlichkeitsmaß verwendet, so dass die Ergebnisse der lokalen Betrachtungen aus dem Intervall $[0,1]$ stammen. Die Bestimmung der globalen Ähnlichkeit erfolgt mit einem gewichteten Ähnlichkeitsmaß, dessen Ergebnis zusätzlich auf das Intervall $[0,1]$ normiert wird. Bezeichne sim^j das lokale Ähnlichkeitsmaß für das Attribut j, dann kann für jeden Fall d aus der Fallbasis die Ähnlichkeit zur Anfrage q wie folgt bestimmt werden:

$$\mathrm{SIM}\left(q,d\right) = \frac{1}{Dim_q} \sum_{j=0}^{8} \delta^j \cdot \omega^j \cdot \mathrm{sim}^j\left(q^j, d^j\right),$$

wobei

$$\delta^j = \begin{cases} 1, & \text{wenn } q^j \neq 0 \\ 0, & \text{wenn } q^j = 0 \end{cases}, \quad \omega^j > 0 \text{ und } \sum_{j=0}^{8} \delta^j \cdot \omega^j = Dim_q.$$

Durch die Bedingung $\sum_{j=0}^{8} \delta^j \cdot \omega^j = Dim_q$ wird sichergestellt, dass $\mathrm{SIM}\left(q,d\right)$ aus dem Intervall $[0,1]$ stammt. Betrachtet man z. B. $q = (0,0,0,21,0,45,3,0,0)$ und ein Dokument d mit $\mathrm{sim}^3\left(q^3,d^3\right) = 0{,}8$, $\mathrm{sim}^5\left(q^5,d^5\right) = 0{,}8$ und $\mathrm{sim}^6\left(q^6,d^6\right) = 0{,}4$ und der Gewichtung $\omega^3 = 0{,}5$, $\omega^5 = 1{,}5$ und $\omega^6 = 1$, dann ist $\mathrm{SIM}\left(q,d\right) = \frac{2}{3} \in [0,1]$.

5.3.3 Fallbasis

Der letzte zu betrachtende Wissenscontainer der CBR-Anwendung ist die Fallbasis, deren Funktion darin liegt, das Ergebnis des Indizierungsvorgangs zu speichern und für eine ähnlichkeitsbasierte Suche bereit zu halten. In Kapitel 2 wurde ein vollständiges Modell einer Fallbasis auf Grundlage einer Relationalen Datenbank vorgestellt, das im Folgenden Verwendung finden soll. Die technischen Einzelheiten sowie die Datenbankstruktur werden im nächsten Abschnitt ausführlich erläutert.

5.4 Technische Umsetzung

5.4.1 Datenbankstruktur

Zur Umsetzung des in Kapitel 2 beschriebenen Verfahrens zur Repräsentation von Fällen in einer Relationalen Datenbank werden zunächst die Relationen benötigt, die für die Erstellung der Fallbasis nötig sind. Der Kern der Fallbasis ist eine Tabelle, in der die Menge der indizierten Dokumente erfasst wird. In dieser wird jedem Dokument ein eindeutiger numerischer Wert zugewiesen und ein Teil der in den Dokumenten enthaltenen Metadaten gespeichert. Die Spalten der mit *file* bezeichneten Tabelle sind:

- rec_id: Dieser Integer-Wert dient als Primärschlüssel der Tabelle und wird mit jedem neu hinzugefügten Dokument um eins erhöht.
- filename: Erfassung des physischen Dateinamens des Textdokuments, um nach dem Indizierungsvorgang das Ausgangsdokument identifizieren zu können.
- news_date und news_time: Datum und Uhrzeit der Nachricht.
- headline: Überschrift der Nachricht.
- lang: Sprachkennung, die zur Zeit bei allen Dokumenten de für deutsch beinhaltet.

Die in *file* gespeicherten Metadaten sind alle einelementig, so dass die Tabelle keine redundanten Informationen und keine nicht-atomaren Werte enthält. Zusätzlich zu diesen Werten beinhaltet jedes Dokument aber noch weitere Metadaten, die in den Feldern `<VWD-SELECTOR>` und `<WPKN>` vorhanden sind. Um die Normalität der Relationen zu wahren, werden diese beiden Merkmale in eigenen Tabellen mit den Bezeichnungen *file_vwd_selector* und *file_wpkn* in Tupeln der Form (rec_id, vwd_selector) bzw. (rec_id, wpkn) erfasst, wobei rec_id der in der Tabelle *file* verwendete Primärschlüssel ist. Damit werden alle in den Dokumenten enthaltenen Metadaten in die Fallbasis übernommen.

Zur Projektion der Dokumente in das Wissensmodell während des Indizierungsvorgangs müssen die Dokumente mit den Inhalten der Taxonomien verglichen werden.

Zur Vereinfachung der Datenhaltung und des Datenzugriffs wird jede einzelne Taxonomie durch eine Tabelle in der Datenbank repräsentiert, so dass die Bestandteile des ersten Wissenscontainers (Vokabular) in die Tabellen *taxonomy_0* bis *taxonomy_8* übernommen werden. Zur Vereinfachung der Berechnung der Ähnlichkeit sowie der Relaxationssteuerung werden zusätzliche Informationen über die Taxonomien in die einzelnen Tabellen aufgenommen, so dass diese die folgende Struktur aufweisen:

- id: Der Primärschlüssel der Tabelle; in der Schreibweise von Kapitel 2 ist id der Index des Knotens der Taxonomie t ($node^t_{id}$).
- pid: Die id des direkten Vorgängerknotens, d. h. $node^t_{pid} > node^t_{id}$.
- no: Die ausführliche numerische Bezeichnung des Knotens. Diese wird aus Gründen der Übersichtlichkeit und des Verständnisses mitgeführt. Ein beispielhafter Wert ist z. B. 2.3.4.1.
- fullname: Vollständige Bezeichnung des Knotens. Dieser Term wird zum Vergleich mit den Dokumentinhalten herangezogen.
- s: Der in Kapitel 2 eingeführte Ähnlichkeitswert für die einzelnen Stufen einer Taxonomie.
- nid: Die id des nächsten Nachbarn im Baum, d. h. des Knotens, der auf der selben Ebene steht. Es gilt $node^t_{pid} \gg node^t_{id}$, $node^t_{pid} \gg node^t_{nid}$ und es existiert kein Knoten $node^t_{id'}$ mit $node^t_{pid} \gg node^t_{id'}$, für den gilt $id < id' < nid$.

Für die Speicherung des Ergebnisses der Indizierung werden neun weitere Relationen erzeugt, wobei jede Relation die Treffer in einer Taxonomie erfasst. Die Tabellen *file_taxonomy_0* bis *file_taxonomy_8* haben die Form (rec_id, taxonomy_node), wobei taxonomy_node auf den Primärschlüssel der entsprechenden Taxonomie und rec_id auf den Primärschlüssel der Tabelle *file* verweisen. Mit den vorgenannten Tabellen ist die Fallbasis eindeutig beschrieben.

Neben diesen, den Wissenscontainern zuzuordnenden Relationen, werden zum Betrieb der Suchmaschine noch weitere benötigt. Da die Branchenzuordnung ebenfalls durch Verwendung einer Taxonomie realisiert wird, das Matching aber nicht im eigentlichen

Indizierungsprozess erfolgt, sondern mithilfe der in *file_wpkn* gespeicherten Wertpapierkennnummern, wird eine Tabelle benötigt, die eine Zuordnung der Wertpapierkennnummer zum Primärschlüssel der Branchentaxonomie vornimmt. Daher existiert eine Tabelle *branche_wpkn*, die Tupel der Form (wz_id, wpkn) enthält. Weiterhin werden noch Tabellen zur Verwaltung der Volltextbezeichnung der VWD-Selektoren (*vwd_selector*) und der Taxonomien (*taxonomy_names*) bereitgehalten. Weitere Tabellen mit unterstützender Funktionsweise werden im Verlauf der Beschreibung der einzelnen Module vorgestellt.

5.4.2 Indizierung der Textdokumente

In Definition 2.8 wurde eine Definition bzgl. der Zuordnung eines Dokuments zu einer Taxonomie getroffen. Aufgabe der Indizierung ist es, alle Textdokumente aufgrund dieser Definition mit den Taxonomien des Wissensmodells in Beziehung zu setzen und die Ergebnisse in der Fallbasis aufzuzeichnen. Die Indizierung erfolgt mit einem in Java entwickelten Programm, das eine vorliegende Dokumentenmenge einschließlich der zugehörigen Metadaten auswertet. Ausgangspunkt dafür ist das Ergebnis der Datenvorverarbeitung. Die vorverarbeiteten Dokumente sowie die Metadaten werden in zwei Verzeichnissen für die Indizierung vorgehalten. Die Steuerung der Indizierung erfolgt über eine Initialisierungsdatei und verschiedene Kommandozeilenparameter. Durch die Verwendung der Java Database Connection (JDBC) in Verbindung mit einem MySQL-Datenbankserver ist ein Betrieb der Suchmaschine auf verteilten Systemen möglich, so dass die Indizierung auf einer vom Datenbankserver unabhängigen Plattform durchgeführt werden kann.

Stoppwörter und Synonyme

Ein Problem bei der Indizierung der Textdokumente ist die Bewältigung einer sehr großen Menge von Termen und demzufolge einer Vielzahl von durchzuführenden Vergleichen. Das vorliegende System verwendet während des Einlesens der Textdokumente verschiedene Techniken, um die Anzahl der mit den Taxonomien zu vergleichenden Wörter zu reduzieren. Das einfachste Verfahren ist das Ignorieren von Termen, deren Länge kleiner als eine bestimmte Anzahl Zeichen ist. Wie groß dieser Schwellenwert ist, hängt vom aktuellen Wissensmodell und den Knoten der Taxonomien ab. Im aktuellen Anwendungsfall wird diese Grenze auf vier Zeichen gesetzt.

Ein weiteres Verfahren, das auch in vielen Systemen des Information Retrieval zum Einsatz kommt, ist die Verwendung einer Stoppwortliste. Dabei werden Wörter, die in der Liste enthalten sind, beim Einlesen der Textdokumente herausgefiltert. Insbesondere Bindewörter, Hilfsverben und Personalpronomina leisten keinen Beitrag zum Finden von zu einer Anfrage passenden Textdokumenten, so dass auf diese verzichtet werden kann, ohne einen Verlust an Information zu erleiden. Die Menge der verwendeten Stoppwörter basiert auf einer Liste der Universität Dortmund, die im Rahmen des UdmSearch-Projekts erzeugt wurde.[18]

Einen Beitrag zur Aufwandsreduktion leistet auch das Suchen von Wörtern, die durch Synonyme ersetzt werden können. Dieser Effekt ist allerdings nicht die Hauptaufgabe der Synonymliste. Stattdessen soll der Umfang des zur Indizierung notwendigen Vokabulars reduziert werden. So können einerseits Abkürzungen wie z. B. "BIP" und "Bruttoinlandsprodukt", andererseits aber auch Begriffe gleichen Inhalts, wie z. B. "Ergebnisverbesserung" und "Ergebnissteigerung" erkannt und ersetzt werden. Die Stoppwörter- und die Synonymliste werden aus Gründen der leichteren Editierbarkeit in zwei Tabellen der MySQL-Datenbank verwaltet, auf die mit JDBC zugegriffen wird. Zu Beginn des Indizierungsvorgangs werden die beiden Listen in den Arbeitsspeicher geladen und für die Vergleiche in Kleinbuchstaben umgewandelt.

Vergleichsschritt

Im nächsten Schritt werden die Terme der Taxonomien samt ihrer Indizes aus der Datenbank gelesen und in Kleinbuchstaben umgewandelt. Da der Aufwand zur Umwandlung in Kleinbuchstaben gering ist und die Umwandlung nur einen einmaligen Schritt pro Indizierungsvorgang darstellt, werden die verschiedenen Listen in der korrekten Schreibweise, d. h. mit unterschiedener Groß- und Kleinschreibung, in der Datenbank gespeichert. Dieses Vorgehen bietet den Vorteil, dass das Suchformular auf die selben Tabellen zugreifen kann, wie das Indizierungsmodul. Nach Abschluss dieser

[18] http://ls6-www.informatik.uni-dortmund.de/ir/projects/freeWAIS-sf/stopword(lang, word)S

Initialisierungsschritte beginnt die Indizierung. Sukzessive werden die Dokumente der Dokumentenmenge zeilenweise eingelesen und mit der Stoppwörter- und der Synonymliste verglichen. Die im Dokument gefundenen Terme werden in eine dynamische Liste geschrieben und ebenfalls in Kleinbuchstaben umgewandelt.

Die in den Taxonomien gespeicherten Terme werden nun mit den Termen der Wortliste des aktuellen Dokuments verglichen und die Indizes gleicher Terme werden gemäß Definition 2.8 in eine Trefferliste übertragen. Auch an dieser Stelle kann eine erhebliche Aufwandsreduktion vorgenommen werden. So lässt sich aus den Betrachtungen in Kapitel 2 und der Annahme, dass in keiner Taxonomie Knoten existieren, deren zugeordnete Terme identisch sind, eine Eindeutigkeitsforderung aufstellen: Unter der Voraussetzung von Bemerkung 2.9 sowie der Bedingung

$$node_i^t \neq node_j^{t'} \text{ für alle } i,\ j \text{ und } t \neq t'$$

kann der Vergleich eines Terms mit den Termen der Taxonomien abgebrochen werden, wenn eine Übereinstimmung gefunden wurde. Es kann also mit dem nächsten Wort der Liste fortgefahren werden.

Nachdem die gesamte Wortliste eines Dokuments abgearbeitet wurde, werden die Metadaten aus der Datei selben Namens im Metadaten-Verzeichnis gelesen. Die Felder `<VWD-SELECTOR>` und `<WPKN>` können nicht ohne weitere Bearbeitung übernommen werden, da sie aus einer durch Leerzeichen getrennten Liste bestehen, die zunächst in einzelne Argumente aufgeteilt werden muss. Nach der Aufteilung werden die Wertpapierkennnummern der im betrachteten Dokument behandelten Unternehmen dazu genutzt, um mithilfe der Tabelle *branche_wpkn* die Einordnung des Dokuments in die Branchentaxonomie vorzunehmen und das Ergebnis in der Trefferliste zu speichern. Der VWD-Selektor wird zusammen mit den anderen Metadaten in einer eigenen Liste verwaltet.

Übertragung des Ergebnisses in die Fallbasis

Nach Abschluss der Indizierung eines Dokuments wird der Inhalt der Trefferliste in die Tabellen *file_taxonomy_0* bis *file_taxonomy_8* übertragen. Die Metadaten werden in die Tabellen *file* und *file_vwd_selector* geschrieben. Um eine Suchanfrage zusätzlich

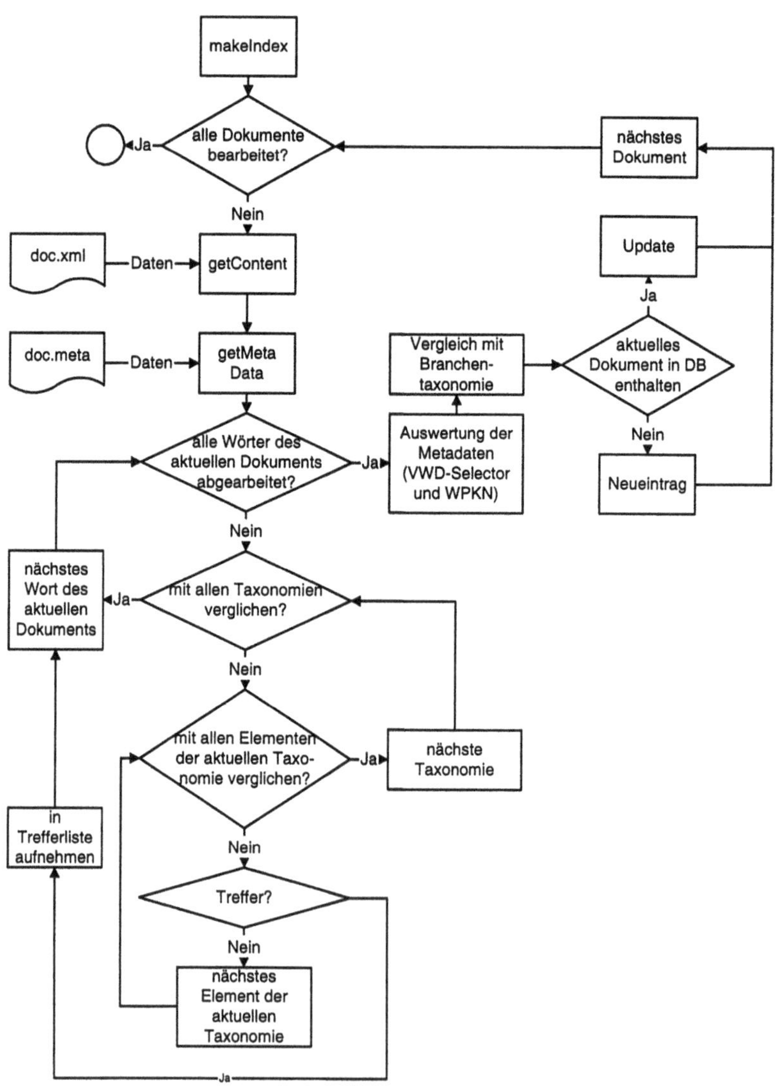

Abbildung 5.1: Ablauf der einzelnen Schritte der Indizierung

auf eine bestimmte Wertpapierkennnummer einschränken zu können, werden diese in die Tabelle *file_wpkn* übertragen. Vor dem schreibenden Zugriff auf die Datenbank wird geprüft, ob das aktuelle Dokument schon einmal indiziert wurde, also mindestens in der Tabelle *file* enthalten ist. Sollte das Dokument bereits vorhanden sein, werden nur die vom Wissensmodell abhängigen Einträge in den Tabellen *file_wpkn* sowie *file_taxonomy_1* bis *file_taxonomy_8* aktualisiert. Alle statischen Informationen, wie Dokumentenname oder -überschrift bleiben erhalten. Nach der Speicherung der Ergebnisse in der Datenbank wird mit dem nächsten Dokument fortgefahren, bis alle Dokumente inklusive ihrer Metadaten verarbeitet wurden. Abbildung 5.1 zeigt den schematischen Ablauf des Indizierungsvorgangs.

Der vorgestellte Ablauf der Indizierung ermöglicht es, dass neue Dokumente mit geringem Aufwand der Fallbasis hinzugefügt und zum Durchsuchen bereitgehalten werden können. Im Gegensatz zu traditionellen Suchmaschinen ist somit keine komplette Neuberechnung von Indizes oder die Aktualisierung sonstiger Strukturen beim Hinzufügen neuer Dokument nötig. Eine Neuberechnung der gesamten Wissensbasis muss lediglich bei einer Änderung des zugrunde liegenden Wissensmodells erfolgen. Bei einem feststehenden Wissensmodell ist dadurch ein tägliches Hinzufügen aktueller Dokumente, wie es gerade bei der Suche nach Nachrichten besonders wichtig ist, mit geringem Aufwand umzusetzen.

5.4.3 Ähnlichkeitsbasierte Suche

Als Ausgangspunkt für die Entwicklung eines Programms zur ähnlichkeitsbasierten Suche in der vorgestellten Fallbasis wird ein von Schumacher und Bergmann (2000*a*) vorgestellter grundlegender Retrieval-Algorithmus für Fallbasen auf Relationalen Datenbanken verwendet. Der in Pseudocode formulierte Algorithmus 5.2 verdeutlicht die einzelnen Schritte.

Algorithmus 5.2 *dbRetrieve*[19] *:*

```
INPUT: Object query, Integer
OUTPUT: List of Object result[1...k]
```

[19] vgl. Schumacher und Bergmann (2000*a*), Seite 277

```
BEGIN
    step = 0
    WHILE (NotFinished(query, result)) DO
        sqlQuery = RelaxQuery(query, step, k)
        dbResult = ExecuteSQLQuery(sqlQuery)
        newCases = SortCases(query, dbResult)
        merge(result, newCases)
        step++
    END
END
```

Die an das System gestellte Anfrage wird an den Algorithmus übergeben. Die Suche beginnt zunächst mit der unveränderten Anfrage, die an die Datenbank gestellt wird. Die Ergebnismenge wird von der Funktion *NotFinished()* überprüft. Ist die Treffermenge zu gering, wird eine neue, relaxierte Anfrage aufgestellt und an die Datenbank übermittelt. Die aus der Datenbank geladenen Fälle werden mit der vorherigen Ergebnismenge vereinigt, und das Ergebnis wird zur Prüfung wieder an *NotFinished()* übergeben. Dieser Vorgang wird so oft wiederholt, bis ein Abbruchkriterium erfüllt ist. Dieser Ablauf der Suche nach Fällen in einer Relationalen Datenbank dient als Grundlage für die weiteren Betrachtungen, da die beschriebene Vorgehensweise auf das in dieser Arbeit vorgestellte Modell einer Fallbasis übertragbar ist. Aufgrund der vollständig anderen Konstruktion der Fallbasis[20] steht jedoch die Funktionsweise der einzelnen Schritte in keinem Zusammenhang mit dem von Schumacher und Bergmann (2000*a*) verfolgten Verfahren.

Die Umsetzung des Moduls zur ähnlichkeitsbasierten Suche erfolgt, wie auch die Indizierung, mit einem in Java unter Verwendung von JDBC entwickelten Programm. Diesem wird eine Anfrage in der in Abschnitt 5.3.2 vorgestellten Form übergeben. Ergänzend können Einschränkungen der Suche auf bestimmte Wertpapierkennnummern oder VWD-Selektoren vorgenommen werden. Neben den zur Durchführung des Datenbankzugriffs benötigten Informationen (URL, etc.) werden zum Programmstart noch zwei weitere Parameter eingelesen: *similarityThreshold* und *max_no_cases*. Mit die-

[20] vgl. die Betrachtungen in Abschnitt 2.2.2

sen beiden Werten kann der Verlauf der Suche beeinflusst werden. *similarityThreshold* gibt die Grenze an, welche die globale Ähnlichkeit eines Falls übertreffen muss, damit dieser in die Ergebnismenge aufgenommen wird. *max_no_cases* bezeichnet den Schwellenwert zum Abbruch der Relaxation: Sind in der Ergebnismenge mehr Fälle als *max_no_cases* enthalten, wird keine weitere Relaxation der Anfrage mehr durchgeführt und das Ergebnis wird ausgegeben. Bei der Durchführung der Suche wird der Anfragevektor q komprimiert, d. h. seine Dimension wird auf Dim_q reduziert. Demzufolge müssen nur noch die Tabellen durchsucht werden, welche die Taxonomien repräsentieren, für die $q^j \neq 0$ ist.

Nach der Initialisierung des Programms wird der Algorithmus dbRetrieve2[21] ausgeführt, dessen einzelne Schritte im Folgenden erläutert werden. Algorithmus 5.3 stellt den Ablauf mittels Pseudocode dar, wobei auf die Angabe der vollständigen Übergabeparameter verzichtet wird.

Algorithmus 5.3 *dbRetrieve2:*

```
INPUT: query, query_length, *
OUTPUT: List of Objects globalSim

BEGIN
    result[1...k] = ∅
    WHILE (notFinished(query, result, *))
        relaxQuery(query, *)
        FOR (taxonomy =0; taxonomy < query_length; taxonomy++)
            dbResults = executeQuery(sqlQuery(taxonomy, query, *))
            result[taxonomy] = result[taxonomy] + dbResults
        NEXT
    END
END
```

Dem Algorithmus wird die komprimierte Anfrage und die Anzahl der verwendeten Taxonomien übergeben. Zum Speichern der Treffer in den einzelnen Attributen wird

[21] Zur Vereinfachung werden die Bezeichnungen von Schumacher und Bergmann (2000*a*) beibehalten.

die dynamische Matrix *result[]* benötigt, die aus k Spalten besteht, wobei k = *query_length*. Die Anzahl der Zeilen ist abhängig von der Anzahl der gefundenen Treffer.

notFinished()

Der Programmteil *notFinished()* übernimmt die Steuerung der Suche. Für jede Taxonomie werden die lokalen Ähnlichkeiten zwischen den in *result[taxonomy]* enthaltenen Treffern und der Anfrage berechnet. Das Ergebnis der Berechnung wird gespeichert, da dies die vom betrachteten Fall maximal zu erzielende lokale Ähnlichkeit für dieses Attribut widerspiegelt. Sollte eine Relaxation innerhalb dieser Taxonomie erfolgen, würde sich bei einer Neuberechnung die Ähnlichkeit fälschlicherweise verringern. Um dies zu vermeiden, wird in einem solchen Fall auf den in einem früheren Schritt berechneten Ähnlichkeitswert zurückgegriffen. Aus den lokalen Ähnlichkeiten werden die globalen Ähnlichkeiten bestimmt. Alle Fälle, deren globale Ähnlichkeit den Wert *similarityThreshold* übersteigt, werden einer Liste mit der Bezeichnung *globalSim* hinzugefügt, welche alle Fälle enthält, die als Antwort auf die Query in Frage kommen. Das Ergebnis von *notFinished()* ist solange "true", bis die Anzahl der Fälle in *globalSim* den Wert *max_no_cases* übersteigt, bis also keine weitere Relaxation erfolgen soll.

relaxQuery()

Die Relaxation der Anfrage wird von *relaxQuery()* durchgeführt. Mit dem in Kapitel 3 beschriebenen Relaxationsverfahren (für die vorliegende Anwendung genügt der beschriebene Spezialfall) wird eine Taxonomie ausgewählt, in der die Anfrage verallgemeinert wird. Dazu wird in dieser Taxonomie der direkte Vorgängerknoten des aktuellen Knotens ausgewählt und eine dementsprechend veränderte, relaxierte Anfrage formuliert. Diese wird in der Variablen *query* gespeichert. Im ersten Schritt erfolgt keine Erweiterung der Anfrage, sondern es wird stattdessen die ursprüngliche Anfrage verwendet.

sqlQuery()

sqlQuery() erzeugt auf Basis der aktuellen in *query* gespeicherten Anfrage einen SQL-String für das Laden von Datensätzen aus der im Funktionsaufruf übergebenen Taxonomie. Die Anfrage ist so formuliert, dass bei ihrem Ausführen alle Datensätze aus der Datenbank geladen werden, die der (relaxierten) Anfrage entsprechen. Bevor die Anfrage an die Datenbank gestellt wird, erfolgt allerdings eine Einschränkung dahingehend, dass Datensätze, die in einem früheren Schritt aus der Datenbank geladen wurden, nicht ein zweites Mal angefragt werden. Zusätzlich werden in dieser Funktion die Einschränkungen bzgl. einer bestimmten Wertpapierkennnummer oder eines VWD-Selektors berücksichtigt. Die formulierten Anfragen werden nun an die Datenbank gestellt und die Ergebnisse nach Taxonomien getrennt in *result[taxonomy]* gespeichert.

Ergebnis von dbRetrieve2() und dessen Weiterverarbeitung

Das Ergebnis des Algorithmus ist eine Liste von Fällen, welche eine an das System gestellte Anfrage beantworten können. Das Ergebnis wird als Zwischenspeicher in eine Tabelle mit der Bezeichnung *output* in die Datenbank übertragen. Die Tabelle beinhaltet alle Informationen über die Textdokumente, die zur Darstellung einer Ergebnisliste nötig sind. Sie besteht aus Tupeln der Form (process_id, rec_id, filename, news_date, headline, matches, sim). Da der anzubindende Webserver mehrere Suchprozesse gleichzeitig starten kann, dient das Feld process_id zur Identifizierung des Ergebnisses. filename, news_date und headline entsprechen den in der Tabelle *file* beschriebenen Feldern. matches liefert dem Anwender Informationen darüber, aus welchen lokalen Treffern sich die globale Ähnlichkeit sim eines Falls zusammensetzt. Das so gespeicherte Ergebnis wird von einer weiteren Funktion aus der Datenbank geladen und als HTML-Seite ausgegeben.

5.4.4 Benutzerschnittstelle und Anbindung an einen Internetserver

Die Benutzerschnittstelle besteht, wie bei internetbasierten Anwendungen üblich, aus einem HTML-Formular, mittels dessen die Anfrage des Benutzers erfasst wird. Für jedes Attribut wird die zugrundeliegende Taxonomie angezeigt, so dass Anfragen durch einfaches Auswählen von Attributeausprägungen konstruiert werden können. Zusätzlich besteht die Möglichkeit, die Anfrage nach zwei Kriterien einzuschränken:

- Wird vom Benutzer eine Wertpapierkennnummer eingegeben, dann werden nur die Dokumente zurückgegeben, deren Inhalt sich mit dem Unternehmen befasst, mit dem die eingegebene WPKN assoziiert ist. Grundlage für diese Restriktion ist die in Abschnitt 5.1.3 beschriebene Erfassung der WPKNs durch den Datenlieferanten.

- Wird ein Dokumenttyp ausgewählt (z. B. Ad-Hoc-Meldungen), dann erfolgt die Suche nur auf der gewählten Teilmenge aller Dokumente. Als Auswahlmöglichkeiten stehen prinzipiell alle von VWD genutzten Kategorisierungsmerkmale zur Verfügung. Aufgrund der geringen Dokumentendichte einzelner Teilmengen wird die Auswahl aber auf die folgenden Gruppen beschränkt: alle Dokumente, Ad-Hoc-Meldungen, Unternehmensnews DAX, Unternehmensnews NEMAX, Unternehmensnews EUROSTOXX, Unternehmensnews DOW JONES, Konjunkturnews, Politik und Wirtschaft, Zentralbanknews.

Das Anfrageformular der Beispielanwendung ist eine PHP-Seite auf einem Apache-Webserver, die mittels der von PHP bereitgestellten Funktionen auf die MySQL-Datenbank zugreift. Die Auswertung der Anfrage und deren Übergabe an die Suchmaschine erfolgt mittels eines CGI-Skripts. Dieses liest zunächst die vom HTML-Formular an den Webserver übergebene Anfrage ein. Ein Perl-Skript zerlegt diese Anfrage und erzeugt einen Anfragestring, der vom CGI-Skript an die Suchmaschine übergeben wird. Diese sucht nach den der Anfrage entsprechenden Treffern in der Datenbank und erzeugt eine Ergebnisseite inklusive der benötigten HTML-Konstrukte, wie Header, Content-Type etc. Das Ergebnis der Anfrage wird an den Webserver übergeben und von diesem an den Browser des Benutzers geschickt.

Kapitel 6

Bewertung und Ausblick

6.1 Test und Gütekriterien

Zur Bestimmung der Leistungsfähigkeit der auf Grundlage des Strukturierten Textbasierten CBR entwickelten Suchmaschine für Wirtschaftsnachrichten werden die klassischen Effektivitätsmaße des Information Retrieval herangezogen. Zusätzlich wird ein Vergleich der zu ausgewählten Anfragen gelieferten Ergebnislisten zwischen der vorgestellten und einer auf traditionelle Techniken zurückgreifenden Suchmaschine für Wirtschaftsnachrichten vorgenommen.

6.1.1 Relevanz

Ausgangspunkt bei der Beurteilung der Leistungsfähigkeit von Information-Retrieval-Systemen ist die Relevanz der in der zugrunde liegenden Datenbank repräsentierten Dokumente bzgl. einer Anfrage. Hat der Benutzer eines Information-Retrieval-Systems ein spezifisches Informationsbedürfnis, so können einige der im System gespeicherten Dokumente als relevant und andere als irrelevant zur Befriedigung dieses Bedürfnisses angesehen werden.[1] Unter Relevanz kann die kontextuelle Übereinstimmung bzw. das Ausmaß der Übereinstimmung zwischen der Anfrage und einem Dokument verstanden werden.[2] Mathematisch betrachtet handelt es sich also um eine Relation aus dem Produkt von Anfrage- und Dokumentenraum auf eine beliebig definierte Skala. Bei den weiteren Betrachtungen soll diese Skala nur aus den Werten 0 und 1 bestehen,

[1] vgl. Cooper (1971), Seite 19

[2] vgl. Cuadra und Katter (1967), Seite 51, zitiert nach Salton und McGill (1987), Seite 173

d. h. ein Dokument ist zu einer Anfrage relevant oder nicht. Bei dieser Vorgehensweise hängt der Relevanzbegriff nur von der Anfrage und den vorhandenen Dokumenten ab. Das Vorwissen des Nutzers bleibt unberücksichtigt, da auch solche Dokumente als relevant bezeichnet werden, die der Nutzer schon kennt.

6.1.2 Precision und Recall

Aufbauend auf dem Begriff der Relevanz werden zwei Qualitätsmaße entwickelt. Die Precision bewertet die Eigenschaft eines Information-Retrieval-Systems, möglichst nur die Dokumente als Ergebnis auf eine Anfrage zu liefern, die auch relevant sind. Der Recall hingegen ist ein Maß dafür, wie viele der relevanten Dokumente gefunden werden. Für jede Anfrage kann die Menge der indizierten Dokumente in die Teilmengen der relevanten (A) und der nicht-relevanten Dokumente ($\overline{A}$) aufgespalten werden. Gleichzeitig kann zu dieser Anfrage eine Aufteilung in gefundene (B) und nicht-gefundene Dokumente ($\overline{B}$) erfolgen. Tabelle 6.1 verdeutlicht diesen Sachverhalt.

	relevant	irrelevant	
gefunden	$A \cap B$	$\overline{A} \cap B$	B
nicht gefunden	$A \cap \overline{B}$	$\overline{A} \cap \overline{B}$	$\overline{B}$
	A	$\overline{A}$	

Tabelle 6.1: Ausgangsmengen zur Bestimmung von Precision und Recall van Rijsbergen (1979, Seite 114)

Zur Berechnung der Precision wird nun die Mächtigkeit des Schnittes der relevanten und der gefundenen Dokumente mit der Anzahl aller gefundenen Dokumente ins Verhältnis gesetzt. Es gilt also:

$$\text{Precision} = \frac{|A \cap B|}{|B|} \tag{6.1}$$

Je größer die Precision zu einer Suchanfrage ist, desto weniger irrelevante und damit für den Nutzer überflüssige Dokumente werden zurückgegeben. Bei der Berechnung des Recall bleibt der Zähler des Bruchs erhalten. Im Nenner wird aber die Mächtigkeit der Menge aller relevanten Dokumente eingesetzt. Man erhält:

$$\text{Recall} = \frac{|A \cap B|}{|A|} \tag{6.2}$$

Erhält man zu einer Suchanfrage einen hohen Recall-Wert, so bedeutet dies, dass fast alle Dokumente, die für die Beantwortung der Anfrage relevant sind, gefunden und zurückgegeben wurden.

6.1.3 Bewertung der Suchmaschine

Notwendig für die Bestimmung von Precision und Recall ist die Kenntnis über die Zahl der relevanten Dokumente zu einer Anfrage. Diese ist aber üblicherweise nur für Testkollektionen bekannt, wie sie von den Veranstaltern der regelmäßig stattfindenden Text Retrieval Conference (TREC) angeboten werden. Zur Bestimmung der Leistungsfähigkeit der vorliegenden Anwendung ist die Verwendung einer solchen Kollektion nicht zweckmäßig. Das Konzept des Strukturierten Textbasierten Case-Based Reasoning setzt anwendungsspezifische Wissensdomänen voraus, so dass auch ein Test der Leistungsfähigkeit nur mit solchen Datensätzen durchgeführt werden kann, für die zuvor ein Wissensmodell entwickelt wurde.[3] Diese Restriktion ist aber im Fachgebiet des Information Retrieval nicht unüblich, so dass verschiedene Verfahren entwickelt wurden, um die Zahl der relevanten Dokumente zu einer Anfrage zu ermitteln bzw. zu schätzen. Fuhr (1998, Seite 27) empfiehlt dazu verschiedene Methoden, wovon sich das Verfahren der Frageerweiterung aufgrund der großen Anzahl von Dokumenten als am praktikabelsten herausstellte. Bei der Frageerweiterung wird die ursprüngliche Anfrage erweitert, d. h. die Suchanforderungen abgeschwächt, so dass man eine Obermenge der tatsächlichen Antwortmenge erhält. Eine Obermenge erhält man ebenfalls durch das Stellen mehrerer Suchanfragen und durch Vereinigung der Ergebnismengen. Nach manueller Durchsicht der in den Obermengen gefundenen Dokumente wird eine Schätzung der Gesamtzahl der relevanten Dokumente vorgenommen.

Betrachtung des Parameters SimilarityThreshold

Precision und Recall werden mit Werten aus dem Intervall $[0, 1]$ angegeben und verhalten sich bei der Veränderung eines Suchparameters und Beibehaltung der Anfrage meist gegenläufig. Diesen Sachverhalt kann man nutzen, um einen oder mehrere Pa-

[3]Brüninghaus und Ashley (1998), Seite 32, bestätigen diesen Sachverhalt für die Evaluierung von Ansätzen des Textbasierten CBR. Auch für diese Verfahren sind Testkollektionen aufgrund des fehlenden Wissensmodells nicht anwendbar.

rameter einer Suchmaschine zu evaluieren. Am Beispiel des Parameters `SimilarityThreshold` soll dieses Vorgehen verdeutlicht werden. `SimilarityThreshold` stellt die untere Grenze für das globale Ähnlichkeitsmaß der gefundenen Dokumente dar, die überschritten werden muss, damit ein Dokument in der Ergebnisliste genannt wird. Beispielhaft seien zwei Anfragen betrachtet und die Auswirkungen einer Parameterveränderung auf Precision und Recall aufgezeigt. Die erste Anfrage lautet "`EZB-Rates und Geldmenge`". Bei einem Schwellenwert von 0,3 werden alle relevanten Dokumente gefunden. Allerdings ist die Zahl der insgesamt gefundenen Dokumente so groß, dass die Precision sehr gering ist. Bei einem Schwellenwert von 0,7 steigt die Precision an, allerdings wird der Recall deutlich schlechter. Tabelle 6.2 gibt eine Übersicht über die Werte.

SimilarityThreshold	$\|B\|$	$\|A \cap B\|$	$\|A\|$	Precision	Recall
0,3	90	12	12	$0,13$	$1,00$
0,5	28	11	12	$0,39$	$0,92$
0,7	9	5	12	$0,56$	$0,42$

Tabelle 6.2: Anfrage: EZB-Rates und Geldmenge

Betrachtet man die Anfrage "`Bundeskanzler und Einstufung und Außenhandel`" so erhält man ein ähnliches Ergebnis. Auch bei dieser Anfrage ist die Precision bei einem Schwellenwert von 0,3 sehr gering, bei einem gleichzeitig sehr hohen Recall. Der Abfall des Recall bei einem Schwellenwert von 0,7 ist ebenfalls sehr hoch. Daher empfiehlt sich auch hier die Festlegung von `SimilarityThreshold` auf den Wert 0,5. Tabelle 6.3 stellt die Ergebnisse dar.

SimilarityThreshold	$\|B\|$	$\|A \cap B\|$	$\|A\|$	Precision	Recall
0,3	1189	8	8	$0,01$	$1,00$
0,5	30	6	8	$0,20$	$0,75$
0,7	1	1	8	$1,00$	$0,13$

Tabelle 6.3: Anfrage: Bundeskanzler und Einstufung und Außenhandel

Die Suchmaschine ist so konstruiert, dass der Nutzer den Parameter nicht beeinflussen kann. Also ist darauf zu achten, dass vor dem Einsatz der Suchmaschine eine Evaluation des Parameters in der beschriebenen Art und Weise vorgenommen wird. Für den vorliegenden Anwendungsfall legen die beschriebenen Messungen nahe (vgl. Abbildung 6.1), den Wert 0,5 für `SimilarityThreshold` zu wählen. Dies bestätigen auch Überprüfungen mit den im nächsten Abschnitt benutzten Anfragen, so dass ein gutes Verhältnis zwischen den Werten für Precision und Recall erreicht wird, d. h. keiner von beiden Werten wird auf Kosten des anderen zu groß.

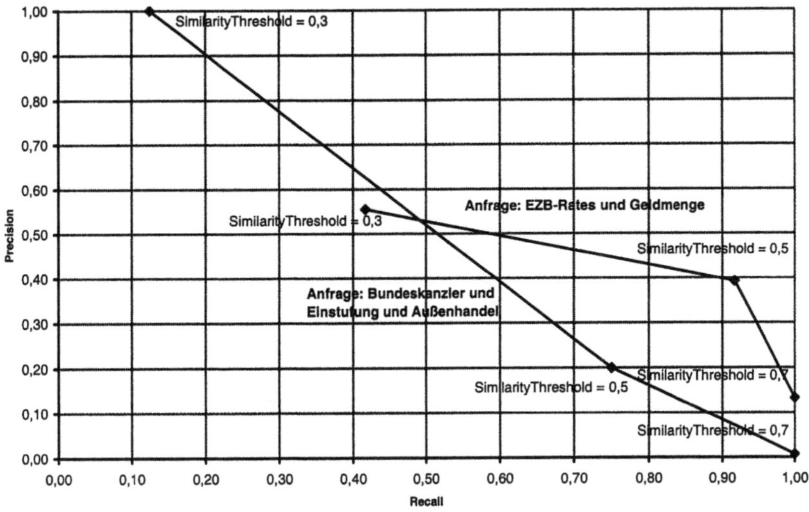

Abbildung 6.1: Precision und Recall für zwei Anfragen

Betrachtung mehrerer Anfragen

Zur Beurteilung der Leistungsfähigkeit der Suchmaschine bei konstanten Parametern müssen mehrere Anfragen an das System gestellt werden. Aus den Precision- und Recall-Werten dieser Anfragen kann dann die durchschnittliche Leistung mithilfe einer nutzerabhängigen und einer systemabhängigen Mittelwertbildung bestimmt werden.[4] Bei der Berechnung des nutzerabhängigen Mittelwerts, der sogenannten Makrobewertung, geht jede Frage gleich in den Mittelwert ein, Anfragen mit größeren Antwortmengen werden also nicht stärker gewichtet. Betrachtet man n Anfragen, dann werden

[4] vgl. z. B. Fuhr (1998), Seite 28, van Rijsbergen (1979), Seite 116 oder Salton und McGill (1987), Seite 179

zunächst für jede Anfrage die Precision und der Recall mit den folgenden Formeln berechnet:

$$\text{Precision}_i = \frac{|A_i \cap B_i|}{|B_i|}$$

$$\text{Recall}_i = \frac{|A_i \cap B_i|}{|A_i|}$$

Die Makrobewertung ergibt sich dann aus der Bildung des arithmetischen Mittels:

$$\text{Precision}_{Makro} = \frac{1}{n}\sum_{i=1}^{n}\frac{|A_i \cap B_i|}{|B_i|} = \frac{1}{n}\sum_{i=1}^{n}\text{Precision}_i \quad (6.3)$$

$$\text{Recall}_{Makro} = \frac{1}{n}\sum_{i=1}^{n}\frac{|A_i \cap B_i|}{|A_i|} = \frac{1}{n}\sum_{i=1}^{n}\text{Recall}_i \quad (6.4)$$

Bei der Berechnung des systemabhängigen Mittelwerts, der sogenannten Mikrobewertung, geht die Mächtigkeit der Antwortmengen in das Ergebnis ein. Salton und McGill (1987, Seite 180) interpretieren die Mikrobewertung als hypothetische Bildung einer Anfrage durch Summierung der Ergebnisse der n betrachteten Anfragen.

$$\text{Precision}_{Mikro} = \frac{\sum_{i=1}^{n}|A_i \cap B_i|}{\sum_{i=1}^{n}|B_i|} \quad (6.5)$$

$$\text{Recall}_{Mikro} = \frac{\sum_{i=1}^{n}|A_i \cap B_i|}{\sum_{i=1}^{n}|A_i|} \quad (6.6)$$

Häufig erfolgen die Leistungsmessungen bei Information-Retrieval-Systemen, indem die Anfrage mehrfach gestellt wird und der Umfang der angezeigten Ergebnismenge[5] sukzessive gesteigert wird, d. h. man lässt zunächst nur ein Ergebnis zu, dann zwei usw.[6] An dieser Stelle soll aber ein anderer Weg der Berechnung gewählt werden, der mehr dem tatsächlichen Nutzungsverhalten der Suchmaschine entspricht. Dazu

[5] Die tatsächliche Ergebnismenge ist häufig größer, die Darstellung wird aber durch einen Systemparameter unterdrückt. Dadurch werden nur die Dokumente angezeigt, die zufällig unter den ersten fünf, zehn usw. zu finden sind.

[6] vgl. Salton und McGill (1987), Seite 178

wird darauf verzichtet, über Systemparameter die Anzahl der angezeigten Ergebnisse zu beeinflussen. Stattdessen wird der vom System ausgegebene Ähnlichkeitswert dazu genutzt, das Ergebnis zu interpretieren. In der ersten Messung werden alle vom System zurückgegebenen Ergebnisse betrachtet, die eine globale Ähnlichkeit haben, die größer als **`SimilarityThreshold`**, also größer als $0,5$, ist. Im zweiten Schritt werden nur noch die Dokumente der Ergebnisliste betrachtet, welche innerhalb der Ergebnisliste die größte Ähnlichkeit[7] zur Anfrage aufweisen.

Tabelle 6.4 gibt eine Übersicht über die Precision- und Recall-Werte von 20 Anfragen und unter Betrachtung der gesamten Ergebnisliste.[8] Die ausführlichen Anfragen, inkl. der Überschriften der als relevant ausgezeichneten Dokumente, finden sich in Anhang A.1. Nach Formel 6.3 ergeben sich die nutzerabhängigen Mittelwerte $\text{Precision}_{Makro} = 0,34$ und $\text{Recall}_{Makro} = 0,77$. Es werden also im Durchschnitt 77% aller relevanten Dokumente zu einer Anfrage gefunden. Betrachtet man die systemabhängigen Mittelwerte nach Formel 6.5, so ergibt sich $\text{Precision}_{Mikro} = 0,15$ und $\text{Recall}_{Mikro} = 0,66$.

Betrachtet man nur die Dokumente mit der größten globalen Ähnlichkeit, lässt sich eine deutliche Verbesserung der Precision erreichen. Tabelle 6.5 zeigt die Ergebnisse bei dieser eingeschränkten Betrachtung der Ergebnismenge.[9] Leider verschlechtern sich dadurch auch die Recall-Werte. Die Berechnung der nutzerabhängigen Mittelwerte ergibt $\text{Precision}_{Makro} = 0,89$ und $\text{Recall}_{Makro} = 0,50$. Für die systemabhängigen Mittelwerte erhält man $\text{Precision}_{Mikro} = 0,88$ und $\text{Recall}_{Mikro} = 0,39$.

Der Nutzer hat also die Möglichkeit, sich durch Betrachtung der Ergebnisse mit dem besten Ranking einen schnellen Überblick über ca. 50% der relevanten Dokumente zu verschaffen und wird dabei nur ca. 11% nicht-relevante Dokumente beachten müssen. Andererseits kann er auch durch Betrachtung der gesamten Ergebnisliste ca. 77% aller relevanten Dokumente in der Datenbank finden. Durch entsprechenden Umgang mit

[7] Sei SIM_{max} die größte in der Ergebnismenge auftretende Ähnlichkeit zur Anfrage, dann werden nur noch solche Dokumente betrachtet, deren Ähnlichkeit zur Anfrage ebenfalls SIM_{max} beträgt.

[8] Die Angaben in der Tabelle sind auf zwei Nachkommastellen abgerundet. Die Berechnung von Precision und Recall erfolgt aber mit höherer Genauigkeit.

[9] Die Angaben in der Tabelle sind auf zwei Nachkommastellen abgerundet. Die Berechnung von Precision und Recall erfolgt aber mit höherer Genauigkeit.

i (Anfrage)	$\|B_i\|$	$\|A_i \cap B_i\|$	$\|A_i\|$	Precision$_i$	Recall$_i$
1	17	3	4	0,18	0,75
2	47	3	3	0,06	1,00
3	82	4	4	0,05	1,00
4	56	4	4	0,07	1,00
5	36	2	2	0,06	1,00
6	28	11	12	0,39	0,92
7	8	8	10	1,00	0,80
8	2	2	4	1,00	0,50
9	154	17	18	0,11	0,94
10	4	4	11	1,00	0,36
11	22	22	49	1,00	0,45
12	106	5	5	0,05	1,00
13	14	3	5	0,21	0,60
14	30	6	8	0,20	0,75
15	88	7	8	0,08	0,88
16	2	1	1	0,50	1,00
17	16	2	4	0,13	0,50
18	24	3	3	0,13	1,00
19	23	1	2	0,04	0,50
20	14	9	21	0,64	0,43
Summe	773	117	178	6,90	15,38

Tabelle 6.4: Precision und Recall bei mehreren Anfragen und vollständiger Ergebnisbetrachtung

i (Anfrage)	$\lvert B_i\rvert$	$\lvert A_i \cap B_i\rvert$	$\lvert A_i\rvert$	Precision$_i$	Recall$_i$
1	1	1	4	1,00	0,25
2	1	1	3	1,00	0,33
3	2	2	4	1,00	0,50
4	4	4	4	1,00	1,00
5	3	2	2	0,67	1,00
6	9	5	12	0,56	0,42
7	8	8	10	1,00	0,80
8	2	2	4	1,00	0,50
9	4	2	18	0,50	0,11
10	1	1	11	1,00	0,09
11	22	22	49	1,00	0,45
12	5	5	5	1,00	1,00
13	3	3	5	1,00	0,60
14	1	1	8	1,00	0,13
15	5	5	8	1,00	0,63
16	2	1	1	0,50	1,00
17	2	1	4	0,50	0,25
18	1	1	3	1,00	0,33
19	1	1	2	1,00	0,50
20	1	1	21	1,00	0,05
Summe	78	69	178	17,73	9,94

Tabelle 6.5: Precision und Recall bei mehreren Anfragen und eingeschränkter Ergebnisbetrachtung

der Ergebnisliste hat der Nutzer also die Möglichkeit, die für ihn interessante Retrievalleistung der Suchmaschine auszuwählen.

6.1.4 Vergleich mit der Suchmaschine der DGAP

Der besondere Vorteil eines auf der Methode des Case-Based Reasoning beruhenden Verfahrens ist die Suche nach den nächsten Nachbarn zum in der Anfrage formulierten Idealfall. Dadurch werden auch Dokumente gefunden, die bei traditionellen Verfahren, die nur "und" oder "oder" zum Verknüpfen von Begriffen zulassen, nicht in der Lösungsmenge enthalten wären. Um diesen Unterschied zu verdeutlichen, werden einige beispielhafte Anfragen an die in dieser Arbeit vorgestellte und an eine weitere Suchmaschine gestellt und die zugehörigen Ergebnismengen verglichen. Als Vergleichsmaßstab wird die Suchmaschine der DGAP zur Suche in Ad-Hoc-Meldungen herangezogen, die auf einem Retrievalverfahren beruht, das "und"- und "oder"-Verknüpfungen zwischen den Suchbegriffen zulässt. Es werden Ad-Hoc-Meldungen aus dem Zeitraum vom 08.06.2000 bis zum 27.06.2000 und vom 01.08.2000 bis zum 15.10.2000 betrachtet, da für diesen Zeitraum alle durch die DGAP veröffentlichten Ad-Hoc-Meldungen in dem von VWD bereitgestellten Testdatensatz vorhanden sind.

Am Beispiel der Suche nach dem Stichwort "Umsatzplanung" sei das unterschiedliche Verhalten der Systeme bei einem Suchbegriff verdeutlicht. Die Suchmaschine der DGAP liefert sieben Treffer, die alle das Wort "Umsatzplanung" enthalten. Das CBR-basierte System hingegen findet 48 Treffer, von denen 28 relevant sind. Die höhere Trefferzahl ist auf das zugrunde liegende Wissensmodell zurückzuführen, mit dessen Hilfe auch Dokumente, welche die Wörter "Umsatzprognose", "Umsatzziel" oder "Umsatzpotential" enthalten, als ähnlich zur Anfrage angesehen werden.

Wählt man die Suchbegriffe "Kreditgewerbe und Bilanzsumme", so werden die Vorteile der Suche nach den nächsten Nachbarn noch deutlicher. Eine "und"-verknüpfte Ad-Hoc-Suche der DGAP findet keinen Treffer, da in keinem Dokument beide Begriffe enthalten sind. Im Gegensatz dazu erhält man mit der Nächste-Nachbarn-Suche insgesamt 20 Treffer (davon vier relevante). Auch hier lässt sich die höhere Trefferzahl mit dem Wissensmodell erklären, da sowohl weitere Kennzahlen, z. B. Bilanz oder Ergebnis, als auch andere Branchen, z. B. mit dem Kredit- und Versicherungsgewerbe verbundene Tätigkeiten, zur Suche verwendet werden. Verwendet man in der Suchmaschine der DGAP eine "oder"-Verknüpfung der Begriffe, findet man ebenfalls die vier relevanten Dokumente in einer Ergebnismenge von insgesamt 22 Dokumenten.

Ein ähnliches Bild erhält man bei der Suche nach "Vorstand und Ergebnisprognose". Das traditionelle Retrievalverfahren liefert neun Treffer. Neben diesen werden vom vorgestellten System drei weitere Treffer mit globaler Ähnlichkeit $1,0$ gefunden. Zusätzlich liefert die Suchmaschine noch weitere 35 Treffer mit einer Ähnlichkeit größer $0,6$. Trotz der deutlich höheren Trefferzahl ist die Anzahl der relevanten Dokumente in der Ergebnismenge mit 32 Dokumenten noch gut. Ein gänzlich anderes Ergebnis erhält man mit einer "oder"-Suche in der traditionellen Suchmaschine. Zwar findet man auch hiermit alle 32 relevanten Dokumente, die von der CBR-gestützten Suchmaschine gefunden wurden, allerdings besteht die Ergebnismenge aus insgesamt 481 Dokumenten, so dass die Precision sehr gering ist.

Betrachtet man die drei Suchbegriffe "Finanzvorstand und Verlust und Nemax", so finden sich auch hierzu keinerlei Dokumente, die alle Begriffe enthalten. Die CBR-gestützte Suche liefert aber immerhin fünf Dokumente (vier davon relevant), die wenigstens zwei der drei Begriffe enthalten und die somit eine globale Ähnlichkeit von $0,66$ aufweisen. Bei einer "oder"-verknüpften Suche ergibt sich ein ähnliches Ergebnis wie im vorherigen Fall. Es werden wieder alle vier relevanten Dokumente gefunden, allerdings ist auch in diesem Fall die Ergebnismenge mit 107 Dokumenten wieder sehr groß. Tabelle 6.6 gibt einen Überblick über die Ergebnisse; Werte in Klammern bezeichnen die Anzahl der relevanten Dokumente. In Anhang A.2 findet sich eine Auflistung aller zu den Anfragen gefundenen relevanten Dokumente.
Der Vergleich verdeutlicht, dass das Verfahren der CBR-gestützten Suche, neben den von einem traditionellen Verfahren gefundenen Dokumenten, eine ganze Reihe weiterer Dokumente in der Datenbank findet, die zur Befriedigung eines Informationsbedürfnisses herangezogen werden können. Dieses Verhalten bestätigt die hohen Recall-Werte, die im vorherigen Abschnitt ermittelt wurden. Der Versuch, das Verfahren der Anfrageerweiterung durch eine einfache "oder"-Verknüpfung in einer traditionellen Suchmaschine nachzuahmen, scheitert in den meisten Fällen an der großen Anzahl nichtrelevanter Dokumente in der Ergebnismenge.

Anfrage	DGAP	DGAP	CBR-gestütztes Retrieval		
	and	or	sim = 1, 0	1 > sim > 0, 6	0, 6 ≥ sim > 0, 5
Umsatzplanung	7(7)		48(28)	–	–
Kreditgewerbe Bilanzsumme	–	22(4)	1(1)	1(0)	18(3)
Vorstand Ergebnisprognose	9(9)	481(32)	12(12)	35(20)	–
Finanzvorstand Verlust Nemax	–	107(4)	–	5(4)	–

Tabelle 6.6: Vergleich zwischen der Suchmaschine der DGAP und dem CBR-gestützten Retrieval

6.2 Zusammenfassung

Ziel der Arbeit war die Weiterentwicklung des Fallbasierten Schließens zur strukturierten Suche in unstrukturierten Quellen unter Nutzung von Relationalen Datenbanken sowie die theoretische Begründung der strukturierten Vorgehensweise. Dazu wurden im ersten Kapitel zunächst die Grundlagen und der Ursprung von CBR erläutert sowie aktuelle Anwendungsbeispiele vorgestellt. Aus der Darstellung der Konzepte des Strukturellen, des Textbasierten und des Conversational CBR erfolgte im Anschluss die Konstruktion der neuen Vorgehensweise des Strukturierten Textbasierten CBR.

In Kapitel 2 musste eine Möglichkeit gesucht werden, eine Fallbasis für das Strukturierte Textbasierte CBR zu schaffen. Dazu war zunächst eine Untersuchung klassischer Formen der Fallrepräsentation nötig. Ausgehend von den dabei identifizierten Schwierigkeiten wurde die Betrachtung auf die Speicherung von Fällen in Relationalen Datenbanken gelenkt. Nach einem kurzen Blick auf bekannte Techniken der Realisierung von Fallbasen mittels Relationaler Datenbanken wurde eine eigene Vorgehensweise entwickelt, die eine Umsetzung des Strukturierten Textbasierten CBR ermöglicht.

Aufgrund der Vorgaben dieser Form der Fallrepräsentation musste in Kapitel 3 ein Verfahren gefunden werden, das eine Suche nach ähnlichen Fällen in dieser Datenbank ermöglicht. Vorab wurde untersucht, welche Formen der Ähnlichkeitsbetrachtung bei der Verwendung von Taxonomien anwendbar sind. Anschließend wurde die Nächste-Nachbarn-Suche ausgewählt, um mit ihrer Hilfe die Fallbasis zu durchsuchen. Wegen der Struktur der Fallbasis war es nötig, ein Verfahren der Anfrageerweiterung (Query-Relaxation) zu entwickeln, um die Nächste-Nachbarn-Suche zu ermöglichen. Da die bestehenden Vorgehensweisen zur Anfrageerweiterung starken Einschränkungen unterliegen, wurde eine eigenes Verfahren aus den Ideen der Bayesschen Statistik entwickelt, welches die benötigten Steuerungsaufgaben übernimmt.

Um die Abbildung von Texten im Wissensmodell der neuentwickelten CBR-Methodik neben der technischen auch mit einer theoretischen Begründung zu fundieren, wurde im vierten Kapitel zunächst ein Blick auf die philosophischen Grundlagen einer strukturierten Betrachtung von Texten, insbesondere auf Ontologien, geworfen. Nach einem kurzen Ausblick auf bekannte Formen der Suche in unstrukturierten Texten und ihren Schwierigkeiten in bestimmten Anwendungssituationen erfolgte eine weitergehende Untersuchung des Begriffs der Semantik, um letztlich daraus die Begründung für die in Kapitel 1 bis 3 gewählte Vorgehensweise zu geben und gleichzeitig die Rahmenbedingungen für Szenarien festzulegen, in denen eine Anwendung der Methodik sinnvoll sein kann.

Das fünfte Kapitel führte schließlich die Erkenntnisse zusammen und stellte sie beispielhaft an einer Suchmaschine für Wirtschaftsnachrichten dar. Dazu wurde zunächst das Themenfeld von Wirtschaftsnachrichten betrachtet und die Notwendigkeit einer ausgiebigen Datenvorverarbeitung herausgearbeitet. Im letzten Kapitel der Arbeit wurde die Leistungsfähigkeit der Suchmaschine anhand bekannter Maße überprüft und mit einer traditionellen Suchmaschine verglichen.

6.3 Ausblick

Die Ergebnisse der vorliegenden Arbeit können aus zwei verschiedenen Sichtweisen betrachtet werden. Einerseits kann man weitere Anwendungsfelder der vorgestellten Suchmaschine identifizieren, wobei man gleichzeitig die Grenzen aufzeigen muss, an die jedes strukturierte Verfahren zur Suche in Texten zwangsläufig stößt. Andererseits kann man aber auch den Beitrag des vorgestellten CBR-Ansatzes als Grundlage für weitere Entwicklungen und Anwendungen des Fallbasierten Schließens betrachten.

6.3.1 Anwendungsfelder der strukturierten Suche in Texten

Wie die in Abschnitt 6.1.3 vorgenommenen Messungen verdeutlichen, kann mit dem vorgestellten Verfahren bei der Suche in Texten ein guter Wert für den Recall der Antwortmengen bzgl. einer Suchanfrage erreicht werden. Ziel kann aber nicht sein, bewährte Internetsuchmaschinen, wie Google[10] oder Altavista[11], abzulösen oder IR-Verfahren wie LSI zu ersetzen. Dieses Vorhaben müsste schon allein wegen der Einschränkung des CBR-gestützten Verfahrens auf abgegrenzte Wissensdomänen scheitern. Vielmehr ist es denkbar, die Suche als Ergänzung zu traditionellen Verfahren einzusetzen. So ist in jüngerer Zeit zu beobachten, dass die bekannten Internetsuchmaschinen ihr Angebot durch Kataloge erweitern, mit deren Hilfe eine stichwortbasierte Suche auf einem auf ein Thema beschränkten Datenbestand ermöglicht wird. Denkbar wäre nun, diese eingeschränkte Suche mit dem vorgestellten Verfahren aufzuwerten. Als grundsätzliche Möglichkeit bietet sich natürlich auch der Einsatz als Spezialsuchmaschine für Dokumente eines Themengebietes, z. B. im Customer-Support oder eben für Wirtschaftsnachrichten, an. Insbesondere im letztgenannten Fall treten dann neben den guten Recall-Werten auch Vorteile in der Verarbeitung von neuen Dokumenten zu Tage, da durch das einfache Hinzufügen von neuen Dokumenten in Form von Fällen eine aufwändige Neuberechnung der Datengrundlage entfällt.

Weitere Anwendungsfelder finden sich überall dort, wo schon in einem gewissen Umfang Strukturierungen eines Wissensgebiets vorhanden sind. So ist es denkbar, semistrukturierte Dokumente, wie Projektberichte einer Unternehmensberatung, mit diesem Verfahren zu durchsuchen. Vielfach existieren für derartige Berichte strenge Vorgaben bezüglich des Vokabulars und der einzutragenden Informationen. Dieses Wissen kann zur Modellierung eines Wissensmodells herangezogen werden, das wiederum als Grundlage der Suchmaschine dienen kann.

Neben diesen textbasierten Anwendungen bietet aber auch die Entwicklung des Se-

[10] http://www.google.de
[11] http://www.altavista.de

mantic Web (vgl. Abschnitt 4.3.4) ein großes Einsatzpotential für strukturierte Suchverfahren. Durch die Verwendung eines auf Ontologien basierenden Vokabulars zur Beschreibung von Objekten existiert allein aus der Konstruktion des Semantic Web heraus schon ein verwertbares Wissensmodell. Die Suchmaschine kann dieses nutzen und ermöglicht damit eine ähnlichkeitsbasierte Suche nach Objekten, die unabhängig von der Sprache, in der eine Beschreibung des Objekts vorliegt, als auch von der Art des Objekts selbst ist. Bei einer solchen Verwendung des Verfahrens kommt insbesondere der Einsatz von Relationalen Datenbanken zur Repräsentation der Fälle zum Tragen, da die Anzahl der zu speichernden und zu untersuchenden Fälle ein sehr großes Ausmaß annehmen kann. Da die zugrunde liegende Datenbank aber durch ein beliebiges relationales System ersetzt werden kann, auf dem die vorgegebene Datenbankstruktur realisiert wird, ist die Leistungsfähigkeit einzig durch das Datenbanksystem selbst festgelegt und nicht durch proprietäre in eine Suchmaschine integrierte Fallbasen und Wissensrepräsentationsmechanismen.

6.3.2 Grenzen der strukturierten Suche in Texten

Bei allen Vorteilen, die eine strukturierte Suche in Texten mit sich bringt, stößt man jedoch an Grenzen, die nicht oder nur mit Einschränkungen zu überwinden sind. So tritt bei sprachlichen Beschreibungen, die nicht auf einem vorher festgelegten Vokabular beruhen, das schon in Abschnitt 5.2.1 beschriebene Problem der Ambiguität, also der Mehrdeutigkeit von Wörtern auf. Dem kann, durch Einschränkung des zu strukturierenden Themengebiets, entgegengewirkt werden, da dadurch einige der mehreren Bedeutungen von Wörtern nicht mehr auftreten (es sei an das Beispiel der Bank in betriebswirtschaftlichen Texten erinnert). Geht man noch einen Schritt weiter und verlangt die Verwendung zuvor festgelegter Ontologien zur Beschreibung von Sachverhalten und Zusammenhängen einer Wissensdomäne (vgl. die Vorgehensweise im Semantic Web), so kann das Problem der Ambiguität weitestgehend ausgeschlossen werden.

Ein Problem, das nicht so leicht zu beheben ist, wie das der Ambiguität, ist das der Kontingenz. Luhmann (1984, Seite 152) bezeichnet das als kontingent, "was weder notwendig noch unmöglich ist; was also so, wie es ist (war, sein wird), sein kann, aber auch anders möglich ist". Diese Betrachtung gilt ursprünglich für soziale Systeme, kann aber auch auf Teilbereiche sozialer Systeme übertragen werden. Sie hat zur Folge, dass von keiner Repräsentation eines Systems als notwendigerweise richtiger Repräsentation ausgegangen werden kann. Daher kann kein Wissensmodell und auch keine andere Formalisierung von Wissen als notwendige Repräsentation eines Systems angesehen werden. Gleichzeitig kann aber auch keine Repräsentation als grundsätzlich unmöglich ausgeschlossen werden. [12] Da das Problem der Kontingenz nicht überwunden werden kann, stellen Frank und Schauer (2001, Seite 172) dem Forschungsgebiet der Wirtschaftsinformatik die Aufgabe, die durch die Kontingenz gesetzte Grenze einer pragmatisch hinreichenden Formalisierung von Wissen zu verschieben. Die Autoren leiten daraus das Ziel ab, digitale Daten mit formaler Semantik anzureichern. Möchte man aber aus der so verringerten Kontingenz auch Nutzen ziehen, so ist neben der reinen Anreicherung der Daten auch ein Suchverfahren nötig, das der zugrunde gelegten Strukturierung Rechnung trägt. Das in dieser Arbeit vorgestellte Verfahren ist in der Lage, diese Aufgabe zu übernehmen und leistet somit einen Beitrag, die von Frank und Schauer gesetzten Ziele zu erreichen.

6.3.3 Weitere Anwendungsfelder des vorgestellten CBR-Ansatzes

Neben der Anwendung zur strukturierten Suche in Texten kann der Ansatz des Strukturellen Textbasierten CBR auch zur Lösung von Aufgaben des Strukturellen CBR herangezogen werden, bei denen auf die Verwendung einer Adaptionskomponente verzichtet wird. Bis auf die Lösungstransformation sind alle Wissenscontainer (Vokabular, Ähnlichkeitsmaß und Fallbasis, vgl. 5.3) so aufgebaut, dass neben Texten auch vollständig strukturierte Daten verarbeitet werden können. Einzig das Modul zum Füllen der Fallbasis, das in der vorliegenden Fassung auf die Verarbeitung von Texten ausgelegt ist, müsste angepasst werden. Für den Fall der manuellen Aufnahme von Fällen in die Fallbasis oder der Übernahme bestehender Datenbestände ist auch diese Anpassung überflüssig.

Durch die Anwendung Relationaler Datenbanken als Grundlage für die Verarbeitung

[12] vgl. dazu auch Kneer und Nassehi (1997), Seite 115

von Fällen wird auf eine Technik zurückgegriffen, die sich im Unternehmensumfeld als Standard etabliert hat. Dadurch wird die bei vielen anderen CBR-Systemen bestehende Barriere überwunden, Fallbasen einzusetzen, die nur schwer in die Informationsinfrastruktur einer Unternehmung zu integrieren sind. Gleichzeitig kann das Datenbankmanagementsystem (DBMS) beliebig ausgetauscht werden. So ist die Verwendung von MySQL nicht zwingend notwendig, sondern es kann jedes per SQL ansprechbare DBMS verwendet werden. Daher kann das vorgestellte Verfahren auf bestehende Systeme zugreifen und senkt damit zusätzlich den Integrationsaufwand in eine bestehende Anwendungslandschaft.

Abgesehen vom Blickwinkel der Anwendung des Verfahrens können aber insbesondere die Betrachtungen zur Anfrageerweiterung in Kapitel 3 genutzt werden, um das Forschungsfeld des Fallbasierten Schließens weiter voranzutreiben. Mussten bisherige Verfahren, die auf Relationale Datenbanken als Fallbasis zurückgreifen, starke Einschränkungen bzgl. des Aufbaus von Fällen oder ihrer Verteilung in der Fallbasis machen, so ist das vorgelegte Verfahren weitestgehend frei von solchen Einschränkungen. Dies könnte Anlass sein, dass zunehmend nach weiteren Möglichkeiten gesucht wird, um Fallbasen auf der Grundlage Relationaler Datenbanken bereitzustellen. Letztlich würde dadurch auch in vielen Anwendungsfeldern eine Verwendung von CBR-Systemen möglich, in denen bisher auf den Einsatz aufgrund der beschriebenen Schwierigkeiten mit integrierten Fallbasen verzichtet wurde. Somit könnte diese Arbeit dazu beitragen, das Spektrum möglicher CBR-Anwendungen weiter zu vergrößern.

Anhang A

Anfragen und Ergebnislisten der Effektivitätsmessung

A.1 Anfragen zur Bestimmung von Precision und Recall

Anfrage 1:

```
Taxonomie 1:  1.1.2 Finanzministerium
Taxonomie 4:  1.2   Devisenmarkt
```

Relevante und gefundene Nachrichten:

Überschrift	Datum
US-Treasury bestätigt gemeinsame Intervention mit EZB	2000-09-22
Pressespiegel - Zinsen, Konjunktur, Kapitalmärkte, Branchen	2000-08-24
Pressespiegel - Zinsen, Konjunktur, Finanzmärkte, Branchen	2000-08-04

Relevante und nicht-gefundene Nachrichten:

Überschrift	Datum
Eichel begrüßt Festigung des Euro	2000-09-22

Anfrage 2:

```
Taxonomie 0:  4.1.3 Fahrzeugbau
Taxonomie 2:  1.2   Vorstand
Taxonomie 4:  2.3.2 Aktienrückkauf
```

Relevante und gefundene Nachrichten:

Überschrift	Datum
VW plant 2001 weitere Renditesteigerung	2000-09-28
VW will sich nicht näher zum Aktienrückkauf einlassen	2000-09-15
VW kündigt Aktienrückkauf bis zu zehn Prozent des GK an	2000-09-15

Relevante und nicht-gefundene Nachrichten:
keine

Anfrage 3:

```
Taxonomie 1:  3.2.3   Analyst
Taxonomie 4:  2.3.10  Fusion
Taxonomie 5:  1.8.3.2 Marktposition
```

Relevante und gefundene Nachrichten:

Überschrift	Datum
RWE: Kapazitätsabbau soll Wettbewerbssituation verbessern (Zus)	2000-10-10
Thyssen Krupp sagt Steel-Börsengang überraschend ab (Zus)	2000-08-16
vwd Ad hoc-Service: Cybernet Internet Svcs. <US2325031027>	2000-06-27

Relevante und nicht-gefundene Nachrichten:
keine

Anfrage 4:

```
Taxonomie 0:  10.1    Kreditgewerbe
Taxonomie 1:  3.2.3   Analyst
Taxonomie 4:  2.4.3.1 Outperformer
```

Relevante und gefundene Nachrichten:

Überschrift	Datum
WDH/Merck Finck hebt Gewinnreihe für BNP Paribas an	2000-09-06
Merck Finck hebt Gewinnreihe für BNP Paribas an	2000-09-06
WDH/STOXX/ANALYSE/Merck Finck hebt Gewinnreihe für BNP Paribas an	2000-09-06
Nach den jüngsten Übernahmen könnte ING-Kursanstieg beendet sein	2000-08-07

Relevante und nicht-gefundene Nachrichten:
keine

Anfrage 5:
`Taxonomie 4:  1.3.3 Einbruch`
`Taxonomie 8:  1.4   Japan`

Relevante und gefundene Nachrichten:

Überschrift	Datum
Aktien Tokio (Schluss)/Leichter - Gewinnmitnahmen zum Schluss	2000-06-22
Aktien Tokio (Schluss)/Sehr schwach - Sony verlieren erneut	2000-06-15

Relevante und nicht-gefundene Nachrichten:
keine

Anfrage 6:
`Taxonomie 1:  1.2.2 EZB-Rates`
`Taxonomie 6:  1.3.2 Geldmenge`

Relevante und gefundene Nachrichten:

Überschrift	Datum
Duisenberg: M3 seit Beginn über Referenzwert	2000-10-05
EuroTower: Richtige Überraschung	2000-10-05
EZB/Issing: EZB-Prognosen sind Input für Geldpolitik	2000-09-29
Coba: EZB-Rat ändert Leitzinsen wohl nicht	2000-09-29
EZB: M3-Jahresrate August 5,6 (Juli: 5,1) Prozent	2000-09-27
BdB: EZB-Leitzinserhöhung um 25 Basispunkte noch im 4.Qu 2000	2000-09-20
EuroTower: M3 beendet die Ferien	2000-08-28
ESZB/Reckers (LZB): Weitere EZB-Rat-Zinserhöhung ist notwendig	2000-08-23
EZB: Euro-Kursverfall verstärkt Sorge um inflationäre Folgen	2000-08-10
EuroTower: Sommerliches Tief am Devisenmarkt	2000-08-04
ESZB/OeNB: M3-Wachstum gibt Anlass zur Sorge	2000-08-02

Relevante und nicht-gefundene Nachrichten:

Überschrift	Datum
EZB: 3-Mt-Jahreswachstumsrate M3 per Juli 5,5 Prozent (zwei)	2000-08-28

Anfrage 7:
`Taxonomie 1: 1.5.1 Staatsanwaltschaft`
`WPKN: 621850 Infomatec`

Relevante und gefundene Nachrichten:

Überschrift	Datum
Magazin: DSW stellt Strafanzeige gegen Infomatec	2000-10-04
Infomatec gewinnt Sponsoren und verliert Vorstände (Zus)	2000-09-15
SdK dementiert angebliche Vereinbarung mit Infomatec	2000-09-15
Lang & Schwarz: Auch Infomatec hat zweite Chance verdient	2000-09-14
Infomatec - eine Schwalbe macht noch keinen Sommer (Zus)	2000-09-14
Infomatec weiter im Sinkflug - Verbleib im Nemax bleibt unklar (Zus)	2000-09-13
Staatsanwaltschaft Augsburg ermittelt gg Infomatec seit Ende '99	2000-09-11
Kleinaktionäre stellen Strafanzeige gegen Informatec-Vorstände	2000-08-30

Relevante und nicht-gefundene Nachrichten:

Überschrift	Datum
Lang & Schwarz fürchtet nicht um ihren Ruf	2000-09-20
Infomatec nach Halbjahreszahlen im Sturzflug/SdK-Strafanzeige (Zus)	2000-08-30

Anfrage 8:
`Taxonomie 5: 1.4 Breakeven`
`WPKN: 527300 Gedys`

Relevante und gefundene Nachrichten:

Überschrift	Datum
Gedys: EBIT 1. Hj minus 4,1 Mio EUR	2000-08-24
vwd exklusiv: Gedys will 2001 deutlich in schwarze Zahlen kommen	2000-08-24

Relevante und nicht-gefundene Nachrichten:

Überschrift	Datum
vwd Ad hoc-Service: GEDYS Internet Products <DE0005273007>	2000-08-24
Platow: Gedys nach entsetzlichen Halbjahreszahlen verkaufen	2000-08-24

Anfrage 9:

`Taxonomie 0: 4.11 Maschinenbau`
`Taxonomie 5: 1.6.1 Gewinn`
`Taxonomie 7: 1.1.1 Vorjahresperiode`

Relevante und gefundene Nachrichten:

Überschrift	Datum
vwd Ad hoc-Service: Renk AG <DE0007850000> Spitzenwerte in 99/00	2000-08-31
vwd Ad hoc-Service: Koenig & Bauer AG <DE0007193500>	2000-08-30
vwd Ad hoc-Service: Müller Weingarten AG <DE0006579006>	2000-08-29
Ausblick/Linde: AGA-Konsolidierung führt zu Wachstumsschub	2000-08-24
vwd Ad hoc-Service: Linde AG <DE0006483001> 1. Halbjahr 2000	2000-08-24
Linde: K\'EBIT 1.Hj plus 143 Mio auf 306 Mio EUR (zwei)	2000-08-24
Linde: K\'EBIT 1.Hj plus 143 Mio..(drei)	2000-08-24
Ausblick/Linde: AGA-Konsolidierung führt zu Wachstumsschub	2000-08-23
vwd Ad hoc-Service: KRONES AG <DE0006335037>	2000-08-16
Ausblick/Steag HamaTech will CD-Nachfragerückgang erläutern	2000-08-11
vwd Ad hoc-Service: STEAG HamaTech AG <DE0007309007>	2000-08-11
Ausblick/Steag HamaTech AG will CD-Nachfragerückgang erläutern	2000-08-10
mainvestor: Steag Hamatech steigert EBIT im 2. Qu um rd 50 Proz	2000-08-10
vwd Ad hoc-Service: Pfeiffer Vacuum <DE0006916604>	2000-08-08
Pfeiffer Vacuum: Ergebnis/Aktie 1.Hj bei 1,86 (1,46) DEM	2000-08-08
Pfeiffer Vacuum: Vorsteuergewinn soll um 30 Prozent steigen	2000-08-08
vwd Ad hoc-Service: STEAG HamaTech AG <DE0007309007>	2000-10-11

Relevante und nicht-gefundene Nachrichten:

Überschrift	Datum
Steag Hamatech will Erg/Aktie 2001 auf 0,70 EUR steigern	2000-08-11

Anfrage 10:

`Taxonomie 1:  1.3.1   Weltbank`
`Taxonomie 6:  1.3.1.1 Inflationsgefahr`

Relevante und gefundene Nachrichten:

Überschrift	Datum
IWF/Welteke: Weltwirtschaftswachstum mit Inflationsgefahren	2000-09-26
IWF/Papantoniou: GR-Inflation 2000 unter Euroland-Niveau	2000-09-26
IWF sieht Ölpreis als Wachstumsrisiko (Zus)	2000-09-19
Irland/IWF warnt vor Überhitzung der Konjunktur	2000-08-10

Relevante und nicht-gefundene Nachrichten:

Überschrift	Datum
WDH/IWF/Gouverneure fordern einhellig niedrigere Ölpreise	2000-09-25
IWF/Tschechien kann Wachstumrate Ungarns erreichen	2000-09-25
IWF/Tschechien kann Wachstumrate Ungarns erreichen	2000-09-22
IWF/Mussa: Interventionen hätten jetzt Signalkraft	2000-09-19
IWF/WEO: Prognose Welt-Wachstum 2000/2001 bei 4,7/4,2 Prozent	2000-09-19
IWF warnt vor Folgen eines sinkenden US-Produktivitätswachstums	2000-09-11
Türkei/Inflation sinkt langsamer als im IWF-Programm vorgesehen	2000-08-09

Anfrage 11:

`Taxonomie 6: 3.1.9.2 Teuerungsrate`

Relevante und gefundene Nachrichten:

Überschrift	Datum
DE/Buba: Sechmonats-Teuerungsrate Sep. revid. 2,8 (2,7) Proz	2000-10-10
US/BLS informiert um 18.00 MESZ zu mögl. CPI-Revision	2000-09-27
Hessen/Verbraucherpreise Sept +0,5 Proz gg Vm/+2,4 Proz gg Vj	2000-09-22
Zeitler: Geldmenge verlässlicher Indikator für Preisrisiken	2000-09-19
Verbraucherpreise der Eurozone im August auf 2,3 Proz gesunken	2000-09-18
US/Verbraucherpreise August -0,1 (PROG: +0,2) Proz gg Vm	2000-09-15
DE/Importpreise Juli +0,4 Prozent gg Vm/+10,9 Prozent gg Vj	2000-08-25
KORR zu DE/Importpreise Juli +0,4 Prozent gg Vm/+10,9 ...	2000-08-25
DE/Erzeugerpreise Juli ... (zwei)	2000-08-24
DE/Erzeugerpreise Juli +3,3 (PROGNOSE: +2,8) Prozent gg Vj	2000-08-24
Länder-Teuerungsrate Bayern August 1,6 (Juli: 1,8) Prozent	2000-08-23
BdB: Leitzinserhöhung nach Sommerpause immer wahrscheinlicher	2000-08-21
Eurozone/Verbraucherpreise Juli +2,4 (Juni: +2,4) Prozent	2000-08-18
Aufträge für Bahnstrecke	2000-08-16
US/Verbraucherpreise Juli +0,2 (PROG: +0,1) Proz gg Vm	2000-08-16
GB/Einzelhandelspreise Juli -0,4 Proz gg Vm/+3,3 Proz gg Vj	2000-08-15
PT/Verbraucherpreise steigen im Juli um 3,2 Proz gg Vorjahr	2000-08-14
HWWA: BIP-Wachstum der EWU 2000/01 mit 3,5/3,0 Prozent erwartet	2000-08-14
ES/Analysten: Verbraucherpreisanstieg im Juli bei 3,3 Proz gg Vj	2000-08-10
DE/Verbraucherpreise Juli ... (zwei)	2000-08-10
RU/iwd: Finanzkrise von 1998 ist überwunden	2000-08-04
HU/Wirtschaftsminister: Inflationsrate von 8 - 8,5 Proz in 2000	2000-08-04

Relevante und nicht-gefundene Nachrichten:

Überschrift	Datum
FR/Verbraucherpreise Sept vorl. +0,6 (PROG: +0,3) Proz gg Vm	2000-10-13
RO/Verbraucherpreise im Sept gg Vm +2,8 Proz/gg Vj +44,9 Proz	2000-10-12
Ungarn/Verbraucherpreise Sept gg Vm +1,2 Proz/gg Vj +10,3 Proz	2000-10-11
DK/Verbraucherpreise im September gg Vormonat um 0,8 Prozent gestiegen	2000-10-10
DE/PROGNOSE Verbraucherpreise September (endgültig)	2000-10-10
TABELLE/DE/Verbraucherpreise September	2000-10-10
DE/PROGNOSE Verbraucherpreise September (endgültig)	2000-10-09
BE/Verbraucherpreise September +3,4 Prozent gg Vorjahr	2000-09-28
FR/Verbraucherpreise August endg +1,8 (PROG: +1,7) Proz gg Vj	2000-09-26
DE/Verbraucherpreise Sept vorl +2,4 (PROG: 2,5) Proz gg Vj	2000-09-25
AT/Verbraucherpreise August -2,7 Prozent gg Vorjahr	2000-09-18
PT/Verbraucherpreise August +0,1 Proz gg Vm/+3,5 Proz gg Vj	2000-09-14
NL/Verbraucherpreise im August um 2,5 Prozent gestiegen	2000-09-08
DE/Verbraucherpreise August endg -0,2 (PROG: -0,2) Proz gg Vm	2000-09-07
TABELLE/DE/Verbraucherpreise August	2000-09-07
DE/PROGNOSEN Verbraucherpreise August; Industrieproduktion Juli	2000-09-07
DE/PROGNOSEN Verbraucherpreise August; Industrieproduktion Juli	2000-09-06
DE/Endgültige Daten zu Verbraucherpreisen August am Donnerstag	2000-09-04
mainvestor: Concept! mit Aufträgen von Allianz und DG Bank	2000-08-25
CA/Verbraucherpreise Juli +0,4 Proz gg Vm/+3,0 Proz gg Vj	2000-08-17
Irland/Verbraucherpreise Juli +0,3 Proz gg Vm/ +6,2 Proz gg Vj	2000-08-15
FI/Verbraucherpreise im Juli unverändert gg Vm/+3,7 Proz gg Vj	2000-08-15
PT/Verbraucherpreise steigen im Juli um 3,2 Proz gg Vorjahr	2000-08-14
TABELLE/DE/Verbraucherpreise Lebenshaltung Juli	2000-08-10
DE/Verbraucherpreise Juli (endg) +0,5 (PROG: +0,4) Proz gg Vm	2000-08-10
GR/Verbraucherpreise Juli +2,7 Prozent gg Vorjahr	2000-08-04

Anfrage 12:

`Taxonomie 0:  11.3  Datenverarbeitung und Datenbanken`
`Taxonomie 4:  2.3.5 Bezugsrecht`

Relevante und gefundene Nachrichten:

Überschrift	Datum
vwd Ad hoc-Service: Datapharm Netsystems <DE0005635007>	2000-09-25
vwd Ad hoc-Service: mb Software AG <DE0006583206>	2000-09-18
Investorengruppe beteiligt sich an mb Software	2000-09-18
vwd Ad hoc-Service: Pironet AG <DE0006916406>	2000-08-16
vwd Ad hoc-Service: Pironet AG <DE0006916406> Korrektur	2000-08-16

Relevante und nicht-gefundene Nachrichten:
keine

Anfrage 13:

`Taxonomie 1:  3.1.2  Finanzminister`
`Taxonomie 6:  3.3.1.1 Mineralölsteuer`

Relevante und gefundene Nachrichten:

Überschrift	Datum
Eichel: Steuerentlastung richtige Antwort auf Ölpreisanstieg	2000-09-12
Französische Regierung verabschiedet große Steuerreform (Zus)	2000-08-31
Pressespiegel - Zinsen, Konjunktur, Kapitalmärkte, Branchen	2000-08-28

Relevante und nicht-gefundene Nachrichten:

Überschrift	Datum
Pressespiegel - Zinsen, Konjunktur, Kapitalmärkte, Branchen	2000-10-11
Auch Mehrwertsteuereinnahme steigt durch hohen Benzinpreis	2000-09-20

Anfrage 14:

`Taxonomie 1: 3.1.4 Bundeskanzler`
`Taxonomie 4: 2.4.3 Einstufung`
`Taxonomie 6: 3.1.7 Außenhandel`

Relevante und gefundene Nachrichten:

Überschrift	Datum
BDI hält an Konjunkturprognose der Bundesregierung fest	2000-09-22
Schröder: BIP-Wachstum 2000 von drei oder mehr Proz erreichbar	2000-09-13
BGA: Arglose Euro-Äußerungen des Kanzlers gefährden Aufschwung	2000-09-07
Solbes: Euro-Kurs spiegelt nicht Fundamentals wider	2000-09-07
CDU im Europaparlament kritisiert Schröder wegen Euro-Aussagen	2000-09-07
Absatzkonferenz Neue Länder soll neue Marktperspektiven bieten	2000-08-30

Relevante und nicht-gefundene Nachrichten:

Überschrift	Datum
DE/Staatsdefizit soll 2004 auf null gebracht werden (zwei)	2000-10-11
DE/Müller: Euro trotz aktueller Unterbewertung erfolgreich	2000-09-08

Anfrage 15:

`Taxonomie 4: 2.3.8   Gewinnwarnung`
`Taxonomie 5: 1.8.3.1 Marktanteil`
`Taxonomie 7: 3.4     Quartal`

Relevante und gefundene Nachrichten:

Überschrift	Datum
DAX trotzt Gewinnwarnungen	2000-09-27
SCI-Gewinnwarnung belastet Stimmung europaweit	2000-09-13
Der Dax ist keine Maus	2000-08-18
Technologiewerte unter Druck - Amazon im freien Fall	2000-06-23
Händler sehen wenig Hoffnung für den DAX	2000-10-10
Ausblick/GM erwartet Quartalsergebnis im Bereich der Prognosen	2000-10-11
Ausblick/GM erwartet Quartalsergebnis im Bereich der Prognosen	2000-10-12

Relevante und nicht-gefundene Nachrichten:

Überschrift	Datum
WSJE: PC-Hersteller vom Virus des schwachen Euro befallen	2000-09-26

Anfrage 16:

`Taxonomie 2: 2.2 Aktionär`
`Taxonomie 3: 4.1 Stiftung`

Relevante und gefundene Nachrichten:

Überschrift	Datum
Wiener Stiftung bei Fusion zweitgrößter HypoVereinsbank-Aktionär	2000-08-22

Relevante und nicht-gefundene Nachrichten:
keine

Anfrage 17:

`Taxonomie 1: 1.1.6 Regulierungsbehörde`
`Taxonomie 4: 2.1.6.5 Tagestief`

Relevante und gefundene Nachrichten:

Überschrift	Datum
WDH/NEUER MARKT SCHLUSSBERICHT/Leichter - MobilCom im Blickpunkt	2000-08-02
NEUER MARKT SCHLUSSBERICHT/Leichter - MobilCom im Blickpunkt	2000-08-01

Relevante und nicht-gefundene Nachrichten:

Überschrift	Datum
Die Telekom wie einst Helmut Rahn	2000-08-17
Milliardengrab UMTS?	2000-08-01

Anfrage 18:

`Taxonomie 2: 1.1 Aufsichtsrat`
`Taxonomie 4: 2.3.1 Dividende`
`Taxonomie 5: 1.7.3 Umsatzrendite`

Relevante und gefundene Nachrichten:

Überschrift	Datum
vwd Ad hoc-Service: Fortec Elektronik <DE0005774103>	2000-09-27
vwd Ad hoc-Service: Renk AG <DE0007850000> Spitzenwerte in 99/00	2000-08-31
vwd Ad hoc-Service: Graphit Kropfmühl AG <DE0005896005>	2000-08-17

Relevante und nicht-gefundene Nachrichten:
keine

Anfrage 19:

```
Taxonomie 4:  2.1.2.2.3 Kursverlierer
Taxonomie 5:  1.6.1.3   Gewinnprognose
Taxonomie 8:  1.1.1.2.1 NEMAX-50
```

Relevante und gefundene Nachrichten:

Überschrift	Datum
DAX und Neuer Markt setzen ihre Talfahrt fort	2000-10-09

Relevante und nicht-gefundene Nachrichten:

Überschrift	Datum
NEUER MARKT/MITTAGSBERICHT/Schwach durch Nasdaq und Metabox	2000-09-28

Anfrage 20:

```
Taxonomie 6:  2.2.5 Leitzins
Taxonomie 8:  1.3   USA
```

Relevante und gefundene Nachrichten:

Überschrift	Datum
Furcht vor Gewinnwarnungen dominiert an Wall Street	2000-10-03
Frischer Wind aus USA könnten deutschen Aktienmarkt beflügeln	2000-08-24
Knisternde Spannung	2000-08-22
Strategisches Denken bei Al und Alan	2000-08-22
Aktien Wall Street (Mittag)/Uneinheitlich - Techs weiter im Minus	2000-08-01
Äußerungen über IBM belasten Wall Street und Nasdaq	2000-06-27
US-Konjunkturdaten langfristig positiv	2000-06-14
Aktien Wall Street (Mittag)/Weiterhin uneinheitlich	2000-06-14
Aktien London (Schluss)/Etwas fester	2000-06-13

Relevante und nicht-gefundene Nachrichten:

Überschrift	Datum
US/Erzeugerpreise September ... (zwei)	2000-10-13
US/Importpreise September... (zwei)	2000-10-12
Korr zu US/Beschäftigte ex Agrar September ... (zwei)	2000-10-06
US/Beschäftigte ex Agrar September ... (zwei)	2000-10-06
FOMC-Protokoll vom August betont Inflationsgefahr durch Ölpreise	2000-10-05
Ausblick/Fed- und EZB-Watcher: Zinsruhe in dieser Woche	2000-10-03
Ausblick/Fed- und EZB-Watcher: Zinsruhe in dieser Woche	2000-10-02
US/BLS informiert um 18.00 MESZ zu mögl. CPI-Revision	2000-09-27
US/BLS korrigiert CPI minimal - Briefing am Donnerstag	2000-09-27
US/Verbraucherpreise August ... (zwei)	2000-09-15
US/Verbraucherpreise Juli....(zwei)	2000-08-16
US/Beschäftigte ex-Agrar Juli ... (zwei)	2000-08-04

A.2 Vergleich mit der Suchmaschine der DGAP

Anfrage 1:
`Taxonomie 5: 1.7.2 Umsatzplanung`

Suchmaschine der DGAP ("und"-Verknüpfung):

Überschrift	Datum
IPC Archtec AG <DE0005252803>	2000-08-25
Internolix AG <DE0006227309>	2000-08-22
United Labels AG <DE0005489561>	2000-08-21
Easy Software AG <DE0005634000>	2000-08-17
MIS AG <DE0006612401>	2000-08-14
EVOTEC BioSystems AG <DE0005664809>	2000-08-04
Vivanco Gruppe AG <DE0007602906>	2000-06-16

Zusätzlich gefundene relevante Dokumente:

Überschrift	Datum	SIM
Mühlbauer Holding <DE0006627201>	2000-10-11	1,00
IPC Archtec AG <DE0005252803>	2000-10-10	1,00
plenum AG <DE0006901002>	2000-09-29	1,00
Met@box AG <DE0006921208>	2000-09-28	1,00
BKN International AG <DE0005290704>	2000-09-26	1,00
ELMOS Semiconductor AG <DE0005677108>	2000-09-18	1,00
SZ Testsysteme AG <DE0005067300>	2000-09-11	1,00
Softmatic AG <DE0007271702>	2000-08-29	1,00
BinTec Communications <DE0005161004>	2000-08-28	1,00
MatchNet PLC <US5766601042>	2000-08-25	1,00
Dt. Entertainment AG <DE0005513907>	2000-08-24	1,00
Girindus AG <DE0005880405>	2000-08-24	1,00
ATOSS Software AG <DE0005104400>	2000-08-21	1,00
plenum AG <DE0006901002>	2000-08-17	1,00
Sunburst Merchandising <DE0007201501>	2000-08-07	1,00
DATA Modul AG <DE0005498901>	2000-08-02	1,00
Softmatic AG <DE0007271702>	2000-08-02	1,00

Zusätzlich gefundene relevante Dokumente (Fortsetzung):

Überschrift	Datum	SIM
Digital Advertising AG <DE0005138200>	2000-06-27	1,00
Infineon Technologies AG <DE0006231004>	2000-06-27	1,00
STADA Arzneimittel AG <DE0007251837>	2000-06-19	1,00
GHS Gesundheits-Service <DE0005858609>	2000-06-19	1,00

Anfrage 2:

```
Taxonomie 0: 10.1   Kreditgwerbe
Taxonomie 5:  1.5.1 Bilanzsumme
```

Suchmaschine der DGAP ("und"-Verknüpfung):
keine

Zusätzlich gefundene relevante Dokumente:

Überschrift	Datum	SIM
Deutsche VerkehrsBank AG <DE0008045501>	2000-08-29	1,00
German Brokers AG	24.08.2000	0,6
Fr. Nols Global Eq. Serv. <DE0005070908>	17.08.2000	0,55
ConSors Discount-Broker <DE0005427009>	14.08.2000	0,55

Anfrage 3:

```
Taxonomie 2: 1.2     Vorstand
Taxonomie 5: 1.6.5.2 Ergebnisprognose
```

Suchmaschine der DGAP ("und"-Verknüpfung):

Überschrift	Datum
Walter AG <DE0007752909>	05.10.2000
NSE Software AG <DE0006790009>	04.09.2000
Dt. Entertainment AG <DE0005513907>	24.08.2000
Pironet AG <DE0006916406>	16.08.2000
Pironet AG <DE0006916406>	16.08.2000
Gold-Zack AG <DE0007686800>	07.08.2000
VCL Film + Medien AG <DE0005098503>	02.08.2000
VCL Film + Medien AG <DE0005098503>	02.08.2000
Kontron embedded computer <DE0005239909>	20.06.2000

Zusätzlich gefundene relevante Dokumente:

Überschrift	Datum	SIM
BinTec Communications <DE0005161004>	12.10.2000	1,0
Loewe AG <DE0006494107>	21.08.2000	1,0
plenum AG <DE0006901002>	17.08.2000	1,0
JUMPtec <DE0006090608>	11.10.2000	0,8
Feratel Media Tech. <AT0000737804>	29.09.2000	0,8
Lenzing AG <AT0000644505>	06.09.2000	0,8
Dt.Eff.u.Wechsel-Bet.Ges.	06.09.2000	0,8
MAN Roland <DE0005751002>	05.09.2000	0,8
MAN Roland <DE0005751002>	05.09.2000	0,8
Rosenbauer International <AT0000922554>	31.08.2000	0,8
Analytik Jena AG <DE0005213508>	30.08.2000	0,8
SW Umwelttechnik <AT0000808209>	23.08.2000	0,8
HBAG Real Estate AG <DE0006337025>	23.08.2000	0,8
elexis AG <DE0005085005>	21.08.2000	0,8
Easy Software AG <DE0005634000>	17.08.2000	0,8
Thyssen Krupp AG <DE0007500001>	16.08.2000	0,8
HWAG Hanseat. Wertpap. <DE0006095003>	14.08.2000	0,8
aap Implantate AG <DE0005066609>	13.08.2000	0,8
United Labels AG <DE0005489561>	09.08.2000	0,8
DIS Dt. Industrie Service <DE0005016901>	08.08.2000	0,8
Sartorius AG <DE0007165607>	08.08.2000	0,8
DATA Modul AG <DE0005498901>	02.08.2000	0,8
Berliner Elektro Holding <DE0005214506>	21.06.2000	0,8

Anfrage 4:

```
Taxonomie 2: 1.2.4   Finanzvorstand
Taxonomie 5: 1.6.2   Verlust
Taxonomie 8: 1.1.1.2 Nemax
```

Suchmaschine der DGAP ("und"-Verknüpfung):
keine

Zusätzlich gefundene relevante Dokumente:

Überschrift	Datum	SIM
INTERSHOP Communications <DE0006227002>	2000-10-13	0,66
Allgeier Computer AG <DE0005086300>	2000-10-12	0,66
I-D Media AG <DE0006228604>	2000-08-17	0,66
INTERSHOP Communications <DE0006227002>	2000-08-02	0,66

Anhang B

Übersicht über die VWD-Selektoren

VWD verfügt über einen Katalog von mehr als 300 Selektoren zur Kennzeichnung von Nachrichten. Die Suchmaschine ist in der Lage, alle diese Selektoren zu interpretieren. Allerdings werden nur wenige von diesen genutzt, so dass an dieser Stelle nur die Selektoren aufgeführt werden, die am häufigsten verwendet werden. Tabelle B.1 gibt einen Überblick über diese Selektoren.

Selektor	Bezeichnung
1P	Ad Hoc Meldungen
3G	Unternehmensnews DAX
3U	Unternehmensnews NEMAX
3X	Unternehmensnews EUROSTOXX
3J	Unternehmensnews DOW JONES
3K	Konjunkturnews
3P	Politik und Wirtschaft
3Z	Zentralbanknews

Tabelle B.1: Wichtige VWD-Selektoren und ihre Bedeutung

Anhang C

Beschreibung der Software

Als Ergänzung zu den in Kapitel 5 vorgenommenen Erläuterungen bzgl. der technischen Umsetzung der Suchmaschine finden sich in diesem Anhang kurze Beschreibungen der Funktionsweise und der Ein- und Ausgaben der Programme.

C.1 Datenvorverarbeitung

data_prep

- Aufgabe: Steuerung der Datenvorverarbeitung und Start der nachfolgend beschriebenen Perl-Skripte sowie des Tree-Taggers.
- Input: Name des Verzeichnisses, in dem die zu verarbeitenden XML-Dateien gespeichert sind.
- Output: Unterhalb des als Startparameter übergebenen Verzeichnisses werden die zwei Unterverzeichnisse `final` und `meta` angelegt, welche die vorverarbeiteten Dateien bzw. die aus diesen extrahierten Meta-Daten enthalten.

replace_uml.pl

- Aufgabe: Ersetzen der in einem String enthaltenen kodierten Sonderzeichen durch deren symbolische Entsprechung.
- Input: String
- Output: String

get_meta_data.pl

- Aufgabe: Extraktion der in einem String enthaltenen Meta-Daten.
- Input: String

- Output: String

filter_german_tags

- Aufgabe: Dieses Shell-Skript gehört zum Lieferumfang des Tree-Taggers und wurde vom Autor dahingehend modifiziert, dass die Ergebnisdatei des Tree-Taggers nur noch die für die Weiterverarbeitung benötigten Informationen enthält.
- Input: String
- Output: String

split_tag.pl

- Aufgabe: Aufteilen der Ergebnisdatei des Tree-Taggers in einzelne XML-Dateien bei gleichzeitiger Wiederherstellung des ursprünglichen Dateinamens.
- Input: XML-Datei
- Output: mehrere XML-Dateien

after_tag.pl

- Aufgabe: Weitere Aggregation der Ergebnisse des Tree-Taggers.
- Input: String
- Output: String

C.2 Indizierung der Dokumente

- Aufgabe: Indizierung der Dokumente mithilfe der in einer Datenbank gespeicherten Taxonomien. Die genaue Beschreibung der Funktionsweise findet sich in Abschnitt 5.4.2 (vgl. Seite 147). Des Weiteren stellt Abbildung 5.1 (vgl. Seite 150) den Ablauf der einzelnen Schritte grafisch dar.
- Input:
  `Initilization File`: Name der Initialisierungsdatei
  `File-Path`: Verzeichnis, in dem die XML-Dateien gespeichert sind
  `Meta-Data-Path`: Verzeichnis, in dem die Dateien mit den Meta-Daten gespeichert sind
  `password`: Passwort für den Datenbankzugriff
  Inhalt der Initialisierungsdatei (Aufbau: Parameter = Wert):
  `url`: Adresse der MySQL-Datenbank (z. B. `jdbc:mysql://localhost/News`)
  `jdbc_driver`: Name des Datenbanktreibers (z. B. `org.gjt.mm.mysql.Driver`)
  `user`: Benutzername für den Datenbankzugriff (z. B. `root`)
  `taxonomy_no`: Anzahl der verwendeten Taxonomien (z. B. `9`)

`similarityThreshold`: Parameter zur Steuerung der Relaxation (z. B. `50E-02`)
`max_no_cases_relaxstep`: Parameter zur Steuerung der Relaxation (z. B. `19`)
`max_no_cases`: Parameter zur Erstellung der Ergebnisliste (z. B. `19`)
`filepath`: Pfad der XML-Dateien auf dem Webserver
(z. B. `http://pc02i2.wiwi.uni-marburg.de/vwd/file/`)

- Output: Abbildung der zu indizierenden Dokumente in das in Kapitel 3 dieser Arbeit beschriebene Wissensmodell mithilfe der Tabelle `file`.

C.3 Einlesen der Taxonomien

- Aufgabe: Übernahme einer Taxonomie aus einer strukturierten Textdatei in eine Datenbanktabelle unter Hinzufügung von zusätzlichen Indizes zur schnelleren Auswertung der Taxonomie.
- Input: Textdatei mit je einem Eintrag pro Zeile in der Form

```
[Nummer] [Bezeichnung]             [Ähnlichkeitswert], z. B. :
1        Institutionen             0.1
1.1      Institutionen des Bundes  0.3
1.1.1    Bundesbank                1
1.1.2    Finanzministerium         1
```

- Output: Gefüllte Datenbanktabelle im Format `file_taxonomy`.

C.4 Suchvorgang

run

- Aufgabe: Abfangen der an den Webserver gestellten Benutzeranfrage und Steuerung des weiteren Ablaufs.
- Input: String
- Output: HTML-Code

split_query_string.pl

- Aufgabe: Aufteilen der Benutzeranfrage in einzelne Strings.
- Input: String
- Output: mehrere Strings

Suche in der Datenbank

- Aufgabe: Suche der nächsten Nachbarn zur Benutzeranfrage mittels Anfrageerweiterung, Berechnung der lokalen und globalen Ähnlichkeiten sowie Erstellung der HTML-Ausgabe. Abbildung C.1 gibt eine grobe Übersicht über den Ablauf des Programms. Eine ausführlichere Beschreibung findet sich in Abschnitt 5.4.3 (vgl. Seite 151).

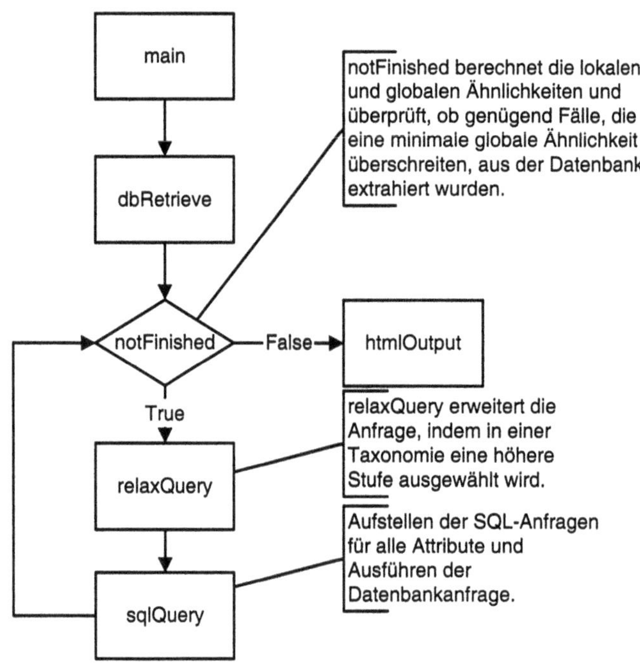

Abbildung C.1: Suche in der Datenbank (Übersichtsdarstellung)

- Input:
  `Initilization File`: siehe Abschnitt C.2
  `password`: Passwort für den Datenbankzugriff
  `Query-String`: Benutzeranfrage
- Output: HTML-Code

Literaturverzeichnis

Aamodt, A. und Plaza, E. (1994), 'Case-Based Reasoning: Foundational Issues, Methodological Variations, and System Approaches', *AICom - Artificial Intelligence Communications* **7**(1), S. 39–59.

Abecker, A., Bernardi, A., Hinkelmann, K., Kühn, O. und Sintek, M. (1998), 'Toward a Technology for Organizational Memories', *IEEE Intelligent Systems* **13**(3), S. 40–48.

Acorn, T. L. und Walden, S. H. (1992), Smart: Support Management Automated Reasoning Technology for Compaq Customer Service, *in* C. Scott und P. Klahr (Hrsg.), 'Proceedings of the 4th Conference on Innovative Applications of Artificial Intelligence, IAAI-92', AAAI Press, Menlo Park, S. 2–18.

Adam, N. R., Dogramaci, O., Gangopadhyay, A. und Yesha, Y. (1999), *Electronic Commerce - Technical, Business, and Legal Issues*, Prentice Hall, Upper Saddle River.

Adams, K. C. (2001), 'The Web as a Database: New Extraction Technologies and Content Management', *Online* **25**(2), S. 27–32.

Aha, D. W. (1991), Case-Based Learning Algorithms, *in* R. Bareiss (Hrsg.), 'Proceedings of the 1991 DARPA Case-Based Reasoning Workshop', Morgan Kaufmann Publishers, San Fransisco, S. 147–158. http://www.aic.nrl.navy.mil/~ aha/, Abruf am 16.10.2001.

Aha, D. W. und Breslow, L. A. (1997), Refining conversational case libraries, *in* D. B. Leake und E. Plaza (Hrsg.), 'Proceedings of the 2nd International Conference on Case-Based Reasoning, ICCBR-97', Vol. 1266 of *Lecture Notes in Artificial Intelligence*, Springer, Berlin u.a., S. 267–278. http://www.aic.nrl.navy.mil/~ aha/, Abruf am 13.09.2000.

Aha, D. W., Breslow, L. A. und Munoz-Avila, H. (2000), 'Conversational Case-Based Reasoning', *Applied Intelligence* **14**(1), S. 9–32. http://www.aic.nrl.navy.mil/~ aha/, Abruf am 24.09.2001.

Aha, D. W. und Watson, I. (Hrsg.) (2001), *Case-Based Reasoning Research and Development, Proceedings of the 4th International Conference on Case-Based Rea-*

soning, ICCBR-01, Vol. 2080 of *Lecture Notes in Artificial Intelligence*, Springer, Berlin u.a.

Alpar, P. (1998), *Kommerzielle Nutzung des Internet*, 2. Auflage, Springer, Berlin u.a.

Alpar, P., Grob, H. L., Weimann, P. und Winter, R. (2000), *Anwendungsorientierte Wirtschaftsinformatik*, 2. Auflage, Vieweg, Wiesbaden.

Alpar, P. und Pfuhl, M. (2000), Intelligentes Retrieval im Kontext einer Erfahrungsdatenbank, *in* R. Jung und R. Winter (Hrsg.), 'Data Warehousing 2000', Physica, Heidelberg, S. 249–266.

Althoff, K.-D., Auriol, E., Barletta, R. und Manago, M. (1995), *A Review of Industrial Case-Based Reasoning Tools*, AI Intelligence, Oxford.

Althoff, K.-D., Bergmann, R. und Branting, L. K. (Hrsg.) (1999), *Case-Based Reasoning Research and Development, Proceedings of the 3rd International Conference on Case-Based Reasoning, ICCBR-99*, Vol. 1650 of *Lecture Notes in Artificial Intelligence*, Springer, Berlin u.a.

Althoff, K.-D., Wess, S., Bergmann, R., Maurer, F., Manago, M., Auriol, E., Conruyt, N., Traphöner, R., Bräuer, M. und Dittrich, S. (1994), Induction and Case-Based Reasoning for Classification Tasks, *in* H.-H. Bock, W. Lenski und M. M. Richter (Hrsg.), 'Information Systems and Data Analysis', Springer, Berlin u.a., S. 3–16.

Althoff, K.-D., Wess, S. und Traphöner, R. (1995), INRECA - A Seamless Integration of Induction and Case-Based Reasoning for Decision Support Tasks, *in* K. Morik (Hrsg.), 'Proceedings of the 8th German Workshop on Machine Learning', Universität Bielefeld, S. 116–122. http://www.iese.fhg.de/AboutUs/Staff/althoff/althoff-pub.html, Abruf am 24.09.2001.

Aristoteles (o. J.), 'Metaphysik', H. Seidl (Hrsg.), Philosophische Bibliothek, Hamburg 1989, zitiert aus: L. Honnefelder und G. Krieger (Hrsg.): Philosophische Propädeutik: Metaphysik und Ontologie, UTB, Paderborn u.a. 2001.

Astrahan, M. M. und Chamberlin, D. D. (1975), 'Implementation of a Structured English Query Language', *Communications of the ACM* **18**(10), S. 580–588.

Bareiss, R. (1989), *Exemplar-Based Knowledge Acquisition*, Academic Press, Boston u.a.

Barr, A. (1980), 'Natural Language Understanding', *AI Magazine* **1**(1), S. 5–10.

Barr, A. und Feigenbaum, E. A. (1981), *The Handbook of Artificial Intelligence*, Addison-Wesley, Reading u.a.

Becker, B. (1992), *Künstliche Intelligenz - Konzepte, Systeme, Verheißungen*, Campus, Frankfurt am Main u.a.

Bellazzi, R., Montani, S., Portinale, L. und Riva, A. (1999), Integrating Rule-Based and Case-Based Decision Making in Diabetic Patient Management, *in* K.-D. Althoff, R. Bergmann und L. K. Branting (Hrsg.), 'Case-Based Reasoning Research and Development, Proceedings of the 3rd International Conference on Case-Based Reasoning, ICCBR-99', Vol. 1650 of *Lecture Notes in Artificial Intelligence*, Springer, Berlin u.a., S. 386–400.

Berger, J. O. (1980), *Statistical Decision Theory*, Springer, Berlin u.a.

Bergmann, R. (1998), On the Use of Taxonomies for Representing Case Features and Local Similarity Measures, *in* 'Proceedings of the 6th German Workshop on Case-Based Reasoning, GWCBR-98'. http://wwwagr.informatik.uni-kl.de/~ bergmann/inreca2/research.htm, Abruf am 02.11.2000.

Bergmann, R., Breen, S., Göker, M., Manago, M. und Wess, S. (1999), *Developing Industrial Case-Based Reasoning Applications: The INRECA-Methodology*, Vol. 1612 of *Lecture Notes in Artificial Intelligence*, Springer, Berlin u.a.

Bergmann, R. und Stahl, A. (1998), Similarity Measures for Object-Oriented Case Representations, *in* B. Smyth und P. Cunningham (Hrsg.), 'Advances in Case-Based Reasoning, Proceedings of the 4th European Workshop on Case-Based Reasoning, EWCBR-98', Vol. 1488 of *Lecture Notes in Artificial Intelligence*, Springer, Berlin u.a., S. 25–36.

Bergmann, R. und Vollrath, I. (1999), Generalized Cases: Representation and Steps Towards Efficient Similarity Assessment, *in* W. Burgard, T. Christaller und A. Cremers (Hrsg.), 'Advances in Artificial Intelligence, Proceedings of the 23th Annual Conference on Artificial Intelligence, KI-99', Vol. 1701 of *Lecture Notes in Artificial Intelligence*, Springer, Berlin u.a., S. 195–206. http://wwwagr.informatik.uni-kl.de/~ vollrath/Publications.html, Abruf am 20.11.2001.

Bernardo, J. M. und Smith, A. F. M. (1993), *Bayesian Theory*, John Wiley and Sons, New York u.a.

Berners-Lee, T. (1998), 'Semantic Web Road map'. http://www.w3.org/DesignIssues/Semantic.html, Abruf am 10.05.2002.

Berners-Lee, T. (2000), Semantic Web on XML, *in* 'Proceedings of the XML 2000'. http://www.w3.org/2000/Talks/1206-xml2k-tbl/slide1-0.html, Abruf am 11.05.2002.

Berners-Lee, T. und Hendler, J. (2001), 'Scientific Publishing on the Semantic Web', *Nature* (410), S. 1023–1024. http://www.nature.com/nature/debates/e-access/Articles/bernerslee.htm, Abruf am 10.05.2002.

Berners-Lee, T., Hendler, J. und Lassila, O. (2001), 'The Semantic Web', *Scientific American* (5). zitiert aus: Scientific American, Special Online Issue No. 2, 2002, S. 24-30.

Berry, M. W. und Dumais, S. T. (1994), Using Linear Algebra for Intelligent Information Retrieval, Technical Report CS-94-270, Department of Computer Science, University of Tennessee, Knoxville.

Bisson, G. (1995), Why and How to Define a Similarity Measure for Object Based Representation Systems, *in* N. Mars (Hrsg.), 'Towards Very Large Knowledge Bases, Proceedings of the 2nd International Conference on Building and Sharing Very Large-Scale Knowledge-Bases, KBKS', IOS Press, Amsterdam, S. 236–246.

Blanzieri, E. und Portinale, L. (Hrsg.) (2000), *Advances in Case-Based Reasoning, Proceedings of the 5th European Workshop on Case-Based Reasoning, EWCBR-00*, Vol. 1898 of *Lecture Notes in Artificial Intelligence*, Springer, Berlin u.a.

Börner, K. (1998), CBR for Design, *in* M. Lenz et al. (Hrsg.), 'Case-Based Reasoning Technology: From Foundations to Applications', Vol. 1400 of *Lecture Notes in Artificial Intelligence*, Springer, Berlin u.a., S. 201–233.

Bower, G. H., Black, J. B. und Turner, T. J. (1979), 'Scripts in Memory for Text', *Cognitive Psychology* **11**, S. 177–220.

Bray, T., Hollander, D. und Layman, A. (1999), Namespaces in XML, Technical Report REC-xml-names-19990114, World Wide Web Consortium (W3C). http://www.w3.org/TR/1999/REC-xml-names-19990114, Abruf am 06.05.2002.

Bray, T., Paoli, J., Sperberg-McQueen, C. M. und Maler, E. (2000), Extensible Markup Language (XML) 1.0, Technical Report REC-xml-20001006, World Wide Web Consortium (W3C). http://www.w3c.org/TR/2000/REC-xml-20001006, Abruf am 06.05.2002.

Breiman, L., Friedman, J. H., Olsen, R. A. und Stone, C. J. (1984), *Classification and Regression Trees*, Wadsworth, Belmont.

Brill, E. und Mooney, R. J. (1997), 'An Overview of Empirical Natural Language Processing', *AI Magazine* **18**(4), S. 13–24.

Bronstein, I. N., Semendjajew, K. A., Musiol, G. und Mühlig, H. (1995), *Taschenbuch der Mathematik*, 2. Auflage, Harri Deutsch, Frankfurt am Main.

Brown, M. (1994), A Memory Model for Case Retrieval by Activation Passing, Technical Report UMCS-94-2-1, Department of Computer Science, University of Manchester. http://www.cs.man.ac.uk/cdtechrep/titles94.html, Abruf am 16.10.2001.

Brown, M., Förtsch, C. und Wißmann, D. (1998), Combining Information Retrieval and Case-Based Reasoning for Middle Ground Text Retrieval Problems, *in* M. Lenz und K. Ashley (Hrsg.), 'Textual Case-Based Reasoning: Papers from the 1998 Workshop WS-98-12', AAAI Press, Menlo Park, S. 3–7.

Brüninghaus, S. und Ashley, K. D. (1998), Evaluation of Textual CBR Approaches, *in* M. Lenz und K. D. Ashley (Hrsg.), 'Textual Case-Based Reasoning: Papers from the 1998 Workshop, Technical Report WS-98-12', AAAI Press, Menlo Park, S. 30–34.

Burkhard, H.-D. und Richter, M. M. (2001), On the Notion of Similarity in Case Based Reasoning and Fuzzy Theory, *in* S. K. Pal, T. S. Dillon und D. S. Yeung (Hrsg.), 'Soft Computing in Case Based Reasoning', Springer, Berlin u.a., S. 29–45.

Bußmann, H. (2002), *Lexikon der Sprachwissenschaft*, 3. Auflage, Kröner, Stuttgart.

Cardie, C. (1997), 'Empirical Methods in Information Extraction', *AI Magazine* **18**(4), S. 65–79.

Carlin, B. P. und Louis, T. A. (1996), *Bayes and Empirical Bayes Methods for Data Analysis*, Chapman and Hall, New York u.a.

Cavnar, W. B. und Trenkle, J. M. (1994), N-Gram-Based Text Categorization, *in* 'Proceedings of the Third Annual Symposium on Document Analysis and Information Retrieval (SDAIR-94)', UNLV Publications, Las Vegas, S. 161–175. http://citeseer.nj.nec.com/68861.html, Abruf am 25.11.2001.

Chamberlin, D. (1998), *A Complete Guide to DB2 Universal Database*, Morgan Kaufmann, San Francisco.

Chang, P.-C., Hsieh, J.-C. und Liao, T. W. (2001), A Case-Based Reasoning Approach for Due-Date Assignment in a Wafer Fabrication Factory, *in* D. W. Aha und I. Watson (Hrsg.), 'Case-Based Reasoning Research and Development, Proceedings of the 4th International Conference on Case-Based Reasoning, ICCBR-01', Vol. 2080 of *Lecture Notes in Artificial Intelligence*, Springer, Berlin u.a., S. 648–659.

Chen, P. P.-S. (1976), 'The Entity-Relationship Model - Toward a Unified View of Data', *ACM Transactions on Database Systems* **1**(1), S. 9–36.

Chu, W. W., Chen, Q. und Lee, R.-C. (1990), Cooperative Query Answering Via Type Abstraction Hierarchy, Technical Report CSD-900032, Computer Science Department, University of California.

Chu, W. W., Yang, H. und Chow, G. (1996), A Cooperative Database System (CoBase) for Query Relaxation, *in* 'Proceedings of the Third International Conference on Artificial Intelligence Planning Systems, AIPS-96', Edinburgh. http://www.cobase.cs.ucla.edu/tech-docs/aips-96.ps, Abruf am 21.05.2001.

Cocchiarella, N. B. (1991), Ontology II: Formal Ontology, *in* H. Burkhardt und B. Smith (Hrsg.), 'Handbook of Metaphysics and Ontology', Philosphia, München u.a., S. 640–647.

Codd, E. F. (1970), 'A Relational Model of Data for Large Shared Data Banks', *Communications of the ACM* **13**(6), S. 377–387.

Coenen, F. und Watson, I. (1999), A Case Base Representation Technique to Support Case Based Reasoning, Technical report, Department of Computer Science, University of Liverpool. http://www.csc.liv.ac.uk/ frans/CurrentResearch/spatial.html, Abruf am 27.08.2001.

Collins, A. M. und Quillian, M. R. (1969), 'Retrieval Time from Semantic Memory', *Journal of Verbal Learning and Verbal Behaviour* **8**, S. 240–247.

Cooper, W. S. (1971), 'A Definition of Relevance for Information Retrieval', *Information Storage and Retrieval* **7**(1), S. 19–37.

Cuadra, C. A. und Katter, R. V. (1967), Experimental Studies of Relevance Judgments, Final Report: Project Summary, Technical Report TM-3520.001-002, System Development Corporation.

Dasarathy, B. V. (Hrsg.) (1990), *Nearest Neighbor (NN) Norms: NN Pattern Classification Techniques*, IEEE Computer Society Press, Washington u.a.

Date, C. J. (1995), *An Introduction to Database Systems*, 6. Auflage, Addison-Wesley, Reading u.a.

Decker, S., Melnik, S., Harmelen, F. V., Fensel, D., Klein, M., Broekstra, J., Erdmann, M. und Horrocks, I. (2000), 'The Semantic Web: The Roles of XML and RDF', *IEEE Internet Computing* **4**(5), S. 63–74. http://citeseer.nj.nec.com/decker00semantic.html, Abruf am 11.05.2002.

Deerwester, S. C., Dumais, S. T., Landauer, T. K., Furnas, G. W. und Harshman, R. A. (1990), 'Indexing by Latent Semantic Analysis', *Journal of the Society for Informatzion Science* **41**(6), S. 391–407. http://lsi.argreenhouse.com/˜ remde/lsi/LSIpapers.html, Abruf am 31.01.2000.

Doorenbos, R. B., Etzioni, O. und Weld, D. S. (1996), A Scalable Comparison-Shopping Agent for the World-Wide Web, Technical Report 96-01-03, University of Washington, Department of Computer Science and Engineering. ftp://ftp.cs.washington.edu/pub/ai/, Abruf am 26.03.2002.

Dovifat, E. (1931), *Zeitungswissenschaft Band I: Allgemeine Zeitungslehre*, Walter de Gruyter, Berlin u.a.

Eggeling, E. (1969), Das Nachrichtenwesen, *in* E. Dovifat (Hrsg.), 'Handbuch der Publizistik, Band III', Walter de Gruyter, Berlin, S. 98–115.

Fensel, D. (2001), *Ontologies: A Silver Bullet for Knowledge Management and Electronic Commerce*, Springer, Berlin u.a.

Fensel, D., van Harmelen, F., Horrocks, I., McGuinness, D. und Patel-Schneider, P. (2001), 'OIL: An Ontology Infrastructure for the Semantic Web', *IEEE Intelligent Systems* **16**(2), S. 38–45.

Fernandez, M., Gomez-Perez, A. und Juristo, N. (1997), Methontology: From Ontological Art Towards Ontological Engineering, *in* 'Working Notes of the AAAI Spring Symposium on Ontological Engineering', AAAI Press, Stanford. http://delicias.dia.fi.upm.es/miembros/ASUN/asun_pub.html, Abruf am 06.07.2002.

Fix, E. und Hodges, J. L. (1951), Discriminatory Analysis - Non-Parametric Discrimination: Consistency Properties, *in* 'Project 21-49-004', number 4, USAF School of Aviation Medicine, Randolph Field, S. 261–279.

Fix, E. und Hodges, J. L. (1952), Discriminatory Analysis - Non-Parametric Discrimination: Small Sample Performance, *in* 'Project 21-49-004', number 11, USAF School of Aviation Medicine, Randolph Field, S. 280–322.

Fox, M. S., Chionglo, J. F. und Fadel, F. G. (1993), A Common-Sense Model of the Enterprise, *in* 'Proceedings of the Second Industrial Engineering Research Conference', Vol. 1, Norcross, S. 425–429.

Fox, M. S. und Gruninger, M. (1997), On Ontologies and Enterprise Modelling, *in* K. Kosanke und J. G. Nell (Hrsg.), 'Enterprise Engineering and Integration: Building International Consensus, Proceedings of the International Conference on Enterprise Integration and Modelling Technology, ICEIMT-97', Springer, Berlin u.a. http://www.eil.utoronto.ca/enterprise-modelling/papers/fox-eimt97.pdf, Abruf am 13.05.2002.

Fox, M. S. und Gruninger, M. (1998), 'Enterprise Modelling', *AI Magazine* **19**(3), S. 109–121. http://www.eil.utoronto.ca/enterprise-modelling/papers/fox-aimag98.pdf, Abruf am 13.05.2002.

Frank, G., Farquhar, A. und Fikes, R. (1999), 'Building a Large Knowledge Base from a Structured Source: The CIA World Fact Book', *IEEE Intelligent Systems* **14**(1), S. 47–54. http://www.ksl.stanford.edu/KSL_Abstracts/KSL-98-16.html, Abruf am 23.04.2002.

Frank, U. und Schauer, H. (2001), Potentiale und Herausforderungen des Wissensmanagements aus der Sicht der Wirtschaftsinformatik, *in* G. Schreyögg (Hrsg.), 'Wissen in Unternehmen', Schmidt, Berlin, S. 163–182.

Frege, G. (1892), 'Über Sinn und Bedeutung', *Zeitschrift für Philosophie und philosophische Kritik* **NF 100**, S. 25–50.

Freuler, L. (1991), Ontology I: History of Ontology, *in* H. Burkhardt und B. Smith (Hrsg.), 'Handbook of Metaphysics and Ontology', Philosophia, München u.a., S. 637–640.

Fuhr, N. (1998), *Lecture Notes on Information Retrieval*, Universität Dortmund. http://ls6-www.cs.uni-dortmund.de/ir/teaching/courses/ir/, Abruf am 24.12.2001.

Gaasterland, T., Godfrey, P. und Minker, J. (1991), Relaxation as a Platform for Cooperative Answering, Technical Report CS-TR-2818, Institute for Advanced Computer Studies and Department of Computer Science, University of Maryland. http://www.cs.umd.edu/~ prism/papers/GGM92:relax/relaxation.ps.gz, Abruf am 21.05.2001.

Gaizauskas, R. und Wilks, Y. (1998), 'Information Extraction: Beyond Document Retrieval', *Computational Linguistics and Chines Language Processing* **3**(2), S. 17–60. http://citeseer.nj.nec.com/gaizauskas98information.html, Abruf am 27.05.2002.

Genesereth, M. R. und Nilsson, N. J. (1987), *Logical Foundation of Artificial Intelligence*, Morgan Kaufmann, San Fransisco.

Gentner, D. (1983), 'Structure-Mapping: A Theoretical Framework for Analogy', *Cognitive Science* **7**(2), S. 155–170.

Göker, M. und Roth-Berghofer, T. (1999), Development and Utilization of a Case-Based Help-Desk Support System in a Corporate Environment, *in* K.-D. Althoff, R. Bergmann und L. K. Branting (Hrsg.), 'Case-Based Reasoning Research and Development, Proceedings of the 3rd International Conference on Case-Based Reasoning, ICCBR-99', Vol. 1650 of *Lecture Notes in Artificial Intelligence*, Springer, Berlin u.a., S. 132–146.

Göker, M., Roth-Berghofer, T., Bergman, R., Pantleon, T., Traphönern, R., Wess, S. und Wilke, W. (1998), The Development of HOMER: A Case-Based CAD/CAM Help-Desk Support Tool, *in* B. Smyth und P. Cunningham (Hrsg.), 'Advances in Case-Based Reasoning: Proceedings of the 4th European Workshop on Case-Based Reasoning, EWCBR-98', Vol. 1488 of *Lecture Notes in Artificial Intelligence*, Springer, S. 346–357.

Görz, G. und Wachsmuth, I. (1995), Einleitung, *in* G. Görz (Hrsg.), 'Einführung in die künstliche Intelligenz', Addison-Wesley, Reading u.a., S. 1–13.

Gruber, T. R. (1993*a*), Toward Principles for the Design of Ontologies Used for Knowledge Sharing, *in* N. Guarino und R. Poli (Hrsg.), 'Formal Ontology in Conceptual Analysis and Knowledge Representation', Kluwer Academic Publishers, Deventer. http://ksl-web.stanford.edu/knowledge-sharing/papers, Abruf am 18.06.2001.

Gruber, T. R. (1993*b*), 'A Translation Approach to Portable Ontology Specifications', *Knowledge Acquisition* **5**(2), S. 199–220. Erhältlich als Technical Report KSL 92-71, Computer Science Department, Stanford University, http://ksl-web.stanford.edu/knowledge-sharing/papers, Abruf am 18.06.2001.

Gruninger, M. und Lee, J. (2002), 'Ontology Applications and Design', *Communications of the ACM* **45**(2), S. 39–41.

Guarino, N. (1992), 'Concepts, Attributes, and Arbitrary Relations', *Data and Knowledge Engineering* **8**. http://www.ladseb.pd.cnr.it/infor/ontology/Papers/OntologyPapers.html, Abruf am 04.07.2001.

Guarino, N. (1997), 'Understanding, Building, And Using Ontologies - A commentary to: van Heijst, Schreiber und Wielinga: Using Explicit Ontologies in KBS Development, International Journal of Human and Computer Studies 46, Seite 293-310'. http://www.ladseb.pd.cnr.it/infor/ontology/Papers/OnotologyPapers.html, Abruf am 04.07.2001.

Guarino, N. und Giaretta, P. (1995), Ontologies and Knowledge Bases: Towards a Terminological Clarification, *in* N. J. Mars (Hrsg.), 'Towards Very Large Knowledge Bases', IOS Press, Amsterdam, S. 25–32. http://www.ladseb.pd.cnr.it/infor/ontology/Papers/OnotologyPapers.html, Abruf am 04.07.2001.

Hawkins, J. A. (1986), *A comparative typology of English and German - unifying the contrasts*, Croom Helm, Beckenham.

He, J. (1996), *Die Nachrichtenagenturen in Deutschland*, Peter Lang, Frankfurt u.a.

Hellinger, M. (1977), *Kontrastive Grammatik Deutsch / Englisch*, Max Niemeyer Verlag, Tübingen.

Holsapple, C. W. und Joshi, K. D. (2002), 'A Collaborative Approach to Ontology Design', *Communications of the ACM* **45**(2), S. 42–47.

Honkela, T., Kaski, S., Lagus, K. und Kohonen, T. (1997), WEBSOM - Self-Organizing Maps of Document Collections, *in* 'Proceedings of the Workshop on Self-Organizing Maps (WSOM-97)', Helsinki University of Technology, Helsinki, S. 310–315. http://websom.hut.fi/websom/doc/publications.html, Abruf am 27.08.2000.

Hurley, G. und Wilson, D. C. (2001), DubLet: An Online CBR System for Rental Property Recommendation, *in* D. W. Aha und I. Watson (Hrsg.), 'Case-Based Reasoning Research and Development, Proceedings of the 4th International Conference on Case-Based Reasoning, ICCBR-01', Vol. 2080 of *Lecture Notes in Artificial Intelligence*, Springer, Berlin u.a., S. 661–674.

Igelzakis, I. und Roth-Berghofer, T. (2000), A Survey Regarding the Central Role of the Case Base for Maintenance in Case-Based Reasoning, *in* 'Proceedings of the ECAI Workshop on Flexible Strategies for Maintaining Knowledge Containers, ECAI-2000', S. 22–28. http://ki.informatik.uni-wuerzburg.de/~ iglezakis/papers/ecai2k.pdf, Abruf am 04.09.2001.

Kalakota, R. und Whinston, A. B. (1996), *Frontiers of Electronic Commerce*, Addison Wesley, Reading u.a.

Kalakota, R. und Whinston, A. B. (1997), *Electronic Commerce - A Manager's Guide*, Addison-Wesley, Reading u.a.

Kaufmann, H. und Pape, H. (1996), Clusteranalyse, *in* L. Fahrmeir, A. Hamerle und G. Tutz (Hrsg.), 'Multivariate Statistische Verfahren', de Gruyter, Berlin u.a., S. 437–536.

Kempson, R. M. (1979), *Semantic theory*, Cambridge University Press, Cambridge u.a.

Kim, H. M. (2002), 'Predicting How Ontologies for the Semantic Web Will Evolve', *Communications of the ACM* **45**(2), S. 48–54.

Kintsch, W. (1972), Notes on the Structure of Semantic Memory, *in* E. Tulving und W. Donaldson (Hrsg.), 'Organization of Memory', Academic Press, New York u.a., S. 247–308.

Klein, M., Fensel, D., van Harmelen, F. und Horrocks, I. (2000), The Relation between Ontologies and Schema-languages: Translating OIL-specifications in XML-Schema, *in* 'Proceedings of the 14th European Conference on Artificial Intelligence, ECAI-00, Workshop on Applications of Ontologies and Problem-Solving Methods', Berlin. http://www.cs.vu.nl/ mcaklein/papers/oil-xmls.pdf, Abruf am 01.05.2002.

Kleinschmidt, P. und Rank, C. (2002), *Relationale Datenbanksysteme: Eine praktische Einführung*, 2. Auflage, Springer, Berlin u.a.

Kneer, G. und Nassehi, A. (1997), *Niklas Luhmanns Theorie Sozialer Systeme*, 3. Auflage, Fink, München.

Koivunen, M.-R. und Miller, E. (2001), W3C Semantic Web Activity, *in* 'Proceedings of the Semantic Web Kick-off Seminar'. http://www.w3.org/2001/12/semweb-fin/w3csw, Abruf am 10.05.2002.

Kolodner, J. (1993), *Case-Based Reasoning*, Morgan Kaufmann Publishers, San Mateo.

Kolodner, J. L. (1983), 'Maintainung Organization in a Dynamic Long-Term Memory', *Cognitive Science* **7**, S. 243–280.

Kolodner, J. L. und Leake, D. B. (1996), A Tutorial Introduction to Case-Based Reasoning, *in* D. B. Leake (Hrsg.), 'Case-Based Reasoning: Experiences, Lessons, & Future Directions', AAAI Press, Menlo Park, S. 31–65.

Krieger, G. (2001), Selbständigkeit und Identität. Die Substanz als Gegenstand der Metaphysik, *in* L. Honnefelder und G. Krieger (Hrsg.), 'Philosophische Propädeutik: Metaphysik und Ontologie', UTB, Paderborn u.a., S. 119–212.

Kusui, D. und Shimazu, H. (2001), Transforming Electronic Mail Folders into Case Bases, *in* D. W. Aha und I. Watson (Hrsg.), 'Case-Based Reasoning Research and Development, Proceedings of the 4th International Conference on Case-Based Reasoning, ICCBR-01', Vol. 2080 of *Lecture Notes in Artificial Intelligence*, Springer, Berlin u.a., S. 690–701.

Laresgoiti, A., Anjewierden, A., Bernaras, A., Corera, J., Schreiber, A. T. und Wielinga, B. J. (1996), Ontologies as Vehicles for Reuse: A Mini-Experiment, *in* 'Proceedings of the 10th Knowledge Acquisition for Knowledgebased System Workshop (KAW-96)'. http://ksi.cpsc.ucalgary.ca/KAW/KAW96/laresgoiti/k.html, Abruf am 11.04.2001.

Lassila, O. und Swick, R. R. (1999), Resource Description Framework (RDF) Model and Syntax Specification, Technical Report REC-rdf-syntax-19990222, World Wide Web Consortium (W3C). http://www.w3.org/TR/1999/REC-rdf-syntax-19990222, Abruf am 06.05.2002.

Leake, D. B. (1996), CBR in Context: The Present and Future, *in* D. B. Leake (Hrsg.), 'Case-Based Reasoning: Experiences, Lessons, & Future Directions', AAAI Press, Menlo Park, S. 3–30.

Leich, S. (2002), *Agentensoftware und Unternehmenskommunikation: Wahrnehmung und Beurteilung von Leistungen im E-Commerce*, Deutscher Universitäts-Verlag, Wiesbaden.

Lenz, M., Auriol, E. und Manago, M. (1998), Diagnosis and Decision Support, *in* M. Lenz et al. (Hrsg.), 'Case-Based Reasoning Technology: From Foundations to Applications', Vol. 1400 of *Lecture Notes in Artificial Intelligence*, Springer, Berlin u.a., S. 51–90.

Lenz, M. und Burkhard, H.-D. (1996*a*), Case Reatrieval Nets: Foundations, Properties, Implementation, and Results, Technical report, Fachbereich Informatik der Humboldt-Universität, Berlin. http://www.informatik.hu-berlin.de/~ lenz/lenz.publications.html, Abruf am 11.10.2001.

Lenz, M. und Burkhard, H.-D. (1996*b*), Case Retrieval Nets: Basic Ideas and Extensions, *in* G. Görz und S. Hölldobler (Hrsg.), 'Advances in Artificial Intelligence, Proceedings of the 20th Annual Conference on Artificial Intelligence (KI-96)', Vol. 1137 of *Lecture Notes in Artificial Intelligence*, Springer, Berlin, S. 227–240. http://www.informatik.hu-berlin.de/~ lenz/lenz.publications.html, Abruf am 11.10.2001.

Lenz, M., Busch, K.-H., Hübner, A. und Wess, S. (1999), The SIMATIC Knowledge Manager, *in* D. W. Aha et al. (Hrsg.), 'Exploring Synergies of Knowledge Management and Case-Based Reasoning: Papers from the AAAI Workshop WS-99-10', AAAI Press, Menlo Park, S. 40–45.

Lenz, M., Hübner, A. und Kunze, M. (1998), Textual CBR, *in* M. Lenz et al. (Hrsg.), 'Case-Based Reasoning Technology: From Foundations to Applications', Vol. 1400 of *Lecture Notes in Artificial Intelligence*, Springer, Berlin u.a., S. 115–137.

Lezius, W. (1994), Aufbau und Funktionsweise von Morphy, Technical report, Fachbereich Psychologie der Universität Paderborn. http://www-psycho.uni-paderborn.de/lezius/index.html, Abruf am 15.01.2002.

Lezius, W. (1995), Algorithmen zum Taggen deutscher Texte, Technical report, Universität Paderborn, Fachbereich Psychologie. http://www-psycho.uni-paderborn.de/lezius/index.html, Abruf am 04.12.2001.

Luhmann, N. (1984), 'Soziale Systeme. Grundriß Einer Allgemeinen Theorie', zitiert aus: N. Luhmann, Soziale Systeme, Suhrkamp Wissenschaft, Frankfurt 1987.

Maedche, A. und Staab, S. (2001), 'Ontology Learning for the Semantic Web', *IEEE Intelligent Systems* **16**(2), S. 72–79.

Maedche, A., Staab, S. und Studer, R. (2001), 'Ontologien', *Wirtschaftsinformatik* **43**(4), S. 393–395.

Main, J., Dillon, T. S. und Shiu, S. C. K. (2000), A Tutorial on Case Based Reasoning, *in* S. K. Pal, T. S. Dillon und D. S. Yeung (Hrsg.), 'Soft Computing in Case Based Reasoning', Springer, Berlin u.a., S. 1–28.

Marling, C. und Whitehouse, P. (2001), Case-Based Reasoning in the Care of Alzheimer's Disease Patients, *in* D. W. Aha und I. Watson (Hrsg.), 'Case-Based Reasoning Research and Development, Proceedings of the 4th International Conference on Case-Based Reasoning, ICCBR-01', Vol. 2080 of *Lecture Notes in Artificial Intelligence*, Springer, Berlin u.a., S. 702–715.

McCarthy, J., Minsky, M. L., Rochester, N. und Shannon, C. E. (1955), 'A Proposal for the Dartmouth Summer Research Projection on Artificial Intelligence'. http://www-formal.stanford.edu/jmc/history/dartmouth/dartmouth.html, Abruf am 02.04.2002.

McFadden, F. R., Hoffer, J. A. und Prescott, M. B. (1999), *Modern Database Management*, 5. Auflage, Addison Wesley, Reading u.a.

Michie, D., Spiegelhalter, D. J. und Taylor, C. C. (1994), *Machine Learning, Neural and Statistical Classification*, Ellis Horwood, Hertfordshire.

Miller, E. (1998), 'An Introduction to the Resource Description Framework', *D-Lib Magazine* **4**(5). http://www.dlib.org/dlib/may98/miller/05miller.html, Abruf am 06.05.2002.

Miller, G. A., Beckwith, R., Gross, C. F. D. und Miller, K. J. (1990), 'Introduction to WordNet: An On-line Lexical Database', *International Journal of Lexicography* **3**(4), S. 235–244.

Minsky, M. (1975), A Framework for Representing Knowledge, *in* P. H. Winston (Hrsg.), 'The Psychology of Computer Vision', McGraw-Hill, New York, S. 211–277.

Morgan, A. P., Cafeo, J. A., Gibbons, D. I., Lesperance, R. M., Sengir, G. H. und Simon, A. M. (2001), CBR for Dimensional Management in a Manufacturing Plant, *in* D. W. Aha und I. Watson (Hrsg.), 'Case-Based Reasoning Research and Development, Proceedings of the 4th International Conference on Case-Based Reasoning, ICCBR-01', Vol. 2080 of *Lecture Notes in Artificial Intelligence*, Springer, Berlin u.a., S. 597–610.

Morik, K. (1996), 'Induktion für alle Fälle!', *Künstliche Intelligenz* (1), S. 38–39.

Mount, C. und Liao, T. W. (2001), Prototype of an Intelligent Failure Analysis System, *in* D. W. Aha und I. Watson (Hrsg.), 'Case-Based Reasoning Research and Development, Proceedings of the 4th International Conference on Case-Based Reasoning, ICCBR-01', Vol. 2080 of *Lecture Notes in Artificial Intelligence*, Springer, Berlin u.a., S. 716–730.

Muckenhaupt, M. (1986), *Text und Bild: Grundfragen der Beschreibung von Text-Bild-Kommunikationen aus sprachwissenschaftlicher Sicht*, Gunter Narr Verlag, Tübingen.

Noy, N. F., Sintek, M., Decker, S., Crubezy, M., Fergerson, R. W. und Musen, M. A. (2001), 'Creating Semantic Web Contents with Protege-2000', *IEEE Intelligent Systems* **16**(2), S. 60–71.

Nwana, H. S. (1996), 'Software Agents: An Overview', *Knowledge Engineering Review* **11**(3), S. 1–40. http://www.cs.umbc.edu/agents/introduction/ao.ps, Abruf am 26.03.2002.

O'Leary, D. E. (1998), 'Using AI in Knowledge Management: Knowledge Bases and Ontologies', *IEEE Intelligent Systems* **13**(3), S. 34–39.

O'Leary, D. E. (2000), Developing a Theory-Based Ontology for 'Best Practices' Knowledge Bases, *in* 'Bringing Knowledge to Business Processes, Workshop in the AAAI Spring Symposium Series 2000'. http://aifbhermes.aifb.uni-karlsruhe.de/AAAI/CameraReady/DOleary00.pdf, Abruf am 19.06.2001.

Ollmert, C. (2000), Extensible Markup Language, *in* R. Thome und H. Schinzer (Hrsg.), 'Electronic Commerce - Anwendungsbereiche und Potentiale der digitalen Geschäftsabwicklung', 2. Auflage, Vahlen, München, S. 209–228.

Osborne, H. und Bridge, D. (1996), A Case Base Similarity Framework, *in* I. Smith und B. Faltings (Hrsg.), 'Proceedings of the 3rd European Workshop on Case-Based Reasoning, EWCBR-96', Vol. 1168 of *Lecture Notes in Artificial Intelligence*, Springer, Berlin u.a., S. 309–323.

Osborne, H. und Bridge, D. (1997), Similarity Metrics: A Formal Unification of Cardinal and Non-cardinal Similarity Measures, *in* D. B. Leake und E. Plaza (Hrsg.), 'Proceedings of the 2nd International Conference on Case-Based Reasoning, ICCBR-97', Vol. 1266 of *Lecture Notes in Artificial Intelligence*, Springer, Berlin u.a., S. 235–244.

o.V. (2000), *Unternehmensbericht 2000*, Vereinigte Wirtschaftsdienste, Eschborn.

o.V. (2002), *Brief Description of E-Commerce (Standards) Organizations*. http://www.openbuy.org/library/docs/brief_org.pdf, Abruf am 09.05.2002.

Pautzke, G. (1989), *Die Evolution der organisatorischen Wissensbasis - Bausteine zu einer Theorie des organisatorischen Lernens*, Münchner Schriften zur angewandten Führungslehre, Band 58, Kirsch, Hersching.

Perez, A. G. und Benjamins, V. R. (1999), Overview of Knowledge Sharing and Reuse Components: Ontologies and Problem-Solving Methods, *in* V. R. Benjamins et al. (Hrsg.), 'Proceedings of the IJCAI-99 Workshop on Ontologies and Problem-Solving Methods (KRR5)', Stockholm. http://sunsite.informatik.rwth-aachen.de/Publications/CEUR-WS/Vol-18/, Abruf am 11.04.2001.

Porter, B. W., Bareiss, R. und Holte, R. C. (1990), 'Concept Learning and Heuristic Classification in Weak-Theory Domains', *Artificial Intelligence* **45**(1/2), S. 229–263.

Probst, G., Raub, S. und Romhardt, K. (1999), *Wissen managen: Wie Unternehmen ihre wertvollste Ressource optimal nutzen*, 3. Auflage, Gabler, Wiesbaden.

Probst, G. und Romhardt, K. (1997), Bausteine des Wissensmanagements - ein praxisorientierter Ansatz, *in* Wieselhuber und Partner (Hrsg.), 'Lernende Organisation', Gabler, Wiesbaden, S. 129–143. http://www.cck.uni-kl.de/wmk/papers/public/Bausteine, Abruf am 19.03.2002.

Quillian, M. R. (1967), 'Word Concepts: A Theory and Simulation of some Basic Semantic Capabilities', *Behavioral Science* **12**, S. 410–430.

Quillian, M. R. (1969), 'The Teachable Language Comprehender: A Simulation Program and Theory of Language', *Communications of the ACM* **12**(8), S. 459–475.

Quinlan, J. R. (1986), 'Induction of Decision Trees', *Machine Learning* **1**(1), S. 81–106.

Quinlan, J. R. (1992), *C4.5: Programs for Machine Learning*, Morgan Kaufman Publishers, San Mateo.

Rada, R. und Bicknell, E. (1989), 'Ranking Documents with a Thesaurus', *Journal of the American Society for Information Science* **40**(5), S. 304–310.

Rayport, J. F. und Jaworski, B. J. (2001), *e-Commerce*, McGraw-Hill, Boston u.a.

Rehäuser, J. und Krcmar, H. (1996), Wissensmanagement im Unternehmen, *in* G. Schreyögg und P. Conrad (Hrsg.), 'Managementforschung 6: Wissensmanagement', Walter de Gruyter, Berlin u.a., S. 1–40.

Reinartz, T., Iglezakis, I. und Roth-Berghofer, T. (2000), On Quality Measures for Case Base Maintenance, *in* E. Blanzieri und L. Portinale (Hrsg.), 'Advances in Case-Based Reasoning, Proceedings of the 5th European Workshop on Case-Based Reasoning, EWCBR-2000', Springer, Berlin u.a., S. 247–259.

Resnik, P. (1999), 'Semantic Similarity in a Taxonomy: An Information-Based Measure and its Application to Problems of Ambiguity in Natural Language', *Journal of Artificial Intelligence Research* **11**, S. 95–130.

Richardson, R., Smeaton, A. F. und Murphy, J. (1994), *Using WordNet as a Knowledge Base for Measuring Semantic Similarity Between Words*, Vol. CA-1294 of *Working Paper*, Dublin City University, School of Computer Applications, Dublin.

Richter, M. M. (1995), 'The Knowledge Contained in Similarity Measures, Invited Talk at the First International Conference on Case-Based Reasoning, ICCBR-95'. http://www.cbr-web.org/documents/Richtericcbr95remarks.html, Abruf am 29.08.2001.

Richter, M. M. (1998), Introduction, *in* M. Lenz et al. (Hrsg.), 'Case-Based Reasoning Technology: From Foundations to Applications', Vol. 1400 of *Lecture Notes in Artificial Intelligence*, Springer, Berlin u.a., S. 1–15.

Richter, M. M. und Wess, S. (1991), Similarity, Uncertainty and Case-Based Reasoning in PATDEX, *in* R. S. Bayer (Hrsg.), 'Automated Reasoning', Kluwer Academic Publishers, Dordrecht, S. 249–265. ftp://ftpagr.informatik.uni-kl.de/pub/CBR/Papers/english/sr-91-01.ps, Abruf am 02.11.2000.

Riesbeck, C. K. und Schank, R. C. (1989), *Inside Case-Based Reasoning*, Lawrence Erlbaum Associates, Hilsdale.

Roth-Berghofer, T. und Iglezakis, I. (2001), Six Steps in Case-Based Reasoning: Towards a Maintenance Methodology for Case-Based Reasoning Systems, *in* H.-P. Schnurr, S. Staab, R. Studer, G. Stumme und Y. Sure (Hrsg.), 'Proceedings of the 9th German Workshop on Case-Based Reasoning, GWCBR-2001, in: Professionelles Wissensmanagement: Erfahrungen und Visionen', Shaker Verlag, Aachen, S. 198–208.

Ruhrmann, G. (1989), *Rezipient und Nachricht: Struktur und Prozesse der Nachrichtenkonstruktion*, Westdeutscher Verlag, Opladen.

Rumelhart, D. E., Lindsay, P. H. und Norman, D. A. (1972), A Process Model for Long-Term Memory, *in* E. Tulving und W. Donaldson (Hrsg.), 'Organization of Memory', Academic Press, New York u.a., S. 197–246.

Russell, S. und Norvig, P. (1995), *Artificial Intelligence: A Modern Approach*, Prentice Hall, Upper Saddle River.

Saeed, J. I. (1997), *Semantics*, Blackwell Publishers, Oxford.

Salton, G. (1964), A Document Retrieval System for Man-Machine Interaction, *in* 'Proceedings of the 19th ACM National Conference', S. L2.3-1–L2.3-20.

Salton, G. (1973), 'Recent Studies in Automatic Text Analysis and Document Retrieval', *Journal of the ACM* **20**(2), S. 258–278.

Salton, G. und Lesk, M. E. (1965), 'The SMART Automatic Document Retrieval System - An Illustration', *Communications of the ACM* **8**(6), S. 391–398.

Salton, G. und Lesk, M. E. (1968), 'Computer Evaluation of Indexing and Text Processing', *Journal of the ACM* **15**(1), S. 8–36.

Salton, G. und McGill, M. J. (1987), *Information Retrieval - Grundlegendes für Informationswissenschaftler*, McGraw-Hill, New York u.a.

Salton, G., Wong, A. und Yang, C. S. (1975), 'A Vector Space Model for Automatic Indexing', *Communications of the ACM* **18**(11), S. 613–620.

Savage, L. J. (1954), *The Foundations of Statistics*, John Wiley and Sons, New York u.a.

Schaaf, J. W. (1996), Fish and Schrink: A Next Step Towards Efficient Case Retrieval in Large-Scale Case Bases, *in* I. Smith und B. Faltings (Hrsg.), 'Advances in Case-Based Reasoning: 3rd European Workshop on Case-Based Reasoning, EWCBR-96', Vol. 1168 of *Lecture Notes in Artificial Intelligence*, Springer, Berlin u.a., S. 362–376. http://orgwiss.gmd.de/projects/fabel/fabel-pub2.html, Abruf am 06.10.2001.

Schank, R. C. (1972), 'Conceptual Dependency: A Theory of Natural Language Understanding', *Cognitive Psychology* **3**(4), S. 552–631.

Schank, R. C. (1975), The Structure of Episodes in Memory, *in* D. G. Borrow und A. Collins (Hrsg.), 'Representation and Understanding', Academic Press, New York u.a., S. 237–272.

Schank, R. C. (1982), *Dynamic Memory*, Cambridge University Press, Cambridge u.a.

Schank, R. C. und Abelson, R. P. (1977), *Scripts, Plans, Goals and Understanding*, Lawrence Erlbaum Associates, Hillsdale.

Schinzer, H. und Thome, R. (2000), Anwendungsbereiche und Potentiale, *in* R. Thome und H. Schinzer (Hrsg.), 'Electronic Commerce - Anwendungsbereiche und Potentiale der digitalen Geschäftsabwicklung', 2. Auflage, Vahlen, München, S. 1–25.

Schmid, H. (1994), Probabilistic Part-of-Speech Tagging Using Decision Trees, *in* 'Proceedings of the International Conference on New Methods in Language Processing', Manchester. http://www.ims.uni-stuttgart.de/~ schmid/, Abruf am 04.12.2001.

Schmid, H. (1995), Improvements In Part-of-Speech Tagging With an Application To German, *in* 'Proceedings of the EACL SIGDAT Workshop', Dublin. http://www.ims.uni-stuttgart.de/~ schmid/, Abruf am 04.12.2001.

Schmidt, R. und Gierl, L. (2000), Evaluation of Strategies for Generalised Cases within a Case-Based Reasoning Antibiotics Therapy Advice System, *in* E. Blanzieri und L. Portinale (Hrsg.), 'Advances in Case-Based Reasoning, Proceedings of the 5th European Workshop on Case-Based Reasoning, EWCBR-00', Vol. 1898 of *Lecture Notes in Artificial Intelligence*, Springer, Berlin u.a., S. 491–503.

Schmitt, S., Maximini, R., Landeck, G. und Hohwiller, J. (2000), A Product Customization Module Based on Adaptaion Operators for CBR Systems in E-Commerce Environments, *in* E. Blanzieri und L. Portinale (Hrsg.), 'Advances in Case-Based Reasoning, Proceedings of the 5th European Workshop on Case-Based Reasoning, EWCBR-00', Vol. 1898 of *Lecture Notes in Artificial Intelligence*, Springer, Berlin u.a., S. 504–516.

Schnurr, H.-P., Staab, S., Studer, R., Stumme, G. und Sure, Y. (Hrsg.) (2001), *Proceedings of the 9th German Workshop on Case-Based Reasoning, GWCBR-2001, in: Professionelles Wissensmanagement: Erfahrungen und Visionen*, Shaker Verlag, Aachen.

Schumacher, J. und Bergmann, R. (2000*a*), An Efficient Approach to Similarity-Based Retrieval on Top of Relational Databases, *in* E. Blanzieri und L. Portinale (Hrsg.), 'Advances in Case-Based Reasoning, Proceedings of the 5th European Workshop on Case-Based Reasoning, EWCBR-00', Vol. 1898 of *Lecture Notes in Artificial Intelligence*, Springer, Berlin u.a., S. 273–284.

Schumacher, J. und Bergmann, R. (2000*b*), Similarity-Based Retrieval on Top of Relational Databases, *in* 'Proceedings of the 8th German Workshop on Case-Based Reasoning, GWCBR-00'. http://wwwagr.informatik.uni-kl.de/~ bergmann/index-en.html, Abruf am 02.11.2000.

Schwarz, H. R. (1993), *Numerische Mathematik*, Teubner, Stuttgart.

Shimazu, H., Kitano, H. und Shibata, A. (1993), Retrieving Cases from Relational Data-Bases: Another Strike Towards Corporate-Wide Case-Base Systems, *in* 'Proceedings of the 13th International Joint Conference in Artificial Intelligence, IJCAI'93', S. 909–914.

Slade, S. (1991), 'Case-Based Reasoning: A Research Paradigm', *AI Magazine* **12**(1), S. 42–55.

Smirnov, A. V. und Chandra, C. (2000), Ontology-Based Knowledge Management for Cooperative Supply Chain Configuration, *in* 'Bringing Knowledge to Business Processes, Workshop in the AAAI Spring Symposium Series 2000'.

Staab, S., Schnurr, H.-P., Studer, R. und Sure, Y. (2001), 'Knowledge Processes and Ontologies', *IEEE Intelligent Systems* **16**(1), S. 26–34.

Staab, S., Studer, R., Sure, Y., Oppermann, H., Schnurr, H.-P. und Tempich, C. (2001), Arbeitsgerechte Bereitstellung von Wissen - Ontologien für das Wissensmanagement, Technical report, Institut AIFB, Universität Karlsruhe. http://www.aifb.uni-karlsruhe.de/WBS/sst/Research/Publications/wiif2001.pdf, Abruf am 22.06.2001.

Stegmüller, W. (1969), *Hauptströmungen der Gegenwartsphilosophie*, 4. Auflage, Kröner, Stuttgart.

Stroll, A. (1967), *Epistemology*, Harper and Row, New York u.a.

Taki, H., Hori, S. und Abe, N. (1999), Case-Based Quality Management System Using Expectation Values, *in* K.-D. Althoff, R. Bergmann und L. K. Branting (Hrsg.), 'Case-Based Reasoning Research and Development, Proceedings of the 3rd International Conference on Case-Based Reasoning, ICCBR-99', Vol. 1650 of *Lecture Notes in Artificial Intelligence*, Springer, Berlin u.a., S. 572–580.

Tietze, G. O. A. (1974), *Einführung in die Wortbildung des heutigen Englisch*, Max Niemeyer Verlag, Tübingen.

Tulving, E. (1972), Episodic and Semantic Memory, *in* E. Tulving und W. Donaldson (Hrsg.), 'Organization of Memory', Academic Press, New York u.a., S. 381–403.

Turban, E., Lee, J., King, D. und Chung, H. M. (2000), *Electronic Commerce - A Managerial Perspective*, Prentice Hall, Upper Saddle River.

Tversky, A. (1977), 'Features of Similarity', *Psychological Review* **84**(4), S. 327–352.

Uschold, M. und Gruninger, M. (1996), 'Ontologies: Principles, Methods and Applications', *Knowledge Engineering Review* **11**(2), S. 93–155. Erhältlich als Technical Report AIAI-TR-191, University of Edingburgh, ftp://ftp.aiai.ed.ac.uk/pub/documents/1996/96-ker-intro-ontologies.ps.gz, Abruf am 18.03.2002.

Uschold, M., King, M., Moralee, S. und Zorgios, Y. (1995), 'The Enterprise Ontology'. Enterprise Project Deliverable: MID 3.1, Version 1.1, http://www.aiai.ed.ac.uk/~ entprise/enterprise/ontology.html, Abruf am 13.05.2002.

Uschold, M., King, M., Moralee, S. und Zorgios, Y. (1998), 'The Enterprise Ontology', *The Knowledge Engineering Review* **13**(1), S. 31–89. Erhältlich als Technical Report AIAI-TR-195, University of Edingburgh, http://www.aiai.ed.ac.uk/~ entprise/enterprise/ontology.html, Abruf am 13.05.2002.

van Rijsbergen, C. J. (1979), *Information Retrieval*, 2. Auflage, Department of Computing Science, University of Glasgow, Glasgow. http://www.dcs.glasgow.ac.uk/Keith/pdf, Abruf am 26.11.2001.

Varma, A. (1999), ICARUS: Design and Deployment of a Case-Based Reasoning System for Locomotive Diagnostics, *in* K.-D. Althoff, R. Bergmann und L. K. Branting (Hrsg.), 'Case-Based Reasoning Research and Development, Proceedings of the 3rd International Conference on Case-Based Reasoning, ICCBR-99', Vol. 1650 of *Lecture Notes in Artificial Intelligence*, Springer, Berlin u.a., S. 580–595.

Walker, R. C. S. (1991), Kant, Immanuel II: Kant's Metaphysics, *in* H. Burkhardt und B. Smith (Hrsg.), 'Handbook of Metaphysics and Ontology', Philosophia, München u.a., S. 425–429.

Watson, I. (1995), An Introduction to Case-Based Reasoning, *in* I. Watson (Hrsg.), 'Progress in Case-Based Reasoning', Vol. 1020 of *Lecture Notes in Artificial Intelligence*, Springer, Berlin u.a., S. 3–16.

Watson, I. (1997), *Applying Case-Based Reasoning: Techniques for Enterprise Systems*, Morgan Kaufmann Publishers, San Fransisco.

Watson, I. (1999), 'CBR Workshop at IJCAI-99'. http://www.ai-cbr.org/ijcai99/workshop.html, Abruf am 27.08.2001.

Watson, I. (2000), A Case-Based Reasoning Application for Engineering Sales Support Using Introspective Reasoning, *in* 'Proceedings of the 17th National Conference on Artificial Intelligence (AAAI-2000) and the 12th Innovative Applications of Artificial Intelligence Conference (IAAI-2000)', AAAI Press, Menlo Park, S. 1054–1059. http://www.cs.auckland.ac.nz/~ ian/p2000.html, Abruf am 21.05.2001.

Watson, I. und Gardingen, D. (1999), A Distributed Case-Based Reasoning Application for Engineering Sales Support, *in* 'Proceedings of the 16th International Joint Conference on Artificial Intelligence, IJCAI-99', Vol. 1, Morgan Kaufmann Publishers, San Fransisco, S. 600–605. http://www.cs.auckland.ac.nz/~ ian/p1999.html, Abruf am 21.05.2001.

Watson, I. und Marir, F. (1994), 'Case-Based Reasoning: A Review', *The Knowledge Engineering Review* **9**(4), S. 355–381. http://www.cs.auckland.ac.nz/~ ian/p1994.html, Abruf am 21.05.2001.

Weber, R., Aha, D. W., Sandhu, N. und Munoz-Avila, H. (2001), A Textual Case-Based Reasoning Framework for Knowledge Management Applications, *in* H.-P. Schnurr, S. Staab, R. Studer, G. Stumme und Y. Sure (Hrsg.), 'Proceedings of the 9th German Workshop on Case-Based Reasoning, GWCBR-2001, in: Professionelles Wissensmanagement: Erfahrungen und Visionen', Shaker Verlag, Aachen, S. 244–253.

Wess, S. (1996), *Fallbasiertes Problemlösen in wissensbasierten Systemen zur Entscheidungsunterstützung und Diagnostik*, Infix, Sankt Augustin.

Wess, S., Althoff, K.-D. und Derwand, G. (1993), Using k-d Trees to Improve the Retrieval Step in Case-Based Reasoning, *in* M. M. Richter et al. (Hrsg.), 'Topics in Case-Based Reasoning: Proceedings of the 1st European Workshop on Case-Based Reasoning, EWCBR-93)', Vol. 837 of *Lecture Notes in Artificial Intelligence*, Springer, Berlin u.a., S. 167–181. ftp://ftpagr.informatik.uni-kl.de/pub/CBR/Papers/english/, Abruf am 16.10.2001.

Wilke, W. und Bergmann, R. (1998), Techniques and Knowledge Used for Adaptation During Case-Based Problem Solving, *in* 'Proceedings of the 11th International Conference on Industrial and Engineering Applications of Artificial Intelligence and Expertsystems, IEA-1998', Benicassim. http://wwwagr.informatik.uni-kl.de/~ wilke/publications.html, Abruf am 29.08.2001.

Winston, P. H. (1992), *Artificial Intelligence*, 3. Auflage, Addison-Wesley, Reading u.a.

Wittgenstein, L. (1953), 'Philosophische Untersuchungen', zitiert aus: L. Wittgenstein, Werkausgabe Band 1, Suhrkamp Wissenschaft, Frankfurt 1984.

Wöhe, G. (2000), *Einführung in die Allgemeine Betriebswirtschaftslehre*, 20. Auflage, Vahlen, München.

Zelewski, S., Schütte, R. und Siedentopf, J. (2000), Ontologien zur Strukturierung von Domänenwissen - Ein Annäherungsversuch aus betriebswirtschaftlicher Perspektive, Technical Report 3, Institut für Produktion und Industrielles Informationsmanagement, Universität-GH Essen. http://www.wiwiss.fu-berlin.de/w3/w3schrey/KOMWIS/Beitraege/zelewski.htm, Abruf am 26.03.2000.

Zelewski, S., Schütte, R. und Siedentopf, J. (2001), Ontologien Zur Repräsentation Von Domänen, *in* G. Schreyögg (Hrsg.), 'Wissen in Unternehmen', Schmidt, Berlin, S. 183–221.

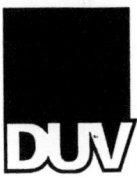

MIX
Papier aus verantwortungsvollen Quellen
Paper from responsible sources
FSC® C105338

If you have any concerns about our products,
you can contact us on
ProductSafety@springernature.com

In case Publisher is established outside the EU,
the EU authorized representative is:
Springer Nature Customer Service Center GmbH
Europaplatz 3, 69115 Heidelberg, Germany

Printed by Libri Plureos GmbH
in Hamburg, Germany